Calderón presidente

La lucha por el poder

JORGE FERNÁNDEZ MENÉNDEZ

Calderón presidente

La lucha por el poder

Grijalbo

Calderón presidente
La lucha por el poder

Primera edición, 2007

D.R. © 2006, Jorge Fernández Menéndez

Fotografías en interiores: Salomón Ramírez, Alejandro Meléndez, Nacho Galar, Abdel Meza, Erik Meza, Héctor López, Javier Otaola, Ernesto Muñiz

D.R. © 2007, Random House Mondadori, S. A. de C. V.
    Av. Homero 544, Col. Chapultepec Morales,
    Del. Miguel Hidalgo, 11570 México, D. F.

www.randomhousemondadori.com.mx

Comentarios sobre la edición y contenido de este libro a:
literaria@randomhousemondadori.com.mx

ISBN: 978-970-780-314-5
ISBN: 970-780-314-2

Impreso en México / *Printed in Mexico*

Índice

Presentación

Son muchas las cosas que desde lejos parecen terribles, insoportables, extrañas, y cuando te acercas a ellas resultan humanas, soportables, familiares; y por eso se dice que son mayores los sustos que los males.

Nicolás Maquiavelo

Ésta es una crónica que no intenta disfrazarse de una falsa objetividad, ni quiere ser un relato puntual de sucesos. Es la historia, contada desde un punto de vista estrictamente personal, marcada una y otra vez por las opiniones del autor, de la lucha por el poder que marcará el México de los inicios del siglo XXI: entre el 2 de julio y el 1° de diciembre del 2006 estuvo en juego el destino del país, su forma de gobierno, su relación con el mundo. Fue una batalla política con tonos épicos y sería absurdo quererla contar como si nadie se hubiera involucrado en ella. Ésta es mi visión personal, mi opinión de lo sucedido, jalonada con cinco entrevistas, cinco pláticas con Felipe Calderón que comienzan con la campaña electoral y concluyen con éste instalado ya en Los Pinos. No intento contar estrictamente qué sucedió a lo largo de todos esos meses, sino explicar por qué se dieron las cosas, qué estaba en juego, cuáles eran los antecedentes de los actores y de los hechos que se suscitaban con una velocidad vertiginosa. Decir por qué ocurren las cosas y colocarlas en su contexto real es lo que en demasiadas ocasiones no hacemos los periodistas. Suele ser más comprometido, más complejo, exige mayor responsabilidad, acarrea más costos que el presumir de una falsa imparcialidad y distancia. Ésta es la crónica de una lucha reciente, aún viva, por el poder, no puede ser imparcial ni lejana.

Los espacios para realizar un trabajo de estas características se abren por el apoyo de muchas personas. Sin duda me faltarán nombres pero no quisiera omitir a mis colaboradores Mauricio y Gonzalo Suárez que hicieron un notable trabajo de recopilación de información. Tampoco a mis jefes (y amigos) en Grupo Imagen, particularmente a Olegario Vázquez Aldir, Ernesto Rivera e Ignacio Anaya, a Pascal Beltrán del Río en *Excélsior*, y a Luis Armando Melgar, mi director (y amigo también) en Proyecto 40. No sé si comparten o no mis opiniones, pero jamás me han impedido expresarlas con toda libertad. A todos ellos y a muchos más gracias.

Prólogo: los días que vivimos en peligro

> El mensaje más que el dinero, los temas más que la
> imagen, los aspectos positivos más que los negativos,
> la sustancia antes que el escándalo, la estrategia más
> que la táctica... Los candidatos pueden ganar mejor
> una elección y pueden gobernar con mayor eficacia si
> desarrollan respuestas atractivas a nuestros proble-
> mas más urgentes y luchan con las soluciones que
> presentan sus adversarios. La democracia nuevamen-
> te se ha convertido en un diálogo donde la coheren-
> cia, la persuasión y la resonancia con la voluntad
> popular son las claves para ganar.
>
> DICK MORRIS, *El nuevo Príncipe*

Era la noche del 2 de marzo de 2004. Nadie imaginaba lo que sucedería exactamente veintiocho meses después. Apenas comenzaba
a vislumbrarse el escenario electoral de 2006. Cenábamos con Felipe
Calderón un pequeño grupo de periodistas y le pregunté si realmente buscaría la candidatura presidencial por su partido. Eran días en
los que las únicas apuestas del PAN, del foxismo en realidad, pare-

11

cían ser Marta Sahagún o Santiago Creel. Calderón apenas iniciaba su gestión en la Secretaría de Energía. La apuesta por Calderón era, por lo tanto, más una expresión de deseos, una alternativa casi utópica, que una realidad: el único asidero era el pésimo resultado del panismo en las elecciones intermedias de 2003 que permitía presagiar que, quizá, ni la señora Fox ni Creel podrían ser, con esos resultados, competitivos. Tampoco parecía serlo un perredismo que, pese a la intensa autopromoción de López Obrador en el DF, apenas había alcanzado 19 por ciento de los votos en la elección intermedia.

Ninguno de los que estábamos allí, en esa cena de políticos y periodistas, sabíamos que apenas unas horas después se abriría todo un nuevo capítulo de la vida nacional con la difusión del primero de los videos en los cuales se ve a René Bejarano, el poderoso, hasta el día de hoy, operador político de Andrés Manuel López Obrador, llevándose millones de pesos de las oficinas de Carlos Ahumada. Tampoco lo sabía Calderón, menos aún que semanas después al escándalo de los videos sobrevendría la aventura política del desafuero, que le daría a López Obrador más réditos políticos que cualquiera de sus acciones en la gris gestión que encabezó en el Distrito Federal. Tampoco sabía Felipe Calderón que unos dos meses después tendría que dejar la Secretaría de Energía luego de ser descalificado por el propio presidente Fox por haber sido «destapado» como precandidato panista en un acto en Jalisco. Esa noche Calderón ignoraba si quería ser candidato. Mejor dicho, sí quería, pero sentía que no podría; que los dados en Los Pinos estaban muy cargados; que en la oposición, sobre todo en el PRI, el gran triunfador del 2003, ya se estaban consolidando candidaturas sólidas; era consciente de que para ser un candidato competitivo necesitaría apoyos, recursos, espacios y no sabía si podría lograrlos.

Cuando tuvo que dejar la Secretaría de Energía, distanciado de Fox, en plena crisis de los videoescándalos y cuando comenzaba la etapa de desafuero de López Obrador, para la enorme mayoría de los analistas la opción Calderón había terminado antes de empezar. Vino lo que el propio Felipe calificó como el paso por «el lado oscuro de la luna», y la metáfora no tenía nada que ver con Pink Floyd. Fueron los meses sin entrevistas, sin espacios, casi sin apoyos. Pero fueron también los meses que le permitieron transitar sin ensuciarse por un escenario donde la clase política había decidido enlodarse al máximo: cuando el lopezobradorismo construyó su imagen polarizando a la sociedad, dividiendo, enarbolando la ruptura social y política como bandera; cuando los videoescándalos y el desafuero le permitieron mostrarse como víctima cuando en realidad era victimario; cuando las rupturas internas en el priísmo, enmarcadas en un sinnúmero de acusaciones entre Roberto Madrazo y Elba Esther Gordillo, eclipsaron a un partido que creía que tenía en la bolsa el regreso al poder; cuando el fracaso de las reformas estructurales, la inoperancia presidencial y del gabinete, catalizó el deterioro de las imágenes públicas de Marta Sahagún, de Santiago Creel y de casi todos los funcionarios foxistas.

Mientras todo eso ocurría, Calderón, con un pequeño grupo de amigos y aliados, se dedicó a construir la base de una precandidatura diferenciada del foxismo, que apenas comenzó a ser tomada en serio a mediados de 2005. Si casi nadie había creído que pudiera lanzarse como precandidato sin red de protección, como un *outsider* del foxismo, después de que fuera el primer y único funcionario del gabinete que le renunció al presidente Fox, mucho menos pensaron, cuando fue evidente que en Los Pinos no tendría apoyo sino resistencia, que pudiera enfrentarse con éxito a Santiago Creel, Francisco Barrio y Alberto Cárdenas. Menos aún cuando en la elección interna del panismo para renovar a su dirigencia nacional, la Presidencia y la Secretaría de Gobernación operaron para cerrarle el camino a Carlos Medina Plascencia (el candidato apoyado por Calderón, Barrio y Cárdenas) y designar en esa posición al ignoto Manuel Espino, apoyado por Creel y el equipo de Los Pinos. Una vez más lo dieron por perdido: ahora no sólo tenía en su contra la estructura central del foxismo sino también al presidente del partido, representante del ala más conservadora del panismo.

Pero a Calderón lo subestimaron sus enemigos internos y externos. Cuando se dieron cuenta ya estaba allí: a pesar de que Espino incluso llegó a ridiculizarlo en los prolegómenos de la campaña interna y que desde la Secretaría de Gobernación y algunas oficinas de Los Pinos, hasta se llegó a ordenar que se «frenaran» en los medios las entrevistas con Calderón en pleno proceso de selección del candidato presidencial panista, el hecho es que el michoacano arrasó con Creel y los demás adversarios internos. Cuando se convirtió en candidato y conservó prácticamente al mismo equipo que había creado para realizar sus primeros sondeos en 2004, dijeron que era imposible que pudiera enfrentarse con éxito, con ese equipo, a las enormes maquinarias (y los ríos de dinero) que respaldaban a López Obrador y a Madrazo. Se volvieron a equivocar: en diciembre las encuestas mostraban que Calderón estaba en la pelea.

Cuando en enero de 2006 la tregua navideña le quitó el impulso y su equipo cometió los primeros errores, no tuvo empacho en reconocerlo públicamente, hacer cambios y relanzar su campaña. López Obrador ya sabía que en las encuestas estaba cayendo y que Madrazo iba a un tercer lugar, pero ninguno de los dos lo creía: para el primero, la arrogancia y la polarización eran más que una lógica política, y para el segundo la ilusión que cultivaba su entorno alcanzaba para hacerlo añorar posiciones que no podía alcanzar. Volvieron a subestimar a Calderón cuando López Obrador no fue al primer debate, se enredó con el «cállate, chachalaca» y sus propias encuestas; y Madrazo se terminó de desfondar en el debate de forma inexplicable para un político de su experiencia. Y repentinamente, Calderón ya estaba arriba en las encuestas.

Vino el segundo debate y el golpe bajo, una mentira manifiesta, respecto al caso Hildebrando, que le hizo suponer a López Obrador que había recuperado la ventaja (aunque su encuestadora, Ana Cristina Covarrubias, le mostrara lo contrario) y a los madracistas proponer que el voto fuera para su tabasqueño para impedir la llegada del otro tabasqueño al poder. Se volvieron a equivocar, a subestimar a su adversario: pensaron que no se podría recuperar del golpe bajo o que reaccionaría poniéndose a la defensiva. Pero sorteó también ese escollo.

Llegó el 2 de julio y esa noche López Obrador sabía que había perdido las elecciones, según le informó su propia encuestadora oficial: decidió lanzarse al abismo, anunciar que había ganado por 500 000 votos y forzar un cambio de tendencias en el recuento distrital. Pensó, una vez más, que Calderón se doblaría ante la presión. Se hizo el recuento distrital y los resultados no sufrieron cambios. Vino la denuncia de fraude, del voto por voto, del plantón, de la amenaza insurreccional en Oaxaca y el impedimento a Vicente Fox para ofrecer su último informe de gobierno. Pero finalmente el Tribunal Electoral terminó confirmando el triunfo de Calderón. Se apostó entonces a las dos últimas cartas: la autoproclamación como «presidente legítimo» y reventar, buscando un vacío de poder y la instauración de una presidencia interina, la toma de posesión. Nuevamente subestimaron a Calderón, pensando que actuaría de la misma manera, con la misma lógica que Fox, y volvieron a perder.

El presidente Calderón tomó posesión y logró, en unas semanas, replantear las reglas del juego político. Exactamente veintiocho meses después de aquella cena de políticos y periodistas, la Presidencia de la República había regresado a Los Pinos.

Los 150 días que cambiaron México, entre el 2 de julio y el 1° de diciembre, fueron el corolario, el catalizador de dos años de una intensísima lucha política entre la búsqueda de la renovación de un modelo basado en instituciones democráticas y plurales y la instauración de un nuevo régimen, en realidad una copia restaurada del populismo autoritario del pasado. Fueron los años que vivimos en peligro. Ésta es la historia que le vamos a contar en estas páginas.

1

La noche de un día agitado

> Creo que ningún político puede ser una persona totalmente sincera. Un político está buscando siempre electores y dice lo que esperan que diga. En el caso del discurso político los que opinan son los oyentes, más que el orador. El orador es una especie de espejo o eco de lo que los demás piensan. Si no es así, fracasa.
>
> JORGE LUIS BORGES

La noche era fría y llovía sobre la ciudad de México. Durante todo el día la lluvia de cifras de los distintos *exit poll* y las encuestas de salida se sumaban con las de los conteos rápidos. En el cuartel general de Felipe Calderón, luego de una jornada agotadora, estaban convencidos de que habían ganado por un margen menor al esperado, por apenas un punto, pero prácticamente todos los estudios, los propios y los provenientes de otras fuentes, les daban esa ventaja. Esperaban que a las once de la noche el consejero presidente del IFE, Luis Carlos Ugalde, confirmara esa tendencia que ya se mostraba en los resultados que, desde las ocho de la noche, iba mostrando el PREP. Se sorprendieron cuando cerca de las nueve de la noche

17

el coordinador de la campaña de la Alianza por el Bien de Todos, Jesús Ortega, con un rostro abrumado, anunció que según sus resultados era López Obrador el que iba arriba en las encuestas y mucho más cuando fue el propio López Obrador quien dijo que la ventaja en su favor era de 500 mil votos. La cara de López Obrador era, sin embargo, la de la derrota: sabía a esa hora que había perdido. Lo sabía por las encuestas independientes de salida, por el acceso que había tenido su representante en el IFE a los resultados tanto del PREP como de las propias encuestas de salida que había ordenado realizar el Instituto; y porque su propia encuestadora, Ana Cristina Covarrubias, le había confirmado que quedaría un punto por debajo de Calderón. Pero mintió sabiendo que perdió. Estaba preparando el escenario para dos cosas: para tratar de ganar en la mesa o en las calles lo que había perdido en las urnas y para evitar que Marcelo Ebrard, quien había arrollado en los comicios capitalinos, le hiciera lo mismo que él le hizo a Cuauhtémoc Cárdenas, la noche del 2 de julio de 2000 en el Zócalo, cuando el ingeniero le ofreció todo su apoyo y la respuesta del tabasqueño se limitó a decir «yo sí gané», anticipando con demasiado tiempo la «jubilación» de Cárdenas e iniciando una ruptura que se acrecentó con el paso de los años. Pero López Obrador estaba decidido a no actuar como Cárdenas en el 88 o en el 2000: ya mandaría «al diablo las instituciones» y llamaría a construir un «nuevo orden» que se alejara del esquema democrático. La salida ante la derrota no sería el reconocimiento del triunfo de su rival, ni siquiera la utilización del enorme capital político acumulado, sino la fuga hacia adelante, salvar la figura aunque ello hundiera a su partido y su movimiento. Todo eso lo decidió López Obrador aquella noche aciaga, para su causa, del 2 de julio. Por eso el anuncio de un triunfo que no existía y por ello apenas pasada la medianoche abandonó su cuartel general y se fue a dormir.

La elección ya no importaba, sino lo que vendría después: intentar reventarla.

En las oficinas de Calderón se vivía la noche de una manera distinta. Se sabía que se había ganado, incluso por vía de otros encuestadores tenían acceso a los resultados que le habían mostrado los suyos a López Obrador, pero la distancia era demasiado pequeña. Por eso era especialmente importante el anuncio que daría Ugalde a las once de la noche: si como lo mostraban los diferentes conteos rápidos la diferencia de un punto se consolidaba, el presidente del IFE anunciaría su triunfo, como lo estaba mostrando el PREP. Pero a las once de la noche no hubo anuncio, Ugalde dijo que la diferencia era demasiado pequeña como para declarar un triunfador y llamó a esperar los resultados del conteo distrital que iniciaría el miércoles. Mientras buena parte de sus colaboradores más cercanos estaban furiosos con Ugalde, Calderón ordenó conservar la calma, enfocar todas las baterías en garantizar el capítulo legal del conteo distrital sabiendo que la intención era revertir el resultado con una anulación masiva como la que había instrumentado el propio López Obrador en el 2000 en Tabasco, que logró anular la elección. Ése era el verdadero enemigo: por lo pronto y para contrarrestar el anuncio de su adversario, hizo su propio reconocimiento sobre que el resultado electoral lo favorecía y llamó a confirmarlo en el conteo de los 300 distritos del miércoles siguiente. Muchos estaban sorprendidos de que López Obrador no reconociera su derrota: el equipo más cercano a Calderón no, a pesar de que en repetidas ocasiones el candidato de la Coalición había dicho que reconocería el resultado, fuera cual fuera. Sabían que el objetivo de éste era el poder, no las elecciones, mismas que concebidas sólo como un medio más para llegar a él.

Pero esa noche del 2 de julio casi nadie hablaba de fraude, ni siquiera de irregularidades serias, por el sencillo hecho de que no

19

habían ocurrido. La sensación era otra: nadie había ganado todo y nadie había perdido todo, y ello podría allanar el camino hacia el futuro. Esa noche, en la sala de prensa del IFE escribíamos que aunque todavía «no estaba definido el ganador del proceso electoral, las tendencias preliminares indican una ligera ventaja para Felipe Calderón sobre Andrés Manuel López Obrador que podría ser determinante. De todas formas, con Calderón o con López Obrador, ya existen ganadores indudables y uno de ellos es el sistema electoral mexicano, que demostró, pese a muchas previsiones en contra, su fortaleza. Se votó, se votó mucho más de lo que se pensaba, se derrotó al fantasma del abstencionismo y de la violencia y la jornada electoral ha sido inobjetable».

En este sentido, escribíamos, «independientemente del ganador, otro de los triunfos que deben señalarse en la elección es que, viendo cómo se desarrollaron los comicios, cualquier impugnación pensando en imponer condiciones con la gente en la calle es literalmente inviable. La elección fue limpia, sin conflictos graves, sólo fueron nueve las casillas que no pudieron instalarse; jamás en la historia electoral del país hubo tantas casillas cubiertas con representantes de la mayoría de los partidos; incluso en los que se definían como focos rojos del proceso (los estados de Oaxaca y Guerrero, sobre todo), los comicios resultaron relativamente tranquilos y sin conflictos mayores. No hay espacio para impugnaciones serias, ni para hablar de una elección de Estado, ni para tratar de ganar en las calles lo que no se ganó en las urnas».

«Si eso es de por sí un gran triunfo político para las instituciones electorales y para la sociedad (sobre todo para ella, porque la gente demostró una vez más que tiene un nivel de comprensión y de civilidad política superior a la mayoría de nuestros dirigentes y candidatos partidarios), mucho más lo es el propio resultado. Es evidente que, una vez más, por encima de los porcentajes finales, nadie tiene la mayoría absoluta: en estas elecciones se cumplió con una de las reglas clave de la democracia, ni nadie gana todo ni nadie pierde todo después de los comicios. Nadie podrá gobernar en solitario ni podrá ser enviado al basurero de la historia. México demostró una vez más ser plural, tolerante y en busca de un proyecto de nación que se base en los acuerdos y la continuidad, entendida ésta en el mejor sentido de la palabra: no se puede reinventar el país cada seis años».

Ése era el verdadero secreto del proceso electoral: se pueden y deben reformar muchas cosas en los próximos años, pero lo que no se puede es inventar sexenalmente el país, refundar las instituciones, comenzar siempre de nuevo. «Si un mérito ha tenido la administración Fox, decíamos, fue mantener esa continuidad e institucionalidad, particularmente en el ámbito económico y social, pese a la trascendencia de la alternancia en el poder en el año 2000. Lo que no hizo Fox y se impone como una exigencia ahora, es que ello se refleje también en lo político y lo legislativo».

Lo que no se entendió en el 2000 fue que Vicente Fox ganaba la Presidencia de la República pero no obtenía la suma del poder público ni, mucho menos, el control de las diferentes instituciones. El Poder Legislativo fue y es autónomo y mucho más lo ha demostrado ser el Poder Judicial. «El próximo no pude ni debe ser un gobierno monocolor, basado en una sola fuerza política, con una sola agenda legislativa que no puede imponer porque no tiene mayoría propia en el Congreso. Se requiere un gobierno de coalición, basado en acuerdos legislativos concretos, que permitan establecer una agenda que muy difícilmente será de consenso, pero que sí debe ser de mayoría. El país requiere, necesita, de mayorías sólidas para poder avanzar, independientemente del nombre del nuevo presidente.» Y agregábamos: «Si éste no acepta esa posibilidad, volverá a equivocarse y a colocar al país al borde de la parálisis o sumido en la tentación del autoritarismo. Y eso lo deben entender tanto los ganadores como los perdedores. Por lo pronto, las diferencias en el Congreso parecen ser menores. Habrá que analizar cómo se configuran las dos Cámaras y cómo se equilibran, incluso, las diferentes corrientes, por encima de cada uno de los partidos, porque de allí surgirán las nuevas mayorías».

Lo importante, además, era confirmar que «ello va de la mano con la demostración de que era falso que había un ganador desde meses atrás, que era falso que un candidato tenía, como insistió una y otra vez, una ventaja de diez puntos (ventaja que nadie tuvo en todo el año); que las campañas negativas, incluso la guerra sucia, tuvieron peso en la decisión del electorado, pero que también a la hora de votar la gente tomó en consideración otras cosas, que van más allá de los golpes bajos entre candidatos. Al escribir estas líneas aún no están los resultados finales del proceso, pero ayer ganaron los que no apostaron a los extremos, los que vieron las cosas desde una perspectiva más amplia, más tolerante, comprendiendo mejor los sentimientos profundos de una sociedad que no está apostando ni a la ruptura ni a la división. Comprender a su vez ese mandato es el gran desafío del próximo mandatario. Deberá tener el apoyo de todos, pero también deberá ganárselo. Deberá reformar sin reinventar pero deberá apostar a la política y la conciliación».

Esta elección, concluíamos, «dejó demasiadas heridas, exhibió demasiadas bajezas. El país no puede continuar marcado ni por unas ni por las otras. En ese sentido, la sociedad dejó un mandato clarísimo a los triunfadores y a los perdedores. Ni unos ni otros lo han sido en su totalidad. Deben ahora asumir esa condición. Si lo hacen, nosotros, todos, también ganaremos. Si quieren ganar en la calle lo que perdieron en las urnas, derrocharán el enorme capital político que han acumulado». Lamentablemente no fue así: López Obrador dilapidó en semanas el capital que su partido había acumulado en años. Ello se ha confirmado en los últimos meses de 2006, pero la encuesta divulgada por la empresa Ulises Beltrán y Asociados, el 11 de septiembre de ese año, no dejaba lugar a dudas y exhibía datos demoledores en este sentido: sólo 7 por ciento de los encuestados apoyaban la llamada resistencia civil, mientras que apenas 5 por ciento apoyaba los plantones en el Centro Histórico y en Reforma. El 86 por ciento estuvo en desacuerdo con la toma de la tribuna en San Lázaro el 1° de septiembre. La imagen de López Obrador es la que concentraba más negativos en el escenario político nacional: 59 por ciento tenía una mala opinión del tabasqueño (en julio las opiniones negativas eran de apenas 33 por ciento y en diciembre sobrepasarían 70 por ciento), mientras que 66 por ciento tenía una buena o muy buena opinión de Felipe Calderón. Mientras que el 2 de julio votó por López Obrador casi 35 por ciento, hoy sólo votaría por él 18 por ciento. Sesenta y un por ciento opinó que debe aceptar y aprovechar el diálogo que le ofrece Calderón. Cincuenta y cuatro por ciento de los encuestados lo percibió «débil», 71 por ciento «fuera de sí», 74 por ciento «sin disposición a dialogar», 76 por ciento «desesperado», 74 por ciento «intransigente». Pocas veces se había visto un derrumbe político tan espectacular en apenas dos meses. Es obvio que la sociedad mexicana no ha acompañado la aventura de López Obrador. Pero eso, la noche del 2 de julio, aún parecía demasiado lejano.

EL DÍA DE LA VERDAD

El 2 de julio, tras dos años de preparación de la elección por parte del Instituto Federal Electoral, el padrón electoral registró más de

71 millones de potenciales electores, de los cuales trece millones podrían votar por primera vez; con 130 477 casillas instaladas (de un total de 130 488 originalmente proyectadas), casi un millón de ciudadanos (913 416, según los números oficiales) participaron como funcionarios de casilla, pero muchos más participaron como representantes de partido: 1 241 094 ciudadanos se registraron para representar a los distintos candidatos. Es decir, casi 5 por ciento del padrón estuvo directamente involucrado en primer plano en el control de la elección. Y 41 824 453 electores emitimos nuestro voto. Una pequeña diferencia (de 0.55%) eligió como presidente a Felipe Calderón, con poco más de 15 millones el día de la jornada, y con 14 916 927 votos como resultado oficial final, una vez que sancionó el proceso el Tribunal Electoral del Poder Judicial de la Federación.

Pero ese día no sólo se eligió presidente de la República: se eligieron 128 senadores y 500 diputados, 200 por representación proporcional (llamados también diputados de partido) y 300 por distritos uninominales; en el Distrito Federal, se eligió jefe de Gobierno, 16 jefes delegacionales y 66 diputados locales; en Campeche, 11 alcaldes y 35 diputados locales; en Colima, 10 alcaldes y 25 diputados; Guanajuato escogió ese día gobernador, 46 alcaldes y 36 diputados; en Jalisco se votó por gobernador, 125 alcaldes y 40 diputados; Morelos votó por gobernador, 30 diputados y 33 alcaldes; Nuevo León eligió a 52 alcaldes y 42 diputados; Querétaro seleccionó 18 alcaldes y 25 diputados; San Luis Potosí renovó 58 alcaldías y 27 diputaciones; Sonora determinó quiénes serían sus 72 alcaldes y 31 diputados. En resumen, en la elección del 2 de julio se escogieron, además del presidente, 1 429 funcionarios en total. Y fueron muchísimos los ciudadanos que participaron en el control de los procesos electorales estatales realizados al mismo tiempo y en el mismo lugar que los federales.

El día empezó sin mayores tropiezos. Las pocas observaciones de problemas durante la jornada se refirieron, esencialmente, a las casillas especiales, en las que votan ciudadanos en tránsito, esto es, que se encuentran fuera de sus distritos, cumpliendo encomiendas de vigilancia —como policías o ejército— o de viaje. Por ley, las casillas especiales cuentan con un número limitado de boletas: las más de 800 instaladas en todo el país no podían tener más de 1 500 cada una.

En el informe electoral final se estableció que sólo once de las casillas proyectadas no se instalaron por algún problema mayor; el más común fue porque los funcionarios que habían recibido la documentación oficial, las boletas y demás elementos para la elección, no se presentaron, o bien porque los espacios designados no pudieron utilizarse. Pero al representar poco menos de noventa millonésimas (0.000,084%) no son representativas de fallas graves.

El voto de los mexicanos en el extranjero, promesa de campaña del presidente Fox y resultado de la búsqueda de opciones para fortalecer nuestra democracia, representó un fenómeno relativamente menor: de un universo potencial estimado de al menos cinco millones de personas, se registraron apenas 40 876 votantes. De ellos, sólo emitieron su voto en el tiempo y forma previstos por la ley 33 131 ciudadanos. La votación obtenida por Felipe Calderón representó 57.4 por ciento del total; en contraste, Madrazo recibió apenas 1 360 votos, 4 por ciento de los votos emitidos. De cualquier manera, el sufragio de los mexicanos en el extranjero fue apenas 0.07 por ciento de la votación total.

Fox, como es tradicional, votó en la escuela El Pípila, situada frente a Los Pinos. Felipe Calderón en la casilla que corresponde a su domicilio en el surponiente de la ciudad de México, desde donde se trasladó a la sede nacional de su partido en la colonia del Valle, para esperar los resultados. López Obrador votó en la zona de Copilco y fue al hotel Marquís Reforma, donde estableció su cuartel de campaña. Roberto Madrazo hizo lo propio en Villahermosa, desde donde voló a la sede nacional del PRI, en la avenida Insurgentes Centro. Patricia Mercado votó en el centro de Tlalpan, casilla que corresponde a su domicilio. Por su parte, Roberto Campa votó —incompleto, pues no recibió toda la papelería electoral— y fue a su casa, presentándose en la sede de Nueva Alianza al final de la jornada.

Cabe destacar que ningún partido pudo cubrir el 100 por ciento de las casillas con sus representantes. El PAN tuvo serias dificultades en el sursureste, pero cubrió casi 95%; el PRD llegó casi a 85%, con fallas severas en el norte; el PRI enfrentó algunas dificultades en ciertas zonas del norte y Bajío, pero llegó cerca de 90%; Nueva Alianza dio la sorpresa pues cubrió (aunque no con representantes únicos por casilla, sino zonales) casi todo el país, con fallas mayores en el Distrito Federal. Alternativa alcanzó a cubrir apenas 25% concentrando a sus representantes en sus zonas de mayor votación, particularmente las ciudades grandes. Pero quizá lo más notable, además de la participación ciudadana en la organización y el control de la elección, fue el porcentaje de electores y que la jornada transcurriera en absoluta calma. Al cierre de la elección ningún partido había registrado un solo incidente mayor, mucho menos había hablado o mostrado indicios de algún tipo de fraude.

Por ley, el cierre de las casillas ocurre a las seis de la tarde si no hay electores formados o si no se agota la papelería electoral antes (caso frecuente en las casillas especiales, prácticamente imposible en las demás). Y también por ley no es posible dar resultados antes de las ocho de la noche en el horario del centro de la República, para respetar las dos horas de diferencia que existe con el horario del

Pacífico: dar resultados antes puede llegar a influir la votación en esas regiones. Por ello, los conteos rápidos no pudieron hacerse públicos antes de las ocho, hora del centro.

A las veinte horas en punto, tanto Televisa como Azteca anunciaron que, de acuerdo con sus conteos rápidos, no era posible distinguir un ganador y ni siquiera hicieron público quién tenía más votos. Pidieron esperar a recibir una muestra más amplia y que al filo de las once de la noche harían públicos sus resultados. Llegada la nueva hora, la situación no varió, por lo que no hicieron anuncios públicos. Cabe destacar que, por sus márgenes de error, las encuestas de ambas empresas requerían una diferencia de al menos dos puntos porcentuales para dar un ganador claro. No fue el caso. La distancia oficial final estuvo en torno a medio punto porcentual. Sin embargo, reconocieron rápidamente las victorias del PRD en el Distrito Federal y del PAN en Jalisco, Guanajuato y conjuntamente con Nueva Alianza, en Morelos, aunque ésta fue menos contundente e incluso existieron reservas en las primeras horas.

Por su parte, el Instituto Federal Electoral tenía dos mecanismos para anticipar ganadores: el conteo rápido y el Programa de Resultados Electorales Preliminares (PREP). El conteo rápido requería tener los resultados de una muestra representativa de casillas, supervisado por un comité técnico integrado por el actuario Miguel Cervera Flores, asesor del Banco Interamericano de Desarrollo en temas de estadística y anteriormente director general de estadística del Instituto Nacional de Estadística, Geografía e Informática (INEGI); la doctora Guillermina Eslava Gómez, de la Facultad de Ciencias de la Universidad Nacional Autónoma de México (UNAM); el doctor Rubén Hernández Cid, investigador del Departamento de Estadística del Instituto Tecnológico Autónomo de México (ITAM); el doctor Ignacio Méndez Ramírez, investigador del Instituto de Investigaciones de Matemáticas Aplicadas (IIMAS) de la UNAM, y el doctor Manuel Mendoza Ramírez, director del Centro de Estadística Aplicada del ITAM y de la Maestría de Administración de Riesgos de la misma institución. Este cuerpo profesional estableció tres reglas básicas para la operación del conteo rápido: 1. Que los métodos de estimación utilizados debían llevar a conclusiones coherentes y comunes. 2. Realizar estimaciones por intervalos de cuando menos una confiabilidad de 95 por ciento. 3. Para poder identificar un ganador, los intervalos de las primeras dos fuerzas contendientes deberán distar en al menos 0.6 por ciento. No fue el caso, pues al final Felipe Calderón obtuvo el triunfo con apenas 0.55 por ciento. Por ello, el cuerpo técnico no pudo dar ganador esa noche.

El ejercicio estadístico fue profesional y adecuadamente realizado; el marco muestral estuvo compuesto por 7 636 casillas, distribuidas en 481 estratos en los 300 distritos electorales. Las conclusiones de su estudio fueron las siguientes:

«—La muestra se recibió en un volumen y con una cobertura geográfica apropiada.

»—Se estimaron los porcentajes de votación de los distintos partidos o coaliciones.

»—En virtud de lo cerrado de los resultados, los intervalos de estimación no satisficieron los criterios establecidos por el propio Comité para distinguir una fuerza ganadora.»

Por ello, el IFE y el Comité del Conteo Rápido decidieron no dar resultados, situación que hizo pública Luis Carlos Ugalde a las once de la noche en cadena nacional.

El segundo método de estimación del resultado era el Programa de Resultados Electorales Preliminares (PREP), que comenzó a publicarlos a partir de las veinte horas. El PREP es un requerimiento legal y aunque sus resultados no son oficiales sirve para conocer las tendencias generales de la elección y su fuente son copias de las actas de escrutinio y cómputo de todas las casillas del país, que se van capturando en una instalación redundante (existen dos sedes independientes, que funcionan como espejo pero no se conectan entre sí) conforme van entregándose en las juntas distritales. La tecnología que se utiliza es similar en forma y en mecanismos de seguridad a la que se utiliza en las redes de tarjetas de crédito. De hecho, el capturista debe pasar su tarjeta de identificación al iniciar la captura de cada acta, y posteriormente un supervisor pasa su tarjeta de identificación para validar que el acta capturada corresponde a los datos introducidos. Sin embargo, las actas que presentan errores o inconsistencias porque están mal elaboradas, llenadas o computadas, no se introducen al sistema; se dejan en un archivo por separado que se incorporará después de revisarlas. El 4 de julio, después de que el IFE añadiera a los resultados del PREP las actas de cómputo y escrutinio que presentaban inconsistencias, le daban una ligera ventaja a Felipe Calderón de 0.64 por ciento. Los resultados del PREP no son definitivos: según la legislación, es necesario hacer un conteo de las actas de cada distrito y con base en esta revisión será posible adelantar los porcentajes de votación que alcanzó cada candidato. Sin embargo, los resultados electorales finales sólo pueden determinarse a partir de los conteos distritales definitivos.

Notablemente, el PREP marcó una importante ventaja al arranque a favor de Felipe Calderón, que poco a poco se fue erosionando y acercándose a López Obrador. Algunos analistas que simpatizan con éste comenzaron, desde esa misma noche, a afirmar que el comportamiento del PREP era atípico y aparentemente manipulado: no era posible, decían, que López Obrador nunca rebasara a Felipe, y que cuando ocurrían acercamientos, inmediatamente se daba un «rebote» a favor de Calderón. Lo que no observaban era que la llegada de los datos era, primero, de distritos urbanos y con mayor escolaridad, de ciudades grandes, en las cuales, salvo el DF, la votación por el PAN fue mayor, y donde hubo un ganador claro: en el norte, Felipe y en el sur, Andrés Manuel, por lo que las diferencias siempre fueron marcadas. Las casillas rurales, de zonas distantes, con o sin votaciones cerradas, tardan más en llegar: los resultados se capturan conforme llegan los datos a las juntas distritales y éste es un proceso relativamente aleatorio. El proceso de conteo, pues, no tiene, no puede tener, un gran operador detrás; no responde a una manipulación central y más bien prueba que no puede haber trampa o fraude alguno.

Nunca se pensó, el 2 de julio, observando el desarrollo del proceso electoral, que pudiera haber siquiera indicios de un fraude, al contrario: todos los partidos estaban satisfechos públicamente con el desarrollo del proceso. La palabra comenzó a utilizarse cuando López Obrador descubrió que, en realidad, había perdido e inventó que había ganado por 500 mil votos, según las actas distritales que tenía en su poder. Igual que aquella famosa encuesta que le daba «diez puntos de ventaja» (de los que nunca gozó en todo 2006), jamás mostró esa documentación ni tampoco pudo demostrar un fraude que comenzó calificando como cibernético, pero al quedar demostrado que ello era imposible, terminó calificando como a la «antigüita» aunque con ello tuviera que descalificar a sus propios representantes de casilla que, dijo, se habían vendido. Todo sería inútil. Días después, el resultado del conteo rápido y el del PREP se confirmarían y coincidirían casi plenamente con los del conteo distrital.

Calderón, 7 de marzo de 2006:
«¿Quén pompó?»

Hoy coincidieron Andrés Manuel y Madrazo en un tema, en criticar a Felipe Calderón.

¿Y ahora que dijeron, tú?

Uno dice que te financian los banqueros, hasta citó a Chico Che, te imaginarás cuál, y el otro...

¿A Chico Che?

Sí, te recordó aquello de «¿quén pompó?» tu campaña y el otro, Roberto Madrazo, dice que te mueves para el centro pero que en realidad eres el representante de la derecha conservadora.

Bueno... pues ahora sí que ladran, Sancho, luego cabalgamos. No, la verdad es que me tiene sin pendiente lo que digan, me parece que se está poniendo sabrosa, interesante la contienda y yo veo básicamente que lo que está en juego el 2 de julio es una decisión que no sólo afecta los próximos seis años sino probablemente a los próximos treinta años de la vida de México. ¿Por qué? Porque hay una revolución tecnológica incluso impactante en el mundo que ha revolucionado por completo la manera de organizarse de la sociedad, de comunicarse, de producir, es un impacto más grande que el que en su momento tuvo la Revolución Industrial y México, a pesar de que

31

el mundo está cambiando, no está cambiando a ese ritmo y corremos el riesgo de quedarnos atrás.

Yo creo que una decisión clave para el futuro es la económica y ahí fundamentalmente veo dos proyectos. Uno es el que sostiene López Obrador, que es la vuelta a esos modelos que ya quebraron a México, de gasto excesivo, de endeudamiento exorbitante del gobierno, de quiebra económica que, por desgracia, pagan los más pobres; y un modelo que está cimentado en la capacidad mexicana de crecer y generar empleos, que es el que yo quiero poner en marcha. De manera tal que, por lo demás, ellos pueden estar diciendo y haciendo lo que quieran. Lo que yo puedo decirles es que tengo el mejor proyecto, que los invito a que lo debatamos, que pensemos en los temas de fondo, que es precisamente sacar a México adelante. Yo puedo, yo sé cómo hacerlo.

Ayer lanzaste una nueva etapa de tu campaña proselitista, ¿en qué se diferenciará de las anteriores?

El tema medular es que va a ser una etapa de contraste. Voy directo a plantear este dilema que te acabo de relatar. ¿Contraste entre qué? Entre lo que yo represento y lo que representa López Obrador: yo represento empleos, él representa endeudamiento; yo represento crecimiento económico, él representa crisis económica; yo represento posibilidad de atraer inversión a México, él representa claramente la posibilidad de ahuyentarla e intimidarla, de manera tal que el dilema está ahí. Va a ser una campaña muy claramente enfocada en los contrastes. Habrá otras cosas, desde luego, una campaña enfocada a un mayor acercamiento con la gente.

Una campaña, además, que a propósito de lo que dice Madrazo, corrige y vuelve a posicionar una percepción equivocada de lo que yo soy y de lo que pienso, independientemente de los principios y valores que siempre he defendido. Entre ellos están, medularmente, el valor de la tolerancia, el valor de la pluralidad, soy alguien que está absolutamente convencido de la necesidad de tener una política de educación sexual, de información a los jóvenes, a los adolescentes, para un ejercicio pleno, responsable, libre, de la sexualidad en México. Soy alguien que no piensa, por convicción propia desde luego, imponer ni permitir que nadie imponga criterios personales o religiosos sobre los demás a la hora de ejercer el gobierno, voy a llevar la conducción de un Estado laico y una serie de temas que se habían quedado por ahí con una percepción quizá imprecisa, por culpa mía quizá, y que básicamente estamos ahora poniendo en el curso correcto.

En este sentido, si se habla de poner en el curso correcto estas cosas, deben inscribirse los ajustes en el equipo de campaña. Dijiste que quizá tenías que hacer cambios en él y esta misma semana comenzaron a realizarse esos cambios, ¿cuál es el ajuste central en el equipo de campaña?

Básicamente en áreas críticas, como es, desde luego, la de organización de las giras y la de imagen, no tanto porque las personas lo estuvieran haciendo mal, sino porque quizá necesitamos un enfoque, un replanteamiento y yo creo que habrá que... mira, como en el futbol, los cambios son para mejorar y más vale hacerlos a tiempo. Yo creo que la gente también debe ver eso con naturalidad, también como presidente, si algo puede ir mejor y un cambio puede ayudar para que vaya mejor, también voy a hacer cambios y buena falta hace de repente en una estrategia hacer cambios. Y también va a haber, desde luego, cosas que pueden ser quizá menos importantes, lo que tiene que ver con el mensaje central, con el lema, el mensaje central estará seguramente centrado en este contraste, lo que yo represento para México contra lo que representa mi competencia, para que verdaderamente podamos vivir mejor. Y necesariamente también, los ajustes correlacionados en términos de imagen publicitaria.

Para terminar con lo del equipo de campaña, las acusaciones contra Francisco Ortiz que se presentaron en relación con su paso por Turismo, ¿fueron parte de la decisión de removerlo?

No, pero ése es un tema que él deberá enfrentar, él es el que tiene que declarar sobre eso. Han coincidido los cambios con estas consideraciones, pero no tengo yo juicio o prejuicio respecto a Francisco Ortiz. Le agradezco el trabajo que hizo y sí creo que por el bien de su propio nombre y su prestigio debe aclarar todos esos señalamientos.

Por lo demás, por lo que dice López Obrador sobre mi campaña, yo no soy hipócrita, yo he hablado con mexicanos, profesionistas, empresarios, amas de casa, he pedido limpiamente apoyo y colaboración en términos de la ley, así lo he hecho. En todo caso quien debe aclarar es él, porque es él quien ha dicho que no iba a pedir dinero y sin embargo manda a su promotor de finanzas, a Federico Arreola, a pedirle dinero nada menos que a Kamel Nacif, este hombre que como ha quedado demostrado ha pedido que encarcelen periodistas, mujeres. Las insulta, agrede a toda la sociedad y a este señor que ahora dice «quén pompó» pues yo le digo que tenga la seguridad de que no «pompó» Kamel Nacif, como ocurrió en el caso de su campaña.

¿Es un pecado político que los empresarios, quienes quiera que sean, bueno, en el caso de Kamel Nacif es diferente porque no solamente estamos hablando de un empresario, estamos hablando de un empresario que presuntamente violó la ley en un caso tan delicado como éste, pero que un empresario legítimamente apoye a un candidato es un problema?

Debemos verlo como un acto de participación ciudadana, es un derecho legítimo; lo que sí es un verdadero pecado es la hipocresía y es la mentira, la mentira de que de dientes hacia afuera te dice que no les va a pedir dinero a los empresarios porque son malos y por abajo de la mesa les está pidiendo a todos. Fíjate que el PRD está endeudado, está embargado, sin embargo él sigue gastando olímpicamente su dinero. Yo tengo un partido sólido en sus finanzas, estoy haciendo un esfuerzo de recaudación legítimo y limpio con ciudadanos que también lo son, quien debe dar la explicación en realidad es él.

2

El conteo interminable

Pensó que tal vez había sido prematuro predecir la
victoria para diciembre e indicó que la victoria total
podría exigir algo más de tiempo. Resultó extraño que
haya dejado sus mapas y sus diagramas para dedicarse
a la astrología y a la lectura de entrañas de pájaros.

WOODY ALLEN

Cuando el 5 de julio debía comenzar el conteo distrital, la estrategia
lopezobradorista estaba definida: se aceleraría el conteo en los distritos con una amplia ventaja del candidato de la Coalición por el
Bien de Todos mientras que se obstaculizaría el de los ganados por
Calderón. La idea era que, a medida que pasaran las horas, se mantuviera una ventaja significativa a favor de López Obrador y se abriera la posibilidad de anular las casillas donde ganaba Calderón. El problema era que si el proceso había sido limpio el día de la elección, esa
estrategia postergaría el resultado pero sería casi imposible que lo
modificara.

El COFIPE marca que será el miércoles siguiente a la elección
(en esta ocasión el 5 de julio) en que los 300 Consejos Distritales del

37

IFE se constituyen en sesión permanente con el fin de realizar el conteo final y definitivo de las actas de la elección. En estas sesiones se toman las actas que se encuentran en la parte exterior de los paquetes electorales y el presidente del Consejo va «cantando» los resultados, que los escrutadores registran en grandes hojas, denominadas «sábanas», al tiempo que los representantes de los partidos hacen lo propio en sus formatos de registro y contrastando con las copias de las actas que se encuentran en su poder. En caso de que algún representante no escuche bien los resultados, o que tenga duda sobre ellos ya sea por su registro o por no coincidir con las actas que obran en su poder, puede en cualquier momento pedir que se repita el «canto» de cualquier dato.

En el hipotético caso de que hubiera diferencias sensibles, errores en el llenado de los datos, fallas por negligencia o incluso mala fe o alteración evidente de los resultados, el presidente del Consejo puede autorizar la apertura de los paquetes electorales para contar «voto por voto», y verificar así la validez de las actas. Por supuesto, no están obligados a abrir todos los paquetes. Por cierto, tal apertura debe realizarse frente a los representantes de los partidos. Al no tener todas las actas por la falta de representantes en las casillas, muchas veces no es posible que todos los partidos cotejen los resultados «cantados» con los que debieran tener en su poder, en las actas entregadas la noche del día 2.

El miércoles 5 de julio inició el conteo oficial de actas de los 300 Consejos Distritales del IFE, el cual duró más de treinta horas. El IFE declaró que los votos eran contabilizados conforme eran reportados por los Consejos Distritales, y que los resultados no eran definitivos, la tendencia no estaba clara y que podían ocurrir cambios abruptos sin motivo aparente. Al arrancar, y de manera contraria a lo observado en el PREP, fue López Obrador quien inició al frente, seguido por Calderón. La diferencia llegó a ser, incluso, de 2.59% al computar la cuarta parte de las actas disponibles. Por supuesto que los distritos ganados por AMLO de manera clara o contundente fluían sin problemas en las juntas distritales, y en los que había perdido o la diferencia era pequeña, fue necesario verificar uno por uno e incluso contar voto por voto los paquetes, lo que retrasó la llegada de los resultados. Sin embargo, conforme avanzaba el proceso la ventaja perredista se iba diluyendo lenta pero consistentemente. En el equipo de campaña de Calderón, que contaba con copia de todas las casillas del país, se insistía en que no se obstaculizara el conteo salvo en casos de evidentes errores en las actas y que se permitieran las impugnaciones de los representantes perredistas, para evitar así el menor número posible de conflictos. Calderón tenía la certidumbre de que concluido el conteo tendría que ser declarado ganador. Un elemento importante que impidió en buena medida que la estrategia de López Obrador de declararse triunfador antes de que concluyera el conteo pasó por los medios de comunicación que, en la mayoría de los casos, continuaron esa noche con sus trasmisiones en vivo hasta que concluyera el proceso.

El cambio en las tendencias se dio el jueves 6 de julio a las 3:56 horas de la madrugada, con 97.70% de las casillas computadas. Fue cuando finalmente López Obrador pasó al segundo lugar. El conteo concluyó a las 15:20 horas del mismo jueves, con un resultado oficial de 35.89% de los votos para Felipe Calderón, y 35.31% para López Obrador, con una diferencia de 0.58%, equivalente a poco más de 250 mil votos. La diferencia entre los resultados del PREP y los del cómputo final del IFE fue la menor en la historia de las elecciones en el país, a pesar de las dudas y las quejas.

El grupo técnico de la Unión Europea que observó el proceso (en parte, por la cláusula «democrática» del Tratado de Libre

Comercio entre México y la UE) señaló que en su opinión «no se reportaron incidentes o irregularidades que pudieran haber afectado la transparencia del proceso de conteo y que pudieran haber impactado los resultados».

No había forma de revertir los resultados. Tanto que, una vez más, López Obrador abandonó sus oficinas de campaña sin que concluyera el conteo. Pero antes lanzó una propuesta que se convertiría en su caballito de batalla en las semanas posteriores. Quería que se volviera a escrutar la elección «voto por voto».

Los resultados del conteo distrital del IFE dieron prácticamente los mismos números que el conteo rápido que la noche del domingo el Consejo General decidió no divulgar por la cerrada diferencia, y del PREP, dado a conocer entre lunes y martes. No hubo secretos ni trampas: Felipe Calderón Hinojosa sería el próximo presidente de los mexicanos por una diferencia de medio punto porcentual y poco más de 250 mil votos.

El perredismo utilizó una táctica dilatoria poco ética que, sabía, no podía alterar el resultado final pero tenía un solo objetivo: anular por la mala un proceso electoral que perdieron por la buena. La idea era mostrar que había diferencias entre el conteo distrital y el PREP, que se había metido la mano en el proceso y de esa manera pedir la apertura de todas y cada una de las casillas, para contar «voto por voto». Sabían que eso, primero, era lo que se había hecho: un millón de mexicanos, no un grupo de políticos de cualquier color partidario, contaron voto por voto en cada una de las casillas el domingo 2. Ese conteo se confirmó entre el miércoles 5 y el jueves 6: no hubo cambios entre lo que se reportó en el PREP y lo que finalmente se dio a conocer en el recuento distrital.

Pero el lopezobradorismo se empeñaba en la propuesta del «voto por voto» porque sabía que, independientemente del resultado, esa pretensión vulneraba la ley, y se convertía en un mecanismo para impugnar y anular las elecciones. El PRD ya había utilizado la misma estrategia para lograr anular en el TRIFE las elecciones en Tabasco del año 2000, precisamente porque se abrieron, ilegalmente, el 68 por ciento de los paquetes electorales con la exigencia de contar «voto por voto». El resultado no se alteró, pero logró anular una elección... que volvió a perder en los comicios extraordinarios unos meses después.

Resultaba sintomática la mezquindad de la demanda porque implicaba descalificar a los millones de mexicanos que votaron el domingo 2 de julio; porque implicaba desautorizar a las instituciones electorales que hicieron un trabajo ejemplar y que nos ha costado treinta años y miles de millones de pesos construir; porque implicaba desconocer procesos electorales, como el conteo rápido, el PREP, el propio conteo distrital, que han sido avalados a lo largo de los años y cuya precisión se confirmó en esos días, no sólo por los resultados, sino también por los observadores nacionales y extranjeros que dieron fe de la limpieza de la jornada y de todo el proceso.

Resultaba paradójico, además, que López Obrador impugnara sólo la elección presidencial pero no, por ejemplo, la del DF, donde ganó Marcelo Ebrard por amplio margen, o la de legisladores, donde el PRD quedó con una fuerte presencia en el Congreso y con dirigentes que pueden, como Ebrard, ser muy importantes en el futuro político. Pero lo que marcaba las actitudes de López Obrador no era la construcción democrática de un país, ni la consolidación de su propia fuerza política, sino una evidente ambición de poder personal. Si se había dicho que era un hombre mesiánico, que consideraba que su misión en el poder estaba por encima de consideraciones políticas, eso lo estaba confirmando con todas y cada una de sus actitudes desde el propio domingo 2 de julio. Algo lamentable para un

PRD que realizó una magnífica elección y que merece mucho más que actos de mezquindad y demagogia.

Confirmado el resultado electoral, sabiendo que era casi imposible modificar el resultado, López Obrador convocó a la gente al Zócalo, el sábado 8 para una «sesión informativa». Estaba echando la gente a la calle para tratar de ganar allí lo que había perdido en las urnas. Ya había tenido éxito en el pasado utilizando la misma estrategia. Una vez más quería utilizar a la gente para chantajear a las instituciones. Todo dependía de que éstas se mantuvieran firmes. Como ocurrió con otros políticos de fuerte acento autoritario, la práctica de «apaciguamiento» con ellos no funciona, por la sencilla razón de que no juegan con las mismas reglas que sus adversarios. La historia está llena de ejemplos al respecto.

Calderón era consciente de ello y decidió, pese a mantener fuertes diferencias con el equipo de la Presidencia de la República sobre cómo actuar en el largo proceso de transición, apostar todo a la institucionalidad. Sabía que había ganado pero también que 64 por ciento del electorado no votó por él. Tenía conciencia de que se imponía un gobierno de amplio espectro para lograr construir mayorías estables en el Congreso. Que la seguridad pública y nacional serían capítulos insoslayables, en los cuales se debía avanzar mucho más, incluyendo la integración regional, hacia el norte y hacia el sur, con una visión política, diplomática, económica y social mucho más aguda que la seguida por el foxismo. Sabía también que sin apostar a reformas profundas México no tiene más destino que el estancamiento. Pero, por sobre todas las cosas, debía saber que seguía existiendo un porcentaje muy alto de mexicanos que están viviendo en la pobreza y la desigualdad y que no se puede seguir apostando a políticas sociales y de integración quizá positivas pero insuficientes. La lucha contra la pobreza se convertiría en la prioridad absoluta del próximo gobierno, destinando para ello las políticas y los recursos necesarios para obtener resultados concretos y rápidos. Allí estaban, sobre la mesa de trabajo del futuro presidente, los ejemplos internacionales y quizá el de Irlanda, que pasó en unos pocos años de ser uno de los países más pobres y desiguales de Europa a uno de los más prósperos y con mejor calidad de vida del Viejo Continente: uno de los más cercano a nosotros.

El hecho era que si una política democrática y de amplitud de miras no lograba en el futuro resultados palpables en lo social y la seguridad pública, los intentos demagógicos y autoritarios, el mesianismo de uno u otro signo, terminaría imponiéndose por encima de las instituciones liberales. Pero precisamente por eso había que apostar a las instituciones y no caer en la disputa por la calle que le proponía López Obrador. En el equipo de transición estuvo presente, desde ese mismo 8 de julio, la tentación de responder movilizando al panismo. El propio Calderón, que conocía mejor que Fox a su partido, era partidario de que el «músculo» del PAN no se adormeciera. Pero la tentación de la movilización fue siendo desplazada por la política. Calderón decidió apostar a las instituciones pese a que en su propio entorno, sobre todo en los primeros días, las presiones para que saliera a la calle, para que demostrara también en ese ámbito su poder, fueron muy fuertes. Había, en todo ello, un ingrediente adicional: la desconfianza en la fortaleza gubernamental. La administración de Fox ya había dado demasiadas muestras, desde Atenco hasta el desafuero, de que se doblaba ante las presiones, de que no las resistía. Y éstas se hallaban en su apogeo. El lopezobradorismo en las calles; en Oaxaca un movimiento que pretendía ser insurreccional y que el gobierno federal calificaba como un conflicto local; en varios estados de la República el narcotráfico, que había apostado y fuerte en el proceso electoral, se sumaba a las

provocaciones. La decisión de Calderón fue apostar a las instituciones. La duda era si esas instituciones, en muchos casos debilitadas
por años de no ejercer los legítimos recursos del Estado, podrían
resistir el embate.

Calderón, 26 de abril de 2006:
«quiero ser la continuidad del cambio»

Felipe, las últimas encuestas están demostrando que tu campaña está subiendo, que la de Andrés Manuel López Obrador está cayendo, aunque sea gradualmente, y había un vaticinio que hablábamos allá por enero de que en abril se iban a terminar cruzando esas encuestas. ¿Fue un vaticinio que se hizo realidad?

Por supuesto, la verdad es que ése es el resumen de las encuestas. Más allá de la polémica, todas reflejan que mi campaña está subiendo, y todas, incluyendo las del propio Andrés Manuel, que él está cayendo rápidamente. En la que menos ha perdido cuatro puntos. Y también todas están reflejando que la elección se está cerrando entre él y yo. Varias encuestas, yo creo que la gran mayoría, están reflejando ya un empate técnico; entre ellas está la de GEA-ISA, la de Arcop, la de Ulises Beltrán, la de un grupo regiomontano que se llama Zaga, que no conozco, está la de Gauss. Además, en algunas de ellas, concretamente en la de GEA-ISA y en la de Arcop, yo estoy arriba en las encuestas. En todos los sondeos telefónicos estoy también arriba en las encuestas. Por supuesto que la contienda no ha acabado, yo diría que apenas va empezando, esto se empieza a poner bueno, apenas se está calentando el comal, pero lo que sí es cierto es

45

que hay una tendencia que nos favorece mucho, que me tiene muy satisfecho, pero no voy a bajar la guardia, no me voy a confiar, voy a trabajar fuertemente de aquí al 2 de julio.

¿Por qué has logrado ese reposicionamiento de las encuestas en un periodo relativamente rápido? ¿Qué pasó con la campaña de Felipe Calderón? ¿Qué pasó con las otras campañas?

Primero, en el equipo hicimos un replanteamiento que nos costó trabajo incluso asimilarlo. Te voy a decir en qué momento empezó. En la propia encuesta de GEA-ISA que publicó hacia mediados de febrero...

Y que se levantó a principios de febrero...

Varias cosas han ocurrido desde entonces. Una, efectivamente, fueron las cosas que han pasado en nuestra propia campaña. Te voy a decir que hicimos un replanteamiento muy puntual, muy sincero, déjame decirlo aquí e incluso recuerdo el momento en que yo tenía una percepción de que las giras habían estado bien, pero tenían una serie... muchos eventos, quizá ocho eventos al día, siete salían muy bien, con uno que saliera mal era suficiente para que las notas fueran negativas. Había un discurso muy injusto. Y lo que definitivamente me convenció para dar un golpe de timón en la campaña fue la encuesta de GEA-ISA precisamente.

La de febrero.

La de febrero, sí. En la encuesta de GEA-ISA, después de que nos habían dado un empate técnico en enero, la diferencia se había abierto abismalmente con respecto al candidato del PRD, nueve puntos. Había que cambiar la estrategia. No había resultado la campaña televisiva, a pesar de haber sido una campaña muy intensa de arranque, no había dado los frutos, había que cambiar eso. No habían resultado las giras, había que cambiar las giras, estrechamos el equipo, disolvimos muchos elementos de discordia y de tensión interna, arreglamos las cosas con el PAN. Me centré en un discurso mucho más temático, mucho más específico. Por una parte en general al posicionarme como un candidato con propuestas, para después ser un presidente con proyecto y desde entonces he presentado todos los días una propuesta relativa a un tema específico. Me centré en las propuestas, muy particularmente me he centrado en el empleo, que es un tema que le preocupa a la mayoría de los mexicanos, he enfatizado que voy a ser un presidente del empleo, y eso me ha ayudado a recuperar un voto que a partir del primer mes se estaba alejando de mí, que es un voto de jóvenes, de universitarios, de mujeres, y por ese lado han salido muy bien las cosas.

Dice López Obrador que ese reposicionamiento se logró porque recibes maletas de dinero y además le pone un remitente que es Banamex.

Mira, la verdad es que eso hace honor al nombre verdadero de Andrés Manuel, o Manuel Andrés, bueno, no sé cómo sea exactamente el nombre. Yo digo que mientras siga con sus habladurías no es López Obrador sino López Hablador, porque tiene que probar lo que dice. Ya basta de estar simplemente recibiendo sus insolencias y, como dice el dicho, el pez por su boca muere. El pejelagarto es un pez y este hombre está muriendo por su boca.

Además, considerando que el supuesto remitente es una empresa pública en el sentido de que cotiza en la Bolsa de Estados Unidos, estas cosas de las maletas debe ser complicado de comprobar...

Además, en un régimen que si algo sanciona y fiscaliza es precisamente el lavado, es decir, categóricamente niego estar recibiendo dinero de Banamex, categóricamente niego haber recibido dinero de Roberto Hernández y mira, ni siquiera digo que no lo voy a recibir. Yo he hecho una invitación abierta a todo ciudadano mexicano en uso de sus derechos a que aporte a mi campaña en términos de la ley;

que no me dé a mí, que dé una aportación al Partido Acción Nacional y sí digo claramente que no tengo ningún compromiso ni voy a asumir un solo compromiso de carácter o de intereses particulares. Mi único compromiso es con México y ahí le toca colaborar a todo el mundo, pero ni he recibido dinero de Banamex ni he recibido dinero de Roberto Hernández y el que tiene que probar su dicho y sus habladurías es este señor López Hablador.

Es más, yo, categóricamente, lo reto a que me diga dónde están los dólares de las maletas de Bejarano y dónde están los dólares de la maleta de Sosamontes, y yo afirmo, porque ahí sí hay dinero, que esos dólares están en la campaña de López Obrador.

¿Qué más debes hacer para continuar con esta tendencia al alza?

Un poco de otro fenómeno que me faltó abundar es que también yo debo ser honesto y reconocer, agradecer públicamente, al propio candidato del PRD que ha hecho todo lo posible porque yo cierre la diferencia y me ponga en un empate técnico.

¿O sea que López Obrador trabajó para ti?

Sí, la parte medular de este mes es que este hombre ha hecho todo lo posible por perder puntos. Lo que más ha agraviado a los mexicanos es atacar, ofender, con un enorme desprecio y de una manera muy artera al presidente de la República, a final de cuentas es el presidente de todos los mexicanos y no sólo es un acto de falta de respeto, que es lo que percibe la gente, la gente en este sentido tiene razón: si no es capaz de respetar al que nos representa a todos, no va a respetar a la gente más humilde. Pero lo segundo es el tono de desprecio, de desdén y de intolerancia: «cállate, chachalaca» desde luego me lo dice a mí, a lo mejor te lo va a decir a ti algún día, pero es un gesto de absoluta intolerancia, que es el germen inicial de los regímenes autoritarios. La gente percibe eso, la gente percibe que hay un peligro en la candidatura de López Obrador y, sí, eso evidentemente me ha ayudado y, sí, también el Partido Acción Nacional ha dicho lo que debe decir, que en la alternativa de nuestros adversarios hay peligro para México y sobre eso por supuesto tiene que haber discusión en la campaña electoral.

Hay mucha gente que tiene una opinión positiva del presidente Fox, pero hay también muchas opiniones negativas y no sería políticamente viable hablar de una continuidad absoluta de una administración Fox, a una administración Calderón. ¿Si llegas a la Presidencia qué sería lo que mantendrías de la administración Fox, en forma y en fondo y qué es lo que cambiarías?

Sí, a veces me dan ganas de decir como Michelle Bachelet en Chile... «Yo soy el cambio y la continuidad» y de alguna manera ser también la continuidad del cambio; parece ser un juego de palabras pero no lo es. Voy a seguir el programa de Oportunidades, como he dicho, las becas educativas que es uno de los temas más apreciados por la gente, las becas escolares que han crecido; el seguro popular, que está cubriendo un enorme hueco de política social que había en México; voy a seguir con una política de vivienda que ha sido exitosa, y en cada uno de esos programas voy a ir por más. En materia de seguridad social, por ejemplo, no sólo es el Seguro Popular, sino que quiero iniciar el Seguro Universal de Salud. Que el beneficiario de un servicio médico no tenga que depender de que haya infraestructura de hospitales públicos en la localidad donde vive.

La realidad es que la miseria en el campo y en las zonas urbanas es una miseria que va acompañada de la falta de servicios públicos. No hay IMSS, no hay ISSSTE, no hay clínicas públicas.

Para ser estrictos, no hay nada...

No, no hay nada. Pero, ¿qué hay o qué puede haber? La gente lleva a sus niños cuando se enferman al médico del pueblo, los internan en un sanatorio y venden lo que tienen y se endeudan de por vida. Yo quiero un seguro subrogado, es decir, que la gente pueda ir al médico porque no hubo hospital público ahí y que el seguro, el Estado, le pague los honorarios de ese médico. Que el seguro médico pague los gastos de ese sanatorio particular. ¿Qué va a generar eso? Que se acabe con una contradicción absurda. Que sobran médicos, tú ves a cientos de egresados de la Facultad de Medicina con su bata y queriendo conseguir una plaza entre cinco mil en el Seguro Social. Sobran enfermos aparentemente, entre comillas, y eso no puede ser. Yo quiero que esos jóvenes, esos médicos, que hay muchos en México, sepan que pueden regresar a su lugar de origen, que pueden atender a un pueblo que por falta de capacidad económica nunca fue a consulta médica y que va a haber un seguro subrogado. Podemos tener cobertura universal.

Sigo con otras cosas: política de vivienda. Creo que México ha mostrado que se puede tener una política de vivienda responsable y ha construido más viviendas que toda América Latina junta y yo quiero ir por más. ¿Qué es lo que falta? Bajar el peldaño de los cuatro salarios mínimos. Hoy por hoy una persona con un ingreso medio y medio bajo puede conseguir tasas de interés a 9 por ciento anual, que son insólitas en México. Puede conseguir vivienda, pero un trabajador de menos de tres salarios o tres salarios mínimos, no puede. Me voy a concentrar en la vivienda popular para que sea verdaderamente pagable entre quien tiene entre dos y tres salarios mínimos.

Para la vivienda, para este sistema de seguro de salud universal, para la infraestructura, se necesitan recursos, se necesita presupuesto y es muy probable que aunque ganes la Presidencia, no ganes con un Congreso que sea del mismo partido, que sea del PAN. Probablemente vamos a tener un Congreso dividido, como lo hemos tenido desde el 97 hasta ahora. ¿Cómo gobernar con un gobierno en donde el Congreso no es del mismo partido que el Ejecutivo?

Ahí es donde entra también la coherencia que debe haber entre las propuestas de los candidatos. Por ejemplo, lo que estamos hablando de recursos fiscales. Yo estoy proponiendo una reforma fiscal que vaya centrada en el objetivo de ampliar la base tributaria, es decir, hacer que más mexicanos paguemos menos impuestos en lugar de la realidad que tenemos ahora de que cada vez menos pagan muchos impuestos. Quiero tener una tasa de impuesto sobre la renta mucho más baja y mucho más fácil de pagar, de manera que permita reducir drásticamente ese 50 por ciento de evasión fiscal que tenemos en la población económicamente activa.

Que es el modelo que se ha aplicado sobre todo en Europa del Este.

En Rusia, el impuesto sobre la renta no pasa de 24 por ciento, en Eslovaquia de 19, en Hungría de 17, Letonia y Lituania de 15, Irlanda, que es un fenómeno que hay que analizar, ¿qué está pasando en este país que era el patito feo de Europa?

Era el más pobre de Europa y es ahora el que se supone tiene mejor calidad de vida...

Es el que más ingreso per cápita tiene, con una tasa de impuesto de la renta de 12.5 por ciento. Algo estamos haciendo mal con tasas altas, sobrecargadas de activos, impuestos al activo, impuestos sobre nóminas, tenencia, IMSS, Infonavit, etcétera. Yo quiero cambiar para tener una tasa mucho más baja, mucho más fácil de pagar y también coherencia. Por ejemplo en política energética. El candidato del PRD dice que va a hacer tres refinerías. Yo puedo hacer hasta cuatro o más y sin comprometer el dinero de Pemex. Si permitimos que Pemex pueda asociarse con un socio tecnológico en lugar de exportar el petróleo crudo a Texas, para que pueda procesar y crear empleos aquí. Y eso lo puedo hacer sin que cueste un solo centavo. En lugar de que Pemex pierda dinero en una refinería como lo está haciendo ahora, yo quiero desplazar el gasto público hacia el gasto social.

Pero ¿cómo gobernar con un Congreso sin mayoría?

Yo he dicho que no voy a inventar el agua tibia. Haré lo que la mayoría de los países democráticos hacen, que es construir la mayoría parlamentaria. Es decir, establecer un gobierno de coalición. Negociar sobre las bases firmes en el terreno del 2 de julio al 1° de diciembre; negociar un acuerdo de gobierno a cambio de tener una mayoría estable que me permita sostener la gobernabilidad y una agenda de cambios.

Un gobierno de coalición no es lo mismo que un gobierno plural. La administración de Fox comenzó con un gobierno plural pero no fue un gobierno de coalición.

Exactamente, la diferencia es medular porque el gobierno de coalición parte de la premisa de que hay un acuerdo, hay un programa de gobierno, una agenda que va a ser sostenida por una coalición mayoritaria en el Congreso; en cambio puede ser que una de las consecuencias de ello es que el gobierno sea plural, que uno de los instrumentos para conseguir la mayoría sea que yo comparta la responsabilidad de gobernar, a lo cual estoy dispuesto.

Pero no es lo mismo tener un gobierno plural que uno de coalición. En el caso del gobierno de Fox tuvimos un gobierno plural porque así lo determinaron los *head hunters* o porque fue de buena onda, de mucha generosidad, pero la verdad es que faltó el elemento esencial de un gobierno de coalición, que es el acuerdo de mayoría y de nada te sirve tener un gobierno plural si no tienes mayoría en el Congreso. Es más, en teoría política se dice que el gobierno de los mejores y de los más brillantes se configura a partir de que tú tienes la mayoría absoluta en el Congreso. Si tienes la mayoría absoluta puedes llamar a quien se te dé la gana, pero si no la tienes, hay que usar el gobierno para construir la mayoría.

¿Vas a ir a los debates? ¿A los dos debates, el de abril y el de mayo?

Sí, sí voy a ir...

¿A los dos?

Voy a ir porque me parece que los debates son un derecho de los ciudadanos, no de los candidatos. Lo que me parecería absurdo es que me dejaran morir solo en el debate, ahí platicando con Roberto Campa o con Patricia Mercado, hablaremos con mucho gusto, pero la verdad me parece una irresponsabilidad del candidato del PRD que está evadiendo la tarea de presentar sus propuestas de cara a la sociedad. Espero que la irresponsabilidad no se contagie también al PRI.

¿Qué sientes cuando ponen a debatir a Elenita Poniatowska tus propuestas de campaña?

Me parece que, con todo el respeto que merece Elena Poniatowska y desde luego el aprecio y la admiración que le tengo, me parece una cobardía que la metan a defender a Andrés Manuel. Ahí está el candidato cubierto en las faldas de doña Elena Poniatowska. ¿Por qué no da la cara él y por qué no se defiende él? ¿Por qué es tan cobarde? ¿Por qué no da la cara y por qué no va al debate a defenderse? ¿Por qué mete a la señora? Yo digo que dé la cara él, si quiere en sus propios *spots*, pero donde debe dar la cara es en el debate. Que la discusión es la deuda en el Distrito Federal, bueno, vamos discutiéndola. Yo afirmo, así lo diga doña Elena Poniatowska, así lo diga Su Santidad, que la deuda del DF pasó de 16 mil millones de pesos a 44 mil millones de pesos durante los gobiernos perredistas; que Andrés Manuel le dejó a cada familia del DF una deuda de 23 mil pesos y que para eso jamás les pidió permiso. Eso es lo que tenemos que debatir. No me vengan que si le quitan la inflación, los números de... no, no, no. Lo que tenemos que discutir es cuál es la política correcta y yo digo que esa política elevada a nivel nacional quebraría al país con alguien que está proponiendo no un tren ligero de México a Tecámac, sino un tren bala de México a Tijuana.

En realidad dos... uno a Tijuana y otro a Nuevo Laredo.

Bueno, el de México a Tijuana vale más o menos 640 mil millones de pesos y el que iría a Nuevo Laredo 360 mil, sería casi diez veces más de lo que estamos destinando a educación básica. Es ridículo. Eso es lo que tenemos que debatir. Además propone que va a bajar los precios de los servicios públicos. Esto no es una rebatinga de llévelo, llévelo, de que si él propone reducirlos a la mitad, yo propongo reducirlos a la cuarta parte. La verdad es que se trata de hacer precisamente propuestas serias y proyectos viables. Yo estoy presentando un proyecto viable, yo lo reto a que debatamos, si no está de acuerdo con mi proyecto que venga y que lo diga. Yo estoy criticando que él endeudó a la ciudad de México y quiero que él me responda, que no ponga a doña Elena por delante, que no sea coyón.

3

La indefinición

> Quien dirige una milicia sin la inteligencia adecuada
> es un engreído. Quien dirige una milicia sin el valor
> adecuado se valora en exceso. Quien dirige una mili-
> cia sin conocer el camino y entra en batalla repetida-
> mente sin quedar satisfecho, sobrevive por suerte.
>
> SUN TZE

Pasada la jornada electoral del 2 de julio, con la advertencia del IFE de que no existía un claro ganador e incluso con la posibilidad de que los resultados del conteo distrital fueran modificados por el Tribunal Electoral, era importante que los demás participantes empezaran a reconocer los resultados oficiales divulgados hasta el momento. En otras palabras, que salieran a reconocer que el resultado era legal y legítimo y que había un claro ganador.

En el año 2000 era difícil anticipar si el PRI aceptaría un resultado adverso sin tratar de impugnarlo o manipularlo. Sin embargo, ese 2 de julio, al concluir el mensaje de José Woldemberg, entonces consejero presidente del Instituto Federal Electoral, en el que reconocía la victoria del candidato de la Alianza por el Cambio al filo de las diez de la noche, cuando ya se contaba ya con encuestas de salida, conteos rápidos y los primeros datos del Programa de Resultados Electorales Preliminares, entró en cadena nacional el presidente Zedillo, aceptó el triunfo del candidato Fox y propuso comenzar a trabajar en la transición tan pronto concluyera el conteo oficial, el miércoles siguiente. Incluso, este mensaje se sobrepuso a la transmisión en vivo, que llevaría al público desde la explanada de la sede nacional del PRI, en el que, con la voz entrecortada, el candidato Francisco Labastida Ochoa debía reconocer que su partido había perdido por primera vez una elección en las últimas siete décadas. Posteriormente, algunos priístas reprocharon «la falta de tacto» de Zedillo, que no permitió que el candidato derrotado aceptara tal resultado antes de que lo hiciera el Ejecutivo. Pero el hecho fue que la decisión tenía como fin salir inmediatamente después de que la autoridad electoral aceptara la tendencia de los resultados como definitiva, para bloquear la posibilidad de que miembros del partido tricolor intentaran manipular el resultado o desconocer la elección. En los hechos, la comunicación entre la Presidencia de la República y la sede nacional del PAN donde esperaba los resultados Vicente Fox se había establecido desde la media tarde, mucho antes de que cerraran las casillas, porque los *exit poll* con los que contaba la Presidencia ya demostraban cerca de las quince horas que la tendencia sería irreversible: fue Liébano Sáenz, el secretario particular de Zedillo, quien mantuvo el contacto con Marta Sahagún, entonces vocera de Vicente Fox. Más tarde, fue el propio presidente quien habló con el candidato. Cuauhtémoc Cárdenas también había aceptado los resultados mucho antes, en una conferencia de prensa poco después de las ocho. A las diez de la noche del 2 de julio del 2000 nadie tenía dudas de quién sería el próximo presidente de la República.

Pero en 2006 se había tornado muy diferente: dado que el Instituto Federal Electoral no podía, a través de las encuestas de salida y los conteos rápidos con hora de corte a las siete de la noche, dar un ganador claro (a pesar de que éstos tenían como triunfador a Calderón pero con una diferencia, como se dio finalmente, menor al uno por ciento), decidió esperar la muestra ampliada y salir a medios a las once de la noche. Sin embargo, como ni la muestra ampliada daba plena certeza, consideró prudente esperar los resultados del Programa de Resultados Electorales Preliminares, que se cerrarían el lunes en la tarde. Éste, por su naturaleza, no podía ser cien por ciento preciso, puesto que utiliza las copias de las actas que se ponen expresamente para este fin por fuera del paquete electoral, y no las actas originales de conteo. En adición, no todos los paquetes llegan a la misma hora, siendo la distancia entre la casilla y la sede distrital un factor relativamente aleatorio. Sin embargo, desde su inicio el PREP marcó una tendencia a favor de Felipe Calderón, que se manutuvo a lo largo de toda la noche, y que se fue cerrando, aunque en ningún momento dio un cruce entre el primero y segundo lugar. Pero el PREP se cerró, como siempre ocurre, al no contar con todas las actas, con poco más de 98 por ciento de las casillas contabilizadas y la diferencia que se mantenía entre Calderón y López Obrador era menor a uno por ciento. Estábamos hablando de cerca de 300 000 votos de distancia entre uno y otro candidato.

Tan pronto como el PREP dio resultados finales, a media tarde del lunes 3 de julio, el abanderado de Nueva Alianza, Roberto Campa, en los medios reconoció el triunfo de Calderón. Textualmente dijo: «Observamos una tendencia irreversible que le da el triunfo a Felipe Calderón Hinojosa», avaló y pidió reconocer tal triunfo. Asimismo, reconoció la victoria de Marcelo Ebrard como jefe de Gobierno del DF, lo mismo que la de Marco Antonio Adame (PAN) a la gubernatura de Morelos; la de Emilio González Márquez (PAN), en Jalisco, y la victoria de Acción Nacional en la candidatura de Juan Manuel Oliva por Guanajuato. Sin olvidar, claro, que para ese momento Nueva Alianza había obtenido ya la votación necesaria para asegurar su registro definitivo y obtendría bancadas en la Cámara de Diputados, la Asamblea Legislativa del DF, e incluso un senador, como se supo después. La declaración de Roberto Campa fue el primer reconocimiento al triunfo calderonista por parte de un candidato presidencial.

El siguiente candidato en reconocer los resultados fue Roberto Madrazo, quien la tarde del mismo lunes 3 declaró que las tendencias de la elección no le favorecían. Dijo que el proceso electoral había sido «legal, legítimo, transparente y no deja lugar a dudas de cuál es el resultado», y aseguró que el PRI no acudiría a los tribunales. También afirmó que «las elecciones se ganan con votos, no debemos judicializar la política. Le apostamos al voto, no a la descalificación. Le apostamos a la democracia y no a la descalificación. Tenemos un partido ejemplarmente maduro que no moviliza gente en la calle. Nunca pondremos la estabilidad en riesgo», declaraciones que realizó después de haberse reunido durante hora y media con 16 gobernadores priístas. Era claro que la distancia de Madrazo respecto al primer y segundo lugar era amplia puesto que le llevaban por lo menos diez puntos de ventaja. Pero también que todo indicaba que la votación del PRI, como se confirmó poco después, para ambas Cámaras había sido mucho más alta que para presidente, lo que implicaba que muchos votos priístas se habían dirigido en el norte a Calderón y en el sur a López Obrador. El hecho es que Madrazo reconoció su derrota y el triunfo de Calderón.

El 5 de julio, el mismo miércoles en que inició el conteo distrital, Patricia Mercado y la dirigencia del partido Alternativa Socialdemócrata pidieron esperar al resultado del mismo para fijar su posición. Al finalizar el cómputo distrital convocaron a una conferencia de prensa en la que aceptaron los resultados y reconocieron a Calderón como el futuro presidente. El dirigente de Alternativa, Alberto Begné Guerra, afirmó: «Lo dijimos una y otra vez: ganara quien ganara, así fuera por un margen más amplio de votos, puede pretender imponer a los otros su proyecto. El mandato de la sociedad es muy claro: en la pluralidad se requieren diálogo y acuerdos». Por su parte, Patricia Mercado llamó a López Obrador a transitar por la vía institucional «con prudencia y serenidad, planteando pruebas y acatando, finalmente, el fallo del Tribunal Electoral», y dijo que «en las sociedades democráticas las diferencias se resuelven en las instituciones y no en la calle». Asimismo, indicó que avalarían la decisión que el TEPJF adoptara sobre si procedía o no la impugnación que ya había planteado el perredista.

López Obrador fue el único candidato que no quiso aceptar ni conceder, y desde la misma noche de la elección, tras salir a decir que tenía «al menos» medio millón de votos de ventaja y tras invitar a sus seguidores a «festejar» su triunfo en el Zócalo, se retiró del hotel donde había montado sus oficinas y no volvió a salir a los medios. A la mañana siguiente fue cuando, por primera vez, alegó la existencia de un fraude que se habría generado supuestamente al manipular el PREP, pues, alegaba, no era posible que Felipe Calderón se mantuviera en ventaja ininterrumpida desde el mismo inicio de la jornada, a pesar de lo cerrado de la elección. Inventó allí lo del fraude cibernético, que se desmoronaría por su propio peso. Hoy sabemos que desde la misma tarde del domingo su encuestadora oficial, Ana Cristina Covarrubias, le había informado que, según sus conteos, había perdido la elección por un uno por ciento de los votos. Pero López Obrador no estaba dispuesto a perder.

El problema es que en la política, como en todo en la vida, hay que aprender a ganar y a perder. En pocas ocasiones se conoce mejor a la gente en su actitud ante el triunfo o la derrota. En ambas circunstancias es difícil no mostrar el verdadero rostro, el que está detrás de la máscara de la vida cotidiana, particularmente en los personajes públicos, como los políticos en general y los candidatos presidenciales en particular. Y en esas horas vimos actitudes que demuestran de qué estaban hechos los hombres y mujeres que buscaron la Presidencia de la República: Felipe Calderón, virtual ganador con base en las cifras del PREP, dio una muestra de madurez y apertura al reconocer que no había ganado todo, que entendía el mensaje de la urnas, que debía convocar a un gobierno de unidad, luchar mucho más decididamente contra la desigualdad y la pobreza y avanzar más rápidamente en las reformas que el país exige. Lo hizo con respeto hacia sus adversarios, convocando a todos a participar en la construcción de esa política. Roberto Madrazo, que había sufrido un golpe político tan duro que prácticamente acababa con su carrera, tuvo la hidalguía de reconocer los resultados y anunciar que aceptaría lo que decidiera el IFE. Roberto Campa consideró que la ventaja de Calderón era irreversible. Patricia Mercado, que respetaría los resultados del IFE. Ninguno, salvo López Obrador, cuestionó el proceso electoral y sus resultados. Era una actitud mezquina, poco digna de quien perdió la elección pero había recibido la confianza de millones de electores, era una actitud irrespetuosa para el millón de mexicanos que participaron voluntariamente en la organización de las elecciones, para los casi dos millones que fueron representantes de casilla y para unas instituciones electorales que habían actuado con eficiencia y contaban con la credibilidad de la sociedad y los partidos.

López Obrador argumentaba que ganó las elecciones basado en «actas» tan misteriosas como aquella encuesta que le daba, según decía, diez puntos de ventaja; aseguró que el Programa Electoral de Resultados Preliminares fue «manipulado» y que «no era confiable»; llegó a decir que al IFE «se le perdieron» tres millones de votos; que como ganó en tres de las cinco circunscripciones electorales del país tiene que haber ganado la elección y terminó diciendo que no aceptaba los resultados. Ninguno de sus dichos se sostenía, ni se sostendría en el futuro, con prueba alguna que les confirieran certidumbre.

Era inútil, porque había una decisión política de por medio, recordarle que el PREP es plenamente confiable y no puede ser manipulado: son innumerables los expertos de su propio partido que se lo hubieran podido explicar; que las oscilaciones que había mostrado el PREP eran normales porque en él caen las actas de las distintas casillas como van llegando y de la misma forma que cuando llegaron las del DF subió su porcentaje, cuando llegaron las del noroeste disminuyó, pero la tendencia que se mantuvo fue siempre la misma e incluso el resultado que daba el conteo rápido que el IFE decidió no divulgar, daba el mismo resultado que se mostró en el PREP: una diferencia de poco menos de un punto que equivalía a unos 400 000 votos. Que no «se le perdieron» tres millones de votos al IFE sino que se trataba de actas que tienen defectos en su confección, que fueron revisadas por separado pero sus números estaban incorporados a los resultados. Habría que explicarle que la elección no se gana por circunscripciones (éstas sirven sólo para la distribución de los diputados plurinominales, e incluso así se confirmaría después que para legisladores su coalición recibió menos votos que para la Presidencia de la República) sino por la suma total de votos: es aritmética básica: el que tiene más votos gana y Calderón tenía entre 400 000 y 300 000 votos más que López Obrador.

Lo que sucedía era que por formación, carácter y por el círculo más cercano que lo rodeaba, incluyendo algunos comunicadores que jamás se atrevieron a decirle al rey que en realidad estaba desnudo, López Obrador no estaba preparado para perder. Para un político que considera que debe llegar a una posición por una suerte de misión o designio superior, es muy difícil aceptar que una mayoría no quiere ser «salvada» ni quiere reinventar el país a través de su liderazgo. Estábamos viendo en la derrota cómo hubiera actuado López Obrador en la victoria: con mezquindad, sin respeto para sus adversarios y despreciando las instituciones si éstas no coinciden con sus dichos.

Resultaba notable comprobar que no se podía aceptar una derrota y para ello se intentaba mancillar al árbitro electoral, desacreditar a las instituciones (literalmente mandarlas al diablo) y a una jornada que tuvo, por supuesto, algunos incidentes, pero que fue en todos los sentidos ejemplar. Las elecciones se ganan en las urnas no en la calle ni mediante el chantaje de la violencia. López Obrador rompió en apenas unas horas dos acuerdos que sus representantes habían asumido con el IFE: que nadie se proclamaría triunfador antes de que el Instituto diera los resultados del conteo rápido y antes de las nueve de la noche ya había dicho que había ganado y convocado, irresponsablemente, a la gente al Zócalo. Cuando el IFE tuvo el conteo rápido y por lo apretado de las cifras no dio los resultados, se acordó que se esperarían los resultados del PREP y del recuento distrital del miércoles antes de proclamar victorias, y una vez más López Obrador desconoció los acuerdos y volvió a declararse ganador cuando no tenía un solo dato que respaldara su afirmación. Ya con esos resultados sabía que había perdido y tampoco los aceptó. Se necesitaba un poco más de dignidad y respeto, para su propia labor y sus candidatos a otros puestos de elección popular que ocuparían muy amplios espacios en la nueva geografía política del país.

En todo caso habría que preguntarse si está mintiendo López Obrador cuando, aún hoy, insiste en un supuesto fraude electoral que justifique su derrota o, simplemente, al hablar de ese inexistente fraude hace honor a su fama de tergiversador, de propalar habladurías sin sustento como si fueran verdades.

Harry G. Frankfurt, un prestigiado profesor de filosofía de la Universidad de Princeton, acaba de publicar (y existe ya una edición en español editada por Paidós) un excelente libro titulado *On Bullshit*, un estudio sobre la manipulación de la verdad. Para comprender cómo funcionan López Obrador y algunos de los integrantes de su equipo, hay que leer este pequeño texto que puede concluirse en un par de horas. Dice Frankfurt que hay que diferenciar al mentiroso del hablador: «Para inventar una mentira cualquiera [el embustero] ha de pensar que sabe qué es lo verdadero. Y para inventar una mentira eficaz, debe concebir su falsedad teniendo como guía aquella verdad». En cambio, señala en un retrato que se ajusta perfectamente a la lógica política de López Obrador, que «una persona que decide abrirse paso mediante la charlatanería goza de mucha más libertad [que el simple mentiroso]. Su visión es más panorámica que particular. No se limita a introducir una falsedad en un punto determinado, por lo cual no está condicionado por las verdades que rodean dicho punto o intersectan con él». Esa persona, ese hablador, dice Frankfurt, «está dispuesta, si hace falta, a falsear también el contexto [...], su intención no es informar de la verdad ni tampoco ocultarla [...]. Para el charlatán, no hay más apuestas: no está del lado de la verdad ni del lado de lo falso. Su ojo no se fija para nada en los hechos [...], no le importa si las cosas que dice describen correctamente la realidad, simplemente las extrae de aquí y de allá o las manipula para que se adapten a sus fines».

Hasta aquí el texto de Frankfurt y desde él se puede comprender a López Obrador: no es un mentiroso porque para ello se debería reconocer la verdad, aunque sea para tergiversarla, y no lo hace, simplemente la verdad es su propia palabra; es un hombre que está dispuesto incluso a «falsear el contexto» (la elección fue inobjetable y limpia para él y para todos hasta el mismo momento en que supo que no había ganado; dijo que reconocería el resultado aunque fuera por la diferencia de un voto hasta que quedó en segundo lugar); su intención «no es informar la verdad ni tampoco ocultarla» (no le importa lo que digan los resultados ni los mecanismos electorales confiables sino su versión de los hechos aunque no tenga una sola prueba que la respalde); su «ojo no se fija para nada en los hechos ni le interesa describir correctamente la realidad» porque simplemente «extrae [información] de aquí y de allá o la manipula para que se adapte a sus fines». ¿Qué mejor ejemplo que la afirmación de que habiendo aceptado sus representantes (más de cien mil), con su firma en todas y cada una de las actas, los conteos efectuados en las mismas, los desconozca y se haya sacado de la manga que 50 por ciento de los mismos «le fallaron»? ¿Qué quería decir? ¿Que en el nuevo y cada vez más amplio complot también se vendieron nada más y nada menos que 50 000 de sus representantes partidarios? ¿Quién los compró, cómo, cuándo, qué pruebas existen sobre ello? Es absurdo: como dice Frankfurt, ni siquiera se lo puede catalogar como una mentira, son, simplemente, habladurías, charlatanería sin sustento en la realidad.

Lo grave es que esa charlatanería no fue detenida, ni por algunos comunicadores que eran conscientes de que se trataba de mera superchería basada en intereses muy específicos de un ex candidato que no podía aceptar que perdió las elecciones, ni por parte de su equipo de campaña.

Lo absurdo, y lo que debería preocupar a muchos dirigentes de la Alianza por el Bien de Todos (no sólo a los perredistas), es que mientras ellos navegaban, navegan aún, en este mar de palabrería,

Felipe Calderón estaba y está trabajando para avanzar en la conformación de una agenda de amplio espectro, de coalición, en torno a la cual había platicado desde el periodo de transición con otros partidos y con gobernadores priístas y perredistas, además de personalidades independientes. ¿No era más importante para el perredismo y para los cercanos a López Obrador estar en esa lógica de negociación? Mejor dicho, ¿no sería más sano estar en esa lógica de negociación de forma abierta, no en lo oscurito como lo hacen ahora para que no se enoje su ex candidato? Pero faltaba el mayor de los errores, el que desbancaría todo el proceso político de acumulación que había encabezado el propio López Obrador: el plantón y la autoproclamada «presidencia legítima».

«NO, ASÍ NO…»

La verdad es que dentro del equipo de campaña de López Obrador, la zozobra y la angustia se percibían a lo largo de toda la jornada electoral y marcadamente después de los resultados del conteo rápido del IFE, anunciados a las once de la noche. A final de cuentas, pensaban que durante casi cinco años Andrés Manuel había sido el candidato puntero de las encuestas de intención de voto, circunstancia que empezó a cambiar a partir febrero, cuando fue liberada al público la primera encuesta que reconocía un triunfo de Felipe, la encuesta GEA/ISA. Pero incluso en las encuestas de Ana Cristina Covarrubias, su encuestadora de cabecera, tenía apenas un punto de ventaja antes de la elección, como reconoció públicamente en diciembre de 2006. «Dejé de publicar las encuestas por decisión propia, no porque él me lo pidiera. Pero se ve mal que tu cliente vaya cayendo en tus propias mediciones», declaró.

El candidato había hecho un gobierno de claroscuros en el Distrito Federal, pero con la peculiaridad de que los puntos claros, luminosos, estaban a la vista de todos, en tanto que los oscuros eran tarea de especialistas: entre lo positivo, las obras viales y principalmente el segundo piso del periférico; la pensión alimentaria para los adultos mayores, a favor de un sector desprotegido principalmente entre las clases bajas; e importantes fondos de inversión e intercambio de terrenos por obras que lo acercaron con cierta parte de las clases altas, marcadamente con Carlos Slim en el Fideicomiso del Centro Histórico y con los constructores radicados en la ciudad.

Sus puntos oscuros no eran fácilmente detectables: las asignaciones directas e imprecisiones técnicas en los segundos pisos son visibles para ingenieros o expertos en compras gubernamentales; la falta de un padrón público y verificable de beneficiarios de los apoyos sociales y las pensiones para adultos mayores son notorios sólo para los académicos y organizaciones no gubernamentales que saben trabajar con tales listados; las mermas para el patrimonio de la ciudad al cambiar costosos terrenos por obras relativamente menos onerosas no son fácilmente cuantificables sin avalúos y sin información. Todas estas fallas que existen en los mismos proyectos comentados arriba, son parte de los puntos oscuros que, si bien están a la vista de todos, sólo quedan claramente expuestos ante los ojos de los expertos, que suelen comunicar poco y mal su experiencia profesional.

En adición, bajo el gobierno de Andrés Manuel se vivió la tolerancia a ciertas formas de violación de la ley, desde la piratería en el ambulantaje hasta el crecimiento del narcotráfico al menudeo. Acaso la más notoria, que la investigación sobre René Bejarano, su secretario de Gobierno captado en video recibiendo sobornos, concluyó con el presunto donante, Carlos Ahumada, encarcelado con siete procesos, en tanto que el presunto receptor salió tras menos de un año de proceso por falta de pruebas.

Por último, la estrategia mediática era precisa y fue eficazmente ejecutada durante el gobierno del DF: al dar conferencias matutinas todas las mañanas, entre 6:30 y 7:00 a.m., podía declarar sobre la noticia del día —una que muchos apenas iban a conocer— y forzar con ello un cierto manejo mediático. Así, los demás actores debían reaccionar no sólo al hecho duro sino al dicho mañanero del jefe de Gobierno, generando así una percepción de conducción de la agenda de debate público más fuerte de lo que en realidad era el alcalde de la ciudad capital.

Ante todo lo referido, no era fácil para su equipo ver cómo la ventaja se iba desvaneciendo justo cuando debía aumentar, es decir, entre más cerca se estaba de la elección. Y peor aún fue observar los resultados del PREP primero y del conteo distrital después.

De acuerdo con la ley, este conteo distrital debe iniciarse el miércoles posterior a la elección, y realizarse de manera ininterrumpida hasta concluirse. En las casillas en que no había mayor discrepancia, en que la ventaja de un candidato era clara, los datos fluyeron rápidamente. Esto colocó de manera esperada a López Obrador con una ventaja inicial muy notoria. Pero a medida que se iban incorporando más y más resultados —habida cuenta de esta selección inversa, en que las casillas con más votos por Felipe Calderón tardaban en llegar— la ventaja lopezobradorista empezó a reducirse gradualmente. En un proceso agregado de estas dimensiones, los primeros resultados mueven los promedios y las sumas de manera notable; pero en la medida en que se avanza en el proceso, cada casilla adicional ajusta los resultados cada vez menos, en cambios graduales y a menudo imperceptibles. Así, en algún momento de la tarde los movimientos adicionales, reportados cada cinco minutos, apenas ajustaban décimas de punto; y más adelantado el conteo, únicamente centésimas de punto porcentual. Así, al sonar las cuatro de la mañana con nueve minutos, la ventaja inicial de AMLO se agotó totalmente, y empezó a subir muy poco a poco pero consistentemente la de Calderón. A las cuatro de la mañana con nueve minutos, Felipe se puso a la delantera con 35.6 por ciento del voto, contra 35.59 por ciento de Andrés. Y esa ventaja no se perdería más, hasta que se volvió de un cuarto de punto al concluirse el conteo.

La sorpresa de la derrota llenó primero de ira y luego de tristeza a los simpatizantes que esperaban fuera del tribunal. De acuerdo con algunos cronistas, las frases «no, así no... no podemos perder así», «¡IFE, vendido!» y «Corruptos, nos robaron» empezaron a sonar ahí mismo, a las afueras del tribunal. Y se escucharían con sus variantes durante los meses siguientes.

La tarde del jueves 6 de julio, ante los resultados del conteo, Andrés Manuel decidió ya no discutir con el IFE y buscar la impugnación ante el Tribunal Electoral del Poder Judicial de la Federación. «Hay que contar voto por voto», sentenció por primera vez ante los medios. «No, así no podemos aceptar.» A pesar de que había dicho que en la democracia se gana o se pierde con un voto, ahora un cuarto de millón eran insuficientes. «Vamos a impugnar […] porque no podemos aceptar los resultados del IFE y al mismo tiempo quiero invitar a nuestros simpatizantes a una asamblea informativa el sábado a las cinco de la tarde en el Zócalo», dijo López Obrador.

En su conferencia de prensa tras el conteo, durante casi media hora enumeró las «fallas» que hubo en el proceso electoral: «No sé en qué parte del mundo, en una elección tan competida, en veinticuatro horas se resuelve la parte del cómputo y se pasa al tribunal, ésa es una cuestión inédita; debería llevar más tiempo […], hay consigna […], queremos que se revisen los paquetes», afirmó. Y señaló que al inicio del conteo había exhortado a los funcionarios del IFE para que «actuaran con responsabilidad, advertí que no era conveniente darle prisa y parece que hicieron lo opuesto. Tenían un plazo hasta el domingo, de conformidad con la ley y se quemaron el término legal, en veinticutro horas resuelven en una elección que numéricamente está sin decisión, es decir, que no hay ventaja de nadie», argumentó.

En esa ocasión dijo que «tanto esta asamblea en el Zócalo como todos nuestros actos van a estar marcados por la responsabilidad, pero al mismo tiempo tenemos que defender la voluntad de los ciudadanos». Y a la pregunta expresa de si veía a Calderón en la Presidencia, afirmó: «No creo, porque vamos a demostrar que no ganó [...], y debería darle vergüenza estar proclamándose triunfador, no se puede hacer política, no se puede aspirar al cargo de presidente de la República sin autoridad moral [...]».

No podía perder así. No podía perder, porque tenía la «autoridad moral», al menos en su opinión. Pero el conteo distrital era contundente: más de 250 mil votos lo separaban del triunfo. Debería bastar, pues él mismo había declarado el 2 de julio al votar, «en la democracia, se gana o se pierde con un voto». Acaso pensaba que el suyo propio era suficiente.

Calderón, 3 de julio de 2006: «quiero una sociedad exigente»

Felipe, los resultados del PREP ya van en 98.37 por ciento de las casillas escrutadas, son 14 millones de votos, o 36.8 de votos a tu favor, y uno de tus rivales, Roberto Campa, considera que esa tendencia es ya irreversible en el proceso electoral.

Sí, la verdad yo estoy muy contento, muy agradecido con el voto de los ciudadanos, hemos tenido una contienda muy competida, muy reñida, pero a final de cuentas una contienda democrática, yo diría que entre las más democráticas que ha habido en México; la más participativa, en la que nadie puede invocar que haya carecido de una oportunidad para expresar lo que piensa y no sólo eso, sino que ha culminado con una jornada electoral que a mi juicio también ha sido, salvo quizá problemas que yo todavía no conozco ni detecto y que serán seguramente resueltos por la autoridad electoral, ha sido una jornada ejemplar, así que estoy muy contento.

¿Qué es lo que viene ahora para Felipe Calderón? Has hablado en varias oportunidades durante la campaña de buscar acuerdos, de buscar consensos, incluso de establecer un gobierno de coalición. Una de las máximas de la democracia, y qué bueno que sea así, es que después

de una elección nadie gana todo ni nadie pierde todo y eso se tiene que reflejar a la hora de gobernar.

A mí me queda muy claro el resultado de las urnas y lo que los ciudadanos nos están diciendo a los priístas, a los perredistas, a los panistas, de una manera contundente, es que es tiempo de hacer a un lado nuestras diferencias y, por encima de ellas, ponernos de acuerdo. Pónganse de acuerdo, es el mandato que yo entiendo de los ciudadanos. La verdad es que el México del futuro requiere de la unidad de todos por encima, desde luego, de naturales divergencias. Es una paradoja, el presidente del Consejo del IFE ha guardado un prudente silencio pero el IFE ha hablado con claridad contundente a través del PREP, que ha sido un programa muy exitoso, eficiente, sin precedente en otros países...

Un programa, por cierto, que no se puede manipular, eso de que se manipuló el PREP es ridículo... no es posible manipularlo.

Es absurdo. Además, todos los partidos podemos, yo diría que debíamos tener nuestro propio PREP, porque tenemos acceso a la misma información en todas las casillas, tenemos representantes y tenemos los mecanismos para sumar todos esos datos ¿no?, de manera que en fin... el PREP está ahí y ha hablado suficiente. Bueno, vuelvo al punto, más allá de esta etapa que vivimos, el hecho es que la campaña quedó atrás, y tiene que iniciar una época de conciliación y unidad entre los mexicanos. No será fácil, pero en ello empeñaré todo mi esfuerzo y dedicación de aquí en adelante y estoy seguro de que tendré respuesta si no en todos los actores políticos, sí en muchos, en muchas mexicanas y muchos mexicanos que están decididos a que tiene que llegar una nueva época de prosperidad en paz para un México que ya bien la merece.

Porque uno de los mensajes que deja la elección, Felipe, es que mucha gente también votó como votó, porque sigue habiendo, a pesar de los éxitos macroeconómicos, a pesar de que la economía sin duda va marchando bien, a pesar de que se ha avanzado mucho en los programas sociales, sigue habiendo mucha desigualdad, sigue habiendo mucha pobreza.

La verdad es que ése es el punto medular y dentro de esa expresión política producida en votos, para mí también queda claro que tiene que haber un compromiso y lo habrá de mi parte para el México agraviado, para el México de la pobreza, el México de la falta de servicios, el México que no tiene oportunidades al igual que los otros Méxicos que conviven con el de la pobreza. Yo aquí retomo el lema del PAN: por una patria ordenada y generosa y una vida mejor y más digna para todos. Ése ha sido mi lema, obviamente soy un militante partidista, pero pienso en una patria ordenada como un México donde prevalezca la ley, donde se restaure el orden y la seguridad pública, donde el Estado sea garante de una convivencia civilizada y también una patria generosa, es decir, una patria solidaria, una patria que se responsabiliza precisamente de quienes más carencias sufren, de quienes menos tienen; pienso en una patria orientada a buscar la igualdad de oportunidades en educación, salud, vivienda, servicios. Y en una vida mejor y más digna para todos, especialmente donde las oportunidades de superación, de empleo, de atención médica, de universidad, de agua potable, sean verdaderamente parejas y a eso me voy a abocar los próximos seis años.

¿Qué mensaje les enviarías a quienes fueron tus adversarios en esta contienda?

Yo quiero expresar mi respeto para ellos, a los candidatos, a sus equipos, a los partidos y coaliciones que abanderaron, yo creo que finalmente el esfuerzo de todos fructificó en que cuarenta y tantos millones de mexicanos acudieran a votar, así que felicito a Patricia Mercado, a Roberto Campa, a Roberto Madrazo, a Andrés Manuel

López Obrador, yo reconozco en ellos por encima de las discrepancias, que desde luego tengo, que son mexicanos que tienen un genuino interés y desarrollan un esfuerzo, lo desarrollan por elevar las condiciones de vida de los mexicanos. Así que para mí, como lo dije al final de la campaña, ha sido un honor contender con ellos y espero que así como con vehemencia externamos nuestras diferencias el día de hoy tengamos la generosidad y el patriotismo, la capacidad política de poner sobre la mesa nuestras coincidencias por el bien de México.

Fuiste de los candidatos que mayores compromisos públicos, específicos, muy concretos, asumiste a lo largo de esta campaña, sabes que desde el próximo 1° de diciembre si estos resultados se confirman, te van a exigir que los cumplas, ¿no?

Sí y qué bueno. Quiero que haya una sociedad exigente, así como la que ahora tenemos y qué bueno también que los compromisos que fui asumiendo tienen viabilidad técnica y administrativa y estoy en la disposición obviamente de cumplir. Yo le puedo decir a la gente que no le voy a fallar. Me cuidé de no hacer promesas que no se pudieran cumplir, pero sí ofrecí lineamientos de política pública que a final de cuentas eso es lo que los candidatos debemos ofrecer a la ciudadanía; lineamientos generales de política pública sobre los cuales transite la administración del gobierno que muy probablemente, una vez que el IFE corrobore sus datos, voy a encabezar. De manera tal que estaré cumpliendo y de inmediato me abocaré a preparar el aterrizaje de decisiones concretas en la estructura organizativa, en muchas cosas de los compromisos que no olvido y que fui presentando a lo largo de la campaña electoral.

4

De la resistencia civil al plantón

Ya ningún partido rechaza la regla de la competencia
pacífica por el poder, nunca como hoy la democracia
ha funcionado sin un enemigo interno declarado (a
excepción de grupos terroristas ultraminoritarios y
sin ninguna audiencia), jamás ha estado tan segura
del acierto de sus instituciones pluralistas, nunca
como ahora estuvo tan en consonancia con las cos-
tumbres, con el perfil de un individuo amaestrado
para la elección permanente, alérgico al autoritarismo
y a la violencia, tolerante y ávido de cambios frecuen-
tes pero sin verdadero riesgo.

GILLES LIPOVETSKY

El 7 de julio, el Instituto Federal Electoral reportaba con base en el
resultado de los conteos distritales concluidos la tarde previa que
el ganador indiscutible de la elección por poco más de un cuarto de
millón de votos era el candidato del PAN, Felipe de Jesús Calderón
Hinojosa. Casi dos años atrás, al momento de lanzar su precandidatura, había arrancado con apenas un dos por ciento de intención de
voto y no contaba inicialmente con el apoyo del presidente.

López Obrador, que se había mantenido durante los últimos años arriba en las encuestas de popularidad, no recibió de buen grado el cómputo. Iniciaría lo que llamaría la resistencia civil. Quería cambiar el resultado en las calles presionando al Tribunal Electoral del Poder Judicial de la Federación. Lo primero fue convocar a sus simpatizantes a una asamblea informativa en el Zócalo de la ciudad de México, para el sábado 8 de julio, apenas un día después.

López Obrador es un dirigente que sabe movilizar grupos en torno a causas aparentemente justas, aunque fueran ilegales. Una y otra vez lo había hecho en su historia: en Tabasco, junto con las movilizaciones llegó a incendiar pozos petroleros; alcanzó su candidatura como jefe de Gobierno de la ciudad a pesar de no cumplir con el requisito de residencia, a través del recurso de una serie de movilizaciones que culminaron con la que efectuó en el Monumento a la Revolución el jueves 11 de noviembre de 1999, ante cinco mil simpatizantes. En su protesta como candidato al gobierno del Distrito Federal, el 6 de diciembre de 1999, afirmó que buscaría abatir la corrupción, pagar sueldos a los funcionarios en la justa medianía para que se mantuvieran en la austeridad y garantizar la seguridad pública en la ciudad de México. Seis años después había logrado una de tres: pagar sueldos en la justa medianía. Ni seguridad ni el combate a la corrupción se lograron. Pero eso era en la campaña anterior. En ésta, con el apoyo del gobierno del Distrito Federal, se preparaba para movilizaciones aún mayores que las anteriores, la más importante, sin duda, la que había convocado en contra del desafuero que logró que el presidente Fox abandonara ese proceso judicial en su contra.

Según versiones periodísticas y de la Secretaría de Seguridad Pública capitalina, medio millón de personas se congregaron en el Zócalo y en sus zonas aledañas esa tarde del sábado 8 de julio. Muy probablemente eran menos: las cifras más confiables situaban la asistencia en 200 mil personas. Eran, sin duda, muchas, pero estaban lejos de aquella manifestación en contra del desafuero. Ahí, ante la multitud, López Obrador criticó la intromisión de Vicente Fox, a quien llamó «traidor a la democracia» en reiteradas ocasiones. «Si les permitimos que se impongan mediante el fraude, va a ser una regresión. Por eso molesta la actitud de Vicente Fox, que llega a la Presidencia gracias a los avances democráticos y cuando está en el poder se convierte en un traidor a la democracia», dijo. Aprovechó la ocasión para criticar la «campaña fascista» que lo hacía ver como «un peligro para México».

Presentó el audio de conversaciones intervenidas a Elba Esther Gordillo, en las que hablaba con Eugenio Hernández, gobernador priísta de Tamaulipas, y con Pedro Cerisola, secretario de Comunicaciones y Transportes; audio que trató de usar para justificar el fraude cometido en su contra. Nunca pudo demostrar que las grabaciones fueran reales, que ésos eran los verdaderos interlocutores o cómo había obtenido las mismas. La siguiente es la transcripción de esas pláticas:

Eugenio Hernández Flores (EHF): Sí, buenas tardes.

Elba Esther Gordillo (EEG.): Buenas tardes, ¿cómo le va, mi querido amigo?

EHF: Pues aquí andamos batallando un poquito, pero ahí vamos, ¿cómo vamos?

EEG: A ver, por eso le estoy hablando, ¿ya sabe quién habla?

EHF: Sí, sí.

EEG: Nuestra encuesta tiene, por una red que armamos en todo el país —ándele, interrumpió el gobernador EHF—, de 6 364 cuestionarios apenas llevamos... De 14 000 llevamos 6 000, perdón. Y van así: 34.1 PAN, 22.96 PRI, 33.68, PRD. Ya se cayó el PRI, eh —muy bien, terció EHF—. Entonces hay que saber cómo actuar.

EHF: Así es, maestra.

EEG: Hay que saber cómo actuar y aquí sí viene la decisión de fondo, porque la información que hay acá en los estados de nuestros amigos, Tamaulipas y Coahuila están con todo por el PRI y van a hablar, no sé si ya hablaron, vale más que ustedes se adelanten, si así lo deciden, con Felipe, para vender lo que tengan, el PRI ya se cayó, ¿eh?

EHF: No, eso nos queda muy claro.

EEG: No sé por dónde andes, por azul o por amarillo, pero si va por azul es lo que pensamos, vale más hablarle a Felipe y decirle algo para no quedar mal.

EHF: Sí, yo creo que todo va bien.

EEG: Vamos a sacar ahorita todo el voto ciudadano.

HF: Aquí estamos haciendo la chamba, eh, por ahí... este.

EEG: Por eso quise hablar, porque el informe que tienen es que todo para el PRI, y no es verdad, porque eso es institucional. Ante la caída, creo que lo interesante es hablar con Felipe y vendérselo.

EHF: Así es.

EEG: ¿No?.

EHF: Entonces habla con mi vecino también, para ver cómo anda.

EEG: ¿Cómo andan?, pero ya, ya se va despejando, ya el voto duro ya salió. Bueno, yo te comunico y espero tu decisión.

EHF: Ok, le agradezco mucho, maestra.

EEG: Si te decides por azul, no lo vayas a... —claro, dijo Hernández—. Un abrazote.

EHF: Igualmente, gusto en saludarla, maestra, estamos en contacto.

EEG: Igualmente.

Presunta plática telefónica entre Pedro Cerisola Webber y el gobernador Eugenio Hernández Flores:

Pedro Cerisola Webber (PCW): ¿Eugenio?.

Eugenio Hernández Flores (EHF): Secretario, buenas tardes, ¿cómo estás, Pedro?

PCW: Pues muy agradecido, creo que sobregiraste.

EHF: No, hombre, ja, ja, ja.

PCW: Con mucho gusto y mucho aprecio.

EHF: No, me da mucho gusto, lo hago con mucho afecto y además nos has ayudado bastante.

PCW: No, cuenta con todo... ¿qué vas a ver a Manuel Espino?

EHF: ¿A quién?

PCW: Manuel Espino.

EHF: No sé, hablé con él hoy en la mañana, echamos una platicada.

PCW: Me dijo que lo mejor es que te diga que si podía echarte un grito y pedirte que le echaras la mano.

EHF: Ándale, sí. ¿Qué necesita?

PCW: No sé qué te vaya a pedir.

EHF: Ah, bueno. Fíjate, voy llegando aquí a Toluca. Voy a una reunión con gobernadores de nuestro partido a analizar qué vamos a hacer. Yo creo que hay [que] irnos con el IFE y aguantar vara.

PCW: No creo que vaya en ese sentido, pero de todas maneras yo te lo quería plantear. Me dijo, «oye, ¿tú tienes contacto con algunos que sean amigos tuyos?» Le dije, «pues dos o tres que son amigos, los demás son sólo conocidos».

EHF: Así es.

PCW: Pues si les puedes echar un grito y decirles que nos echen una mano, pues con todo gusto lo hago, sobre todo porque hay que mantener la...

79

EHF: Claro, no, estamos nosotros con eso... así es; ésa es nuestra convicción y así lo ha determinado un grupo de amigos, colegas, hace unas semanas, cuando vimos que esto podía cerrarse, podía ocurrir.

PCW: Yo no le veo ningún problema, conociendo a los que conozco, y que con todo gusto haría yo el trámite.

EHF: No, te agradezco mucho que me hayas hablado, Pedro. Cuenta con nosotros en ese sentido, somos varios colegas que estamos en ese tenor y de hecho.

PCW: Un saludo.

EHF: Igualmente, Pedro.

Hasta allí ambas llamadas que se convirtieron en el único argumento presentado del supuesto fraude. Suponiendo, sin conceder, que las grabaciones sean verídicas, ninguna de ellas prueba lo que se pretende: sólo confirmarían que la maestra Gordillo estaba convencida del tercer lugar del PRI y que en ese caso había que apoyar a Calderón, y que algunos de los gobernadores de ese partido estaban conscientes de la derrota del suyo y que no seguirían la ruta de López Obrador y reconocerían al ganador que reportara el IFE. No hay muestras de trampas o manipulación, aunque para los organizadores del mitin en el Zócalo las grabaciones eran prueba concluyente y definitiva: hubo un fraude perpetrado por Elba Esther y el gobierno al comprometerse a sacar «el voto ciudadano». En una entrevista con Denise Maerker, la noche del domingo 9, Elba Esther Gordillo comentó que esas llamadas eran parte de una serie de conversaciones que tuvo con todos los gobernadores el día de la elección y que también se había comunicado con una persona del PRD, muy cercana a Andrés Manuel López Obrador, para decirle que iba perdiendo, aunque no lo quiso identificar (después se supo que era Manuel Camacho). En esa entrevista señaló que el único delito que se observaba era el espionaje telefónico y no podía pasar inadvertido, y se negó a reconocer que haya realizado gestión o apoyo directo para modificar el resultado de la elección. Y señaló al PRD como responsable de su seguridad, por haber hecho públicas las llamadas en un mitin en el Zócalo.

Independientemente de ello, el PRI decidió expulsarla el 13 de julio, y ella declaró que sirvió a México al evitar el triunfo de Roberto Madrazo. Aunque el proceso se había iniciado desde la campaña presidencial, aduciendo que apoyó la creación de otro partido —Nueva Alianza, que ganó su registro en esa jornada electoral—, se postergó para evitar divisiones en el PRI. Tras la divulgación de las presuntas llamadas y pasado el cómputo electoral definitivo, el madracismo aceleró el proceso y lo concluyó en menos de tres días.

Durante ese mitin del 8 de julio, Andrés Manuel solicitó al ejército, guardián de las bodegas de paquetes electorales, a quien llamó «institución fundamental y garante de nuestra soberanía», que no permitiera ninguna intromisión en las sedes distritales con la finalidad de manipular los paquetes electorales.

Como en todos los eventos de poscampaña de López Obrador, las decisiones se tomaron a mano alzada, sin discusión, sin comentarios, como lo muestra la crónica de Elena Poniatowska, publicada el lunes 10 de julio en *La Jornada*, donde la prestigiada escritora parece rememorar alguna de las páginas más tradicionales del realismo socialista:

«El Zócalo es la sala de la casa de Andrés Manuel López Obrador. A más de 500 mil hombres y mujeres de todas las edades les pregunta: "¿Les parece el miércoles a las seis?" y ellos responden que sí, levantan la mano al unísono, la sacuden en el aire. "Aquí, aquí, aquí estoy." "Soy yo, veme". Se sienten reconocidos. La intimidad de la relación de

AMLO abarca toda la plaza. La conversación pública se vuelve privada. Cada hombre, cada mujer es su interlocutor personal. Andrés Manuel vuelve a consultar: "El domingo 16, ¿les gusta? ¿Les parece que salgamos desde el Museo Nacional de Antropología?" "Síííí". El "sí" ondea a través de todos los cuerpos, las banderas de México lo sostienen en el aire. "Síííí". Vuelve a interrogar: "¿A las cuatro?" Mane, mi hijo, que se siente directamente concernido, le responde en voz alta a 100 metros de distancia: "No, yo a esa hora no puedo, ya tengo un compromiso" y los demás ríen. Andrés Manuel López Obrador ha convertido el Zócalo en la sala de su casa. Él nos recibe y nos sienta a platicar. Nos sentimos a nuestras anchas, que son las suyas... La paz, AMLO insiste en la paz, todo se va a hacer en paz, cuando AMLO dice que no se van a tomar las carreteras, una señora responde como si estuviera platicando con él: "Pero, ¿por qué no?" Recuerdo las piedras que los campesinos colocaron en 2001 en la carretera de La Paz, Bolivia, al lago Titicaca y quitaron para que pudiéramos pasar. Seguramente eran seguidores de Evo Morales. "Todo lo vamos a hacer por la vía pacífica, nada con la violencia", AMLO echa a andar las consultas, las redes ("traigan a 10 más"), la información nacional, un inmenso movimiento popular ha nacido, "aquí no se rinde nadie" —dice una mujer a otra que llora—, "no, si no estoy llorando, sino de felicidad de ver a tanta gente". Un hombre de bigote blanco advierte "2006 no es 1988". Arrancan, meten primera, el movimiento popular es una inmensa consulta. "Antes que nada, ¿aprueban ustedes esta propuesta para empezar así?" "¿Estamos de acuerdo con esto para empezar?" "¿Qué les parece si hacemos el compromiso de que cada uno de los que están aquí invite para el domingo 16 de julio cuando menos a 10 más?" "¿Cómo ven?" "¿Qué les parece?" "¿Está bien?"»

Imposible olvidar al «padrecito Stalin» en la crónica de Poniatowska. Era imposible olvidarlo no sólo por el texto sino también porque su foto estaba presente en dos enormes mantas en el Zócalo, lo que incluso provocó una frase irónica en el inicio de su discurso de Carlos Monsiváis, quien días después, por cierto, fue desplazado del círculo cercano de López Obrador porque éste se molestó con las críticas que hiciera el escritor sobre algunas acciones del ex candidato. Ese día López Obrador hizo dos convocatorias: el miércoles 12 de julio se iniciaría una marcha desde cada uno de los 300 distritos electorales a la ciudad de México, y que el domingo 16 de julio se haría una «segunda asamblea informativa» en el Zócalo, tanto para recibir las marchas distritales y para informar cómo avanzaba la impugnación que se había planteado.

Porque en esa primera asamblea informativa, la parte final del discurso de once cuartillas era en torno a buscar la impugnación de los resultados, solicitar un conteo «voto por voto, casilla por casilla» y revertir en el tribunal el triunfo de Calderón. Y la imagen verbal que nació en ella, la de «Fox: traidor a la democracia», se volvería, más adelante, expresión natural del movimiento. Otras, más creativas e ingeniosas, se perdieron: las frases de las camisetas de un grupo de jóvenes «porque no nos pueden quitar el derecho a soñar» no arraigarían en el movimiento como lema, aunque todo éste se convirtiera en un largo sueño.

Con su accionar, López Obrador estaba mostrando cómo pensaba gobernar si hubiera ganado las elecciones: las leyes no importan; la propia realidad puede ser relativizada de acuerdo con sus propias expectativas; la gente ser acarreada, manipulada para cumplir con objetivos políticos del líder, utilizando inescrupulosamente todos los instrumentos del Estado (como lo hizo en esas movilizaciones el gobierno del DF) para apoyar a una causa (por cierto ¿no le daría pena a un hombre como Alejandro Encinas no haber ni siquiera intentado visitar a los miles de habitantes de Iztapalapa que estaban sufriendo de graves inundaciones por haberse quedado supervisando la organización del mitin de López Obrador?).

Ese sábado, López Obrador aseguró que en las elecciones se había cometido «un fraude»: no se dignó decirnos en qué consistió éste. Ni él ni sus más cercanos colaboradores pudieron mostrar una sola prueba del fraude del que hablaban y no podían hacerlo porque el mismo, simplemente, no existió: las del domingo 2 de julio fueron de las elecciones más limpias de la historia del país. De lo que se trataba era de forzar las cosas, de arrebatar por la presión lo que no se pudo obtener por los votos.

López Obrador ya lo había logrado en otras ocasiones: en el año 2000 no tenía derecho a registrarse como candidato a la jefatura de gobierno del DF porque no cumplía con el requisito de cinco años de residencia en el DF. Tanto no lo cumplía que apenas un año antes de la elección aún estaba registrado en Tabasco, donde fue candidato a gobernador. Presionó con movilizaciones y para no complicar la contienda el presidente Zedillo operó para que se aceptara la exigencia. Estaba convencido de que ganaría la elección capitalina por mucho, pero a punto estuvo de perderla con Santiago Creel, ganó por el mismo puñado de votos por el que ahora perdió la elección presidencial. En aquella ocasión ganó con respiración artificial y vulnerando una vez más la legalidad. Como lo ha reconocido la entonces jefa de Gobierno del DF, Rosario Robles, se puso todo para que ganara AMLO: se hubieran podido impugnar los comicios porque ello fue obvio, pero una vez más se prefirió llevar la fiesta en paz para que no se complicara el proceso de elección de Vicente Fox. Años después, ya como jefe de Gobierno, López Obrador violó una y otra vez la ley en el ejercicio de esa función, desde el otorgamiento de obras multimillonarias sin licitación hasta la adjudicación de pensiones que sumaban miles de millones de pesos sin dar a conocer, siquiera, el padrón de los beneficiarios, mismo que solamente conocen el gobierno y su partido (y vaya si lo utilizaron el domingo 2 de julio: en Iztapalapa, por ejemplo, las brigadas perredistas iban casa por casa, cruzando el padrón de beneficiarios con el electoral para «sacar» a votar a quienes al mediodía no lo habían hecho). El caso del desafuero o antes el del paraje San Juan pueden haber sido objeto de una pésima utilización política, pero el hecho es que el jefe de Gobierno se empeñó en no reconocer amparos judiciales en su contra. Podría haber solucionado el problema en minutos pero lo hizo parte de su estrategia de manipulación y llegó hasta la Cámara de Diputados donde fue desaforado, y volvió a lograr que se torciera la ley con una decisión presidencial que buscó, una vez más, «apaciguar» a quien amenazaba con «incendiar el país». López Obrador perdió la elección: de los que ejercieron su derecho al voto, 31 millones de mexicanos no optaron por él y entonces comenzó a hablar de un fraude del que no ha podido mostrar una sola prueba.

Para esa fecha los resultados eran inobjetables: las cifras que dieron el conteo rápido, el PREP y el conteo distrital eran casi exactamente las mismas y en ninguna ganaba López Obrador. Todos los expertos independientes, comenzando por José Woldenberg, coincidieron en que esos números electorales no pueden manipularse; se pedía que se contara «voto por voto» y se obviaba el hecho de que los mismos ya habían sido contados «voto por voto» la misma noche del domingo y eso no fue hecho por un grupo de notables sino por casi un millón de ciudadanos, incluyendo más de cien mil representantes de casilla del PRD (y decenas de miles de sus aliados) que legitimaron, todos y cada uno de ellos, ese conteo en las casillas con sus firmas en las actas. Incluso ese día, sabiendo que no tenía pruebas sólidas que se pudieran utilizar en el Tribunal Electoral, deslizó

85

la posibilidad de que no fuera éste el que calificara la elección sino la Suprema Corte de Justicia, que no podía hacerlo por mandato de ley.

Para esa fecha, todos los otros actores de los comicios ya habían aceptado los resultados y la legitimidad del proceso, desde el PRI hasta Alternativa. En lo internacional, el resultado y la limpieza del proceso fue aceptado por casi todos, desde el presidente estadounidense George W. Bush hasta el presidente del gobierno español, el socialdemócrata José Luis Rodríguez Zapatero. Ellos y otros ya se habían comunicado con Felipe Calderón para felicitarlo por su triunfo y ofrecer su colaboración en el futuro. Sólo un gobierno apoyaba a López Obrador y descalificaría el proceso: el de Hugo Chávez, que aseguró que «no se puede gobernar» con una diferencia electoral de 0.6 por ciento. Imposible explicarle que eso sucede con los actuales gobiernos de Estados Unidos, de Costa Rica, de Alemania, de El Salvador, entre otros muchos, menos aún para un gobernante que se precia de contar con el cien por ciento de los legisladores en el Congreso y que gobierna por decreto.

De lo que no dijo ni una sola palabra López Obrador era sobre las razones de su propio fracaso. Sus más cercanos, tan perdedores como él, hablan de «fraude», buscan responsables internos desde Cárdenas hasta Alternativa, pasando por Ebrard o Amalia García, pero no aceptan que el principal «ahuyentavotos» del perredismo se llamó López Obrador y que la gente no se equivocó, como él mismo lo demostró desde el domingo 2, cuando lo vio como un peligro para la democracia.

Otra factor que se debe analizar en este sentido es en qué medida, a pesar de que en la citada crónica Poniatowska se llena con la palabra «paz», es si buena parte de la violencia que vivió el país en los días previos a los comicios tuvo como intención desestabilizar los mismos o influir en el resultado.

En los hechos estamos hablando de dos fenómenos diferentes. Uno es lo sucedido en Oaxaca con el conflicto magisterial. Las demandas del magisterio oaxaqueño eran en su mayoría, legítimas, pero también es verdad que la Sección 22 a lo largo de su historia ha puesto su poder de movilización y sus demandas al servicio de distintas fuerzas, externas a la propia sección. El conflicto, además, tenía otros componentes, incluyendo la participación de grupos radicales que se han concentrado sobre todo en la llamada Asamblea Popular del Pueblo de Oaxaca, que se proponía y propone, públicamente, generar ingobernabilidad en el estado, remplazar el Ejecutivo, el Legislativo y el Judicial locales por administraciones «populares» y que se han significado, por ejemplo, por el rechazo a la principal fuente de ingresos del estado, el turismo, asumiéndolo como una expresión de «imperialismo cultural». Esos grupos intentaron (y lograron) influir en el proceso electoral, incluso con movilizaciones violentas, pero pasado el mismo, mientras la Sección 22 comenzó a retornar a sus lugares de origen y abandonaron el plantón en el centro de la ciudad, los de la asamblea (mucho más ligados a fracciones del EPR y del EZLN) trataron de radicalizar aún más sus demandas.

Pero incluso esos aspectos, aunque evidentemente son parte de expresiones violentas, de focos rojos que permanecen encendidos en el escenario político nacional, eran mucho menos preocupantes que lo sucedido en otros lugares del país, en particular en Guerrero, en Michoacán, en Tijuana, en el DF y en Nuevo Laredo, sobre todo con la sucesión de muertos por decapitación que se dieron en la primera entidad y en Tijuana. Es verdad que allí se escenifica una verdadera guerra entre cárteles del narcotráfico, particularmente entre los grupos de Sinaloa, encabezados en esa región por los hermanos Beltrán Leyva y los del Golfo, que encabeza ahora el ex líder de Los Zetas, Heriberto Lazcano.

Pero los órganos de seguridad del Estado estaban convencidos, días antes del proceso electoral, de que había más en esa violencia que la simple confrontación entre grupos. En los hechos, esa presunción provenía de dos datos duros: no era indiferente a esos grupos quién ganara, porque mientras, por ejemplo, López Obrador decía que el narcotráfico debía combatirse como una expresión de la pobreza, Calderón prometía continuidad y profundización de las estrategias locales e internacionales contra el crimen organizado. Por otra parte, en muchas campañas locales el narcotráfico intervino activamente. Por ejemplo, sería imposible comprender lo sucedido en Acapulco sin la evidencia de que Los Zetas financiaron más de una posición en la campaña electoral local que dejó en la presidencia municipal a Félix Salgado Macedonio, lo que les permitió remplazar con gente suya en las policías locales a otros mandos que respondían, muchos de ellos, a sus rivales, los Beltrán Leyva. En este sentido, no es una casualidad que las cabezas de los jefes policiales (asesinatos cometidos por sicarios de la Mara Salvatrucha que trabajan para el cártel de Sinaloa) hayan sido abandonadas, casi todas, en la entrada de la Secretaría de Finanzas del municipio, e incluso existe la versión de que, originalmente, aparecieron en el propio escritorio del presidente municipal.

El nexo entre política y violencia estaba ya dado en Guerrero, como en otras regiones del país (desde Nuevo Laredo al DF, pasando por Tijuana y Michoacán) y la percepción de que alguna de esas organizaciones, que en el caso de Guerrero, Michoacán y el área metropolitana de la ciudad de México tienen relación con ya decadentes grupos armados del pasado, se fortaleció. Por eso se redujo la participación de los candidatos en algunos de esos puntos geográficos y cuando fueron se les acompañó de un fuerte y especial dispositivo de seguridad. En el ámbito federal, en las últimas semanas de la campaña, el índice de riesgo de los candidatos, que se mantenía en un 80-20 (o sea un 20 por ciento de riesgo para su integridad) se elevó a 70-30. Fue aquel fin de semana en Acapulco donde se anunciaron siete muertes (en realidad habían ocurrido 17 en la entidad ese fin de semana) y que coincidía con actividades de los candidatos, sobre todo el cierre en Acapulco de López Obrador, cuando el riesgo fue mayor y, por ello, aunque algunos la consideraron imprudente, se dio aquella declaración del subprocurador José Luis Santiago Vasconcelos, cuando le preguntaron qué opinaba sobre esa ola de ejecuciones y se limitó a decir que habría «siete votos menos en las elecciones». Esa declaración, junto con una serie de operaciones de los órganos de seguridad, enviaron un mensaje a quienes querían utilizar el factor violencia en la campaña, amparados en la lucha entre narcotraficantes.

No les gusta a los políticos abordar ese tema, pero el trabajo que realizaron en esta campaña instituciones de seguridad como las fuerzas armadas (incluyendo, por supuesto, el estado mayor), la SIEDO y el CISEN fue notable, y lo fue, precisamente, porque no sucedió nada. Pero el peligro no pasó: sigue allí y, en los hechos, la opción que menos preferían los grupos del narcotráfico para ganar la elección es la que triunfó. No sólo porque con Calderón continuarían algunas de las estrategias más exitosas, sino también porque la relación con Estados Unidos, Centroamérica y Colombia, en ese ámbito, se fortalecerá aún más. El peligro, por lo tanto, sigue allí: los hombres y mujeres del nuevo gobierno deben asumirlo y tomar las medidas correspondientes.

El número de asistentes al acto no es del todo preciso, pero se ubica entre 200 mil y 500 mil personas. De ser cumplida puntualmente la instrucción del candidato, la segunda asamblea debía reunir entre uno y cinco millones. Sin embargo, la edición de *La Crónica* del día 9 de julio señaló el «acarreo y pase de lista en la asamblea de López Obrador». En una nota firmada por René Cruz se comenta: «Policías auxiliares y algunos de sus familiares denunciaron que fueron "obligados" a asistir a la asamblea informativa que se realizó ayer en el Zócalo, para brindar su apoyo al "jefe", como se le conoce a Andrés Manuel López Obrador; esto a pesar del compromiso asumido por el titular de la administración local, Alejandro Encinas, de no presionar de ninguna forma a los trabajadores. Los uniformados, quienes pidieron el anonimato por temor a represalias, afirmaron que los altos mandos los amenazaron con arrestarlos o despedirlos en caso de no "acatar una orden superior". "¡Ya basta de estas presiones!, estamos desesperados y no sabemos que hacer", refirió un policía, quien comentó que además de obligarlos a apoyar al "jefe", les piden dinero para sostener su causa.» La nota va acompañada por fotos en las que se observa, claramente, que se está «pasando lista». Otra nota, ésta firmada por Alejandro Velázquez Cervantes, dice: «A la caravana de caminantes se unieron ayer por la mañana 25 camiones que se estacionaron alrededor del Palacio de Bellas Artes […] que se unieron a otros que llegaron de Macuspana, Tabasco, tierra gobernada por el hermano de Andrés Manuel. También hubo autobuses de Veracruz, Tlaxcala, Hidalgo, Coahuila, Chiapas, Campeche, Baja California Sur, Estado de México, Guerrero, Michoacán y Zacatecas. La gente que llegaba se incorporaba sobre la calle de Madero, donde se encontraban con gente que dirigentes de Jalisco financiaron con 23 camiones; y otros de pueblos de Tabasco, donde se les repartieron 70 pesos por persona, por una travesía de 36 horas. A los habitantes de Ciudad Pemex, en Tabasco, les pusieron camiones y les dieron 70 pesos para que acudieran al DF. En un sólo día hicieron el viaje de ida y de regreso. Al menos 6 autobuses llegaron de ese lugar. Del municipio de Macuspana, Tabasco, gobernado por José Ramiro López

Obrador, arribaron al menos cuatro autobuses repletos de simpatizantes del ex jefe de Gobierno del DF.» Tiempo después se sabría que, incluso, familiares de presos que gozaban de libertad bajo vigilancia en los reclusorios capitalinos tuvieron que participar en esas movilizaciones para que siguieran gozando de aquel privilegio.

Sin embargo, la desesperación en el equipo de López Obrador seguía creciendo: después de su primera asamblea informativa del sábado 8 de julio, al día siguiente presentó una impugnación ante el Tribunal Electoral del Poder Judicial de la Federación, el documento era sumamente endeble y no demostraba nada más que una serie de potenciales irregularidades. El día 10 entregó a los medios un video, presuntamente probatorio del «embarazo» de urnas en su contra, en una casilla de Guanajuato. En ella, el presidente de la misma está depositando, voto a voto, las boletas de una elección que se encontraron en urna diferente, mientras cuenta una a una las mismas. Nadie se lo impide, no porque esté haciendo trampa sino porque es parte del proceso normal. Y a todos queda claro, menos para el ex candidato.

Al día siguiente, interrogado por la prensa de por qué, si hay un representante suyo en la casilla, éste filma el hecho tranquilamente en lugar de tratar de detenerlo, López Obrador acusó a sus representantes de vendidos, «porque hubo mucho dinero para manipular la elección». El representante de casilla aludido inició un proceso por difamación contra su ex candidato, y a él se sumaron muchos otros seguidores de la Coalición: la responsabilidad del supuesto «fraude» ya no era del Estado sino también de sus propios compañeros de partido. Esa declaración es un punto de quiebre en la estrategia de desconocer la elección, muchos seguidores empezaron a alejarse: trabajaron voluntariamente, cumplieron con la ley, lucharon por la victoria de López Obrador y casi la obtienen. Después, su líder afirmaba que se vendieron por no evitar un fraude que no percibieron (y por eso firmaron las actas de todas y cada una de las casillas), y que para ellos no existió.

El largo camino de la intolerancia y la cerrazón llegó en ese momento al extremo cuando acusó a sus propios partidarios, a sus representantes de casilla, de haberlo «traicionado», de haberse «vendido» en plena jornada electoral (¿alguien puede imaginar las implicaciones para un supuesto líder político de decir que varios miles de sus militantes se corrompieron por unos pesos en plena elección?, ¿qué implicaría en términos de la integridad de su propia gente?, si se corrompieron por unos pesos en plena elección, ¿qué hubieran hecho de llegar al poder?, ¿no es una falta de respeto absoluto a los miles de militantes perredistas que creyeron en el propio López Obrador y trabajaron por él?).

CONTRA EL «FRAUDE», EL GOBIERNO DE «COALICIÓN»

Mientras tanto, en el bando contrario, en las oficinas de Felipe Calderón optaron por la mesura y por echar a andar el proceso de transición de poderes: lo hicieron con mucha discreción porque no querían llegar a la confrontación que estaba buscando el lopezobradorismo. Después de aquel acto del 8 de julio, Calderón quizo convocar a una gran manifestación del panismo para mostrar el «músculo» de su partido, aún movilizado y entusiasmado por la victoria. Pero comprendió que eso hubiera sido lo mismo que entrar en la guerra de las calles, de buscar refrendar el resultado electoral con la movilización y no obtenía ningún rédito en ello. Además, en su equipo más cercano no se confiaba plenamente en la actitud de firmeza que pudiera tener la administración de Fox si el proceso se polarizaba aún más y contaba a su favor con la percepción pública y con la aceptación de todos los demás partidos de los resultados electorales. La decisión fue entonces recorrer, íntegramente, los caminos legales, dejar que el movimiento de López Obrador se desgastara por su propia inercia y comenzar a procesar la transición, un paso complejo porque al mismo tiempo que no quería que, como sucedió durante el mismo periodo, en el tránsito de Zedillo a Fox, perder el tiempo y el 1° de diciembre comenzar a estudiar las medidas que se adoptarían, despilfarrando, como había ocurrido seis años atrás, la oportunidad que siempre genera el inicio de una administración. Tampoco se podía trabajar oficialmente en la transición hasta que el tribunal electoral terminara de calificar el proceso y cuando aún existía un conflicto político evidente: el tema era cómo procesar la situación respetando el marco legal (que imponía esperar la calificación hasta comenzar la transición) al tiempo que no se desperdiciaba el momento político. Con un agravante: mediáticamente, era más atractiva la movilización de López Obrador que la prudencia del equipo de Calderón. La apuesta, por lo tanto, tenía que pasar por jugar las cartas legales y dejar que el ex candidato de la Coalición por el Bien de Todos se desgastara con la bandera de un fraude que no podía comprobar.

Calderón dio a conocer un equipo para trabajar en la primera etapa de la transición que también tendría una enorme diferencia con el que designó Fox un sexenio atrás: ese equipo poco y nada tendría que ver, y eso fue explícito, con el futuro gabinete. Seis años antes, cuando se designó el equipo de transición y se colocaron responsables de diferentes áreas, éstos comenzaron a moverse como los futuros secretarios de Estado, algunos llegaron a esa posición, otros no, pero hicieron un daño considerable a la administración que terminó llegando, en los hechos, con funcionarios desgastados al 1° de diciembre.

Nadie dudaba que Josefina Vázquez Mota y Juan Camilo Mouriño eran dos personas muy cercanas a Calderón y que tendrían posiciones importantes en la futura administración, pero la labor de la primera era coordinar la búsqueda de acuerdos con otros actores políticos; y la del segundo coordinar el propio proceso de transición. Nada menos y nada más. La diferencia es importante porque el objetivo de Calderón —explícito— era formar un gobierno de coalición: eso quiere decir garantizar mediante acuerdos formales con fuerzas políticas o corrientes significativas de éstas una mayoría legislativa en torno a un programa concreto, específico, común, que por supuesto trascendiera al propio programa panista y que, de la misma manera que debería asumir ideas y propuestas de esas fuerzas políticas, pudiera, si había acuerdo en ese sentido, incorporar también representantes de las mismas en el equipo gubernamental.

Por supuesto que la búsqueda de un gabinete de coalición no era el invento del oro negro ni nada parecido: buena parte de los gobiernos democráticos del mundo, cuando no tienen mayoría legislativa propia (e incluso en ocasiones teniéndola), funcionan así. Por ejemplo, Angela Merker, la primera ministra de Alemania, le ganó a Gerhard Schröder por apenas cuatro mil votos. Luego de un periodo de negociación establecieron un programa común, con un gabinete encabezado por la señora Merker pero con un alto componente de ministros socialdemócratas. En otras ocasiones el acuerdo sólo es parlamentario, de una agenda legislativa común, como incluso ocurrió en la segunda mitad del salinismo entre la administración de Carlos Salinas y el propio PAN, para lograr una serie de reformas estructurales importantes, como la religiosa, la educativa, la del campo y la comercial, entre otras.

Pero en nuestro caso nunca se había tenido el talento político como para procesar de esa manera los acuerdos, salvo coincidencias puntuales como la reforma electoral de 1996. Era la hora de dar un paso mucho más ambicioso y estaban dadas las condiciones para hacerlo. En la Cámara de Diputados, el PAN tendría una amplia bancada pero no le alcanzaría para tener una mayoría propia: tiene 206 diputados pero se necesitan 251, o sea 45 votos más para sacar nuevas leyes, no era mucho pero ello exigía acuerdos. El PRD se quedó con 127 y el PRI con 103. Los partidos más pequeños también quedarían con bancadas significativas: Convergencia 17, el PT 16, el Verde 18, Nueva Alianza 9 y Alternativa 4. Pero además, particularmente en el PRD y el PRI, coexisten legisladores de distintas corrientes que representan y promueven posturas diferentes. Algo similar ocurriría en el Senado donde el PAN tendría 52 curules y necesitaba 65 para tener mayoría, o sea sólo trece más. Con todo ese andamiaje de personajes y corrientes es con el que tendría que trabajar, en el periodo de transición, antes de que comience la próxima administración, el equipo de Felipe Calderón para conformar el objetivo declarado del gobierno de coalición.

Era importante destacar, además, que dos de las lecciones aprendidas por Calderón respecto al periodo de transición de Fox y la integración de su primer gabinete, fue, primero, que un gobierno plural no es sinónimo de un gobierno de amplio espectro y mucho menos de coalición. Fox incorporó a muchos hombres y mujeres que no tenían relación con el PAN pero que tampoco representaban nada legislativamente. El entonces presidente electo Fox pensó que con el peso que le otorgaba el triunfo electoral se impondría a un Congreso en el que no tenía mayoría y no trabajó para construirla en el periodo de transición. En lugar de establecer acuerdos con los partidos para colocar cuadros en su gabinete recurrió a los *head hunters,* como sabemos con muy malos resultados. En el camino se perdieron demasiado tiempo y oportunidades para reformar y sacar adelante al país.

El otro error, la otra lección, fue que el PAN, por una parte, se sintió desplazado del gabinete foxista y, por la otra, terminó queriendo para sí mayores espacios pero sin poder (o querer) tampoco conformar mayorías. En esta ocasión, Calderón estaba decidido a ser explícito e insistente, lo había sido antes de la elección y sobre todo después de ella: la propuesta para el futuro inmediato era un programa común con otras fuerzas e incluso un gobierno de coalición con ellas. Nadie debería, entonces, llamarse a engaño. Como ahora sabemos, se dieron pasos importantes en ese sentido pero la idea del gobierno de coalición no cuajó. Hubo que establecer otro mecanismo de búsqueda de alianzas y acuerdos. Pero esa idea de gobernar con base en una mayoría legislativa coherente seguiría siendo la marca de la transición y el inicio de la administración de Calderón.

LA SEGUNDA ASAMBLEA Y EL INICIO DE LA CAÍDA

El domingo 16 de julio por la mañana, Andrés Manuel López Obrador encabezó lo que llamó la marcha «en defensa de la democracia», previa a lo que sería la segunda asamblea informativa convocada una semana antes.

Al frente del contingente que partió del Museo de Antropología hacia la Plaza de la Constitución, acompañaban a Andrés Manuel sus tres hijos, además de Marcelo Ebrard, jefe de Gobierno electo del Distrito Federal; Amalia García, gobernadora de Zacatecas (que recibió insistentemente gritos de «traidora» de parte de los grupos ultras del perredismo, sin que López Obrador interviniera en su defensa); Alejandro Encinas, Porfirio Muñoz y los presidentes de los partidos que conformaban la Coalición por el Bien de Todos, además de intelectuales como Carlos Monsiváis (sería la última ocasión en que participaría en un acto de resistencia de López Obrador) y Sergio Pitol y artistas como Héctor Bonilla, Jesusa Rodríguez, Eugenia León y Regina Orozco. La marcha tuvo una duración de tres horas pero el número de manifestantes era menor al de la asamblea de la semana anterior.

Ya en el Zócalo y en sus inmediaciones, donde según autoridades del gobierno de la ciudad de México estaban reunidas un millón 200 000 personas (los cálculos independientes hablaban de 200 000 como máximo), después de que tomaran la palabra Carlos Monsiváis y Sergio Pitol, Andrés Manuel pronunció el discurso en el que planteó lo que sería su nuevo plan de acción: la «resistencia civil pacífica».

La primera acción clara sería la de reforzar los campamentos de los 300 Consejos Distritales que resguardaban la papelería electoral con el fin de evitar que se introdujeran o extrajeran boletas de los paquetes electorales, que por ley se encontraban resguardados por miembros del ejército.

Andrés Manuel llamó faccioso al Instituto Federal Electoral a quien acusó no sólo de participar en la manipulación de los sistemas de cómputo, sino también de permitir la iniquidad en la contratación de publicidad en los medios de comunicación y el uso de los programas sociales en apoyo del «candidato de la derecha», y también el instituto enfrentaba la acusación de haber permitido la falsificación de los resultados en las actas de escrutinio y cómputo. En el Zócalo, Andrés Manuel intentaba describir cómo es que se había realizado el robo de votos: «De la revisión que hemos llevado a cabo, 60 por ciento del total de las 130 788 actas mantienen "errores aritméticos" entre comillas, es decir, hay miles de actas donde la votación total más las boletas sobrantes es mayor o menor a las boletas recibidas, miles de actas donde la votación total es mayor o menor a las-boletas depositadas y miles de actas donde la votación total mas las boletas sobrantes es mayor o menor que la lista nominal más 10».

Según el propio Andrés Manuel, cerca de un millón y medio de votos no estaban sustentados en boletas electorales y los errores en el llenado de las actas evidenciaban el porqué de la apertura permitida de algunos paquetes electorales se demostraba que los votos a su favor le estaban siendo literalmente robados a cambio de regalarle esos mismos votos a Felipe Calderón. Pero no había pruebas que sustentaran esos dichos: no las mostró ni en esa ocasión ni en ninguna otra.

Esa misma tarde hizo un llamado a Calderón para que aceptara la revisión de actas y el conteo voto por voto en todas las casillas del país, no obstante que las pruebas del fraude que aseguraba tener Andrés Manuel ya se habían presentado en recursos interpuestos ante el Tribunal Electoral del Poder Judicial de la Federación. México, según el propio candidato de la Coalición por el Bien de Todos, no merecía tener un presidente espurio y sin autoridad moral y política.

La arenga de esa tarde durante su discurso en el Zócalo capitalino dejó en claro qué tenía en mente el otrora jefe de Gobierno del Distrito Federal: no administraría la enorme victoria política que significaba haber quedado a medio punto porcentual de la Presidencia de la República y buscaría erguirse como el líder de la oposición democrática. Iba por la confrontación y el desconocimiento del gobierno y para poder preservar la estabilidad política, económica, financiera, contribuir a la paz social y alejar la confrontación irracional y contribuir a la reconciliación era necesario realizar un conteo voto por voto, o sea romper la estabilidad y el marco institucional que él mismo había aceptado defender. Eso no estaba en discusión.

La respuesta de Felipe Calderón fue directa: no aceptaré, dijo, chantajes ni amenazas. Ante un grupo de senadores panistas que se reunieron al lunes siguiente, Calderón no se apartó del guión que había diseñado de respeto al proceso institucional: si el tribunal encontraba causas y motivos para realizar el conteo voto por voto en casos específicos, que se hiciera. Estaba convencido de que éste únicamente refrendaría su triunfo del 2 de julio. Pero la decisión tendría que ser del tribunal porque el temor que existía en su equipo era que se tratara de una argucia para lograr, como había hecho el PRD en el año 2000 en Tabasco, presionar para el conteo voto por voto, provocando no una modificación del resultado sino la anulación de las elecciones.

Sin embargo, mientras esto sucedía, también ocurría otro hecho significativo. El vacío de poder que paulatinamente dejaba la confrontación postelectoral estaba siendo aprovechado por otros grupos mucho más peligrosos: en Cunduacán, Tabasco, un comando armado intentó rescatar sin éxito y a fuerza de bazucazos a Mateo Díaz López, el comandante Mateo, uno de los principales líderes del grupo de los zetas, al servicio del cártel del Golfo. Era uno de los primeros hechos de violencia postelectoral que podía tener una lectura política. La historia sería clara más adelante.

Tan sólo un día antes de que se realizara la segunda asamblea informativa, el comandante Mateo había sido capturado por la policía municipal de Cunduacán cuando escandalizaba en un bar en compañía de Darwin Alexander Bermúdez Zamora; ambos personajes fueron conducidos a la casa de justicia de esa ciudad.

Pocos minutos después un comando de quince personas intentó rescatar a sus compañeros dejando como saldo dos policías muertos, tres patrullas y tres viviendas incineradas. El infructuoso ataque se dio en dos incursiones; en la primera fue muerto el comandante

Marcelino de los Santos cuando el grupo de sicarios logró entrar a la casa de justicia, pero fueron repelidos; a los pocos minutos se daba la segunda incursión por parte de un grupo de personas que vestían uniformes de la Agencia Federal de Investigaciones quienes enfrentaron con bazucas y armas de grueso poder al contingente de policías municipales, estatales y federales que resguardaban al comandante Mateo. En este segundo ataque murió el agente Armando de la Cruz Jiménez.

El ataque fue de tal magnitud que los miembros de la policía hacían llamados infructuosos al ejército para que acudieran en su rescate. De estos llamados y de la muerte del comandante De los Santos quedó un video como testigo, que todavía puede ser consultado en internet.

Al día siguiente, un centenar de soldados con el apoyo de tanquetas y vehículos Hummer patrullaban Cunduacán ante el inminente riesgo de otro ataque.

La historia, que se comenzaría a conocer semanas después, tendría muchas ramificaciones y tenía que ver con la forma en que se están relacionando, cada vez más, la política y el poder con el crimen organizado, y cómo algunos hechos que parecen sin relación entre sí pueden tener otra explicación, muy diferente de la que se suele dar en algunos espacios de la información política y la nota roja.

Algunos datos: cuando apenas comenzaba el proceso electoral, un hecho que nunca se ha explicado plenamente es la muerte de Naguib Tadeo Manrique, alcalde de Ixtepec, Oaxaca, asesinado al llegar al puerto de Veracruz, junto con otras cuatro personas, entre ellas su padre, Jorge Manrique, acusado de tener relación con el cártel de los Díaz Parada (detenido en los primeros días de gobierno de Felipe Calderón luego de años de protección en su estado), que opera en la zona de Istmo y tiene fuertes relaciones en el sur de Veracruz. Esa organización está relacionada con el cártel de Sinaloa desde hace años. En su momento, se habló de la «pérdida» de dos toneladas de cocaína perteneciente al cártel del Golfo y a los famosos zetas, que cambiaron de mano en un decomiso en el sur del estado. También se habló, sin pruebas, de que Naguib Manrique y sus acompañantes iban a realizar una negociación al respecto. El alcalde asesinado, por cierto, fue el principal testigo de descargo que presentó el entonces gobernador José Murat cuando se dio el llamado autoatentado. Según su versión, aquel 18 de marzo tenía una cita con el propio Naguib Manrique en el hotel Victoria cuando se dieron los hechos. Poco después Manrique fue designado candidato del PRI a Ixtepec, la tierra natal del ahora diputado.

Antes y después de esos hechos se dieron varios casos de violencia política que deberían ser tomados en cuenta y tienen relación con los mismos grupos confrontados. En mayo de ese año fue secuestrado, junto con cuatro personas, Ponciano Vázquez Lagunes, hermano y principal operador del más poderoso cacique del sur de Veracruz, Cirilo Vázquez Lagunes, que había sido detenido ya desde los años ochenta en tres ocasiones, acusado de narcotráfico y homicidio, entre otros delitos. El cuerpo de Ponciano y de sus acompañantes apareció días después.

Entre los muertos estaban Antonio Guízar Valencia y Felipe Espinosa Valencia, oriundos de Michoacán, relacionados con el cártel de los Valencia y, el segundo de ellos, casado con la hija de una regidora del PRD, Norma Aguirre Colorado. La hermana de Felipe Espinosa Valencia era, además, la esposa del hijo del presidente municipal perredista de Huimanguillo, Walter Herrera Ramírez, un cercano amigo de los hermanos Vázquez Lagunes, incluso compadre de Ponciano. El hecho es que un año antes del asesinato de Ponciano y sus colaboradores, el padre de Antonio Guízar Valencia también había sido asesinado pero en Chiapas. El acusado del asesinato fue el director de Seguridad Pública de Huimanguillo, que se fugó con el apoyo del alcalde de la localidad, el mismo Walter Herrera.

¿Qué sucedió con Guízar Valencia? Quizá que sabía demasiado. El 8 de octubre del año pasado había sucedido otro asesinato, éste de un poderoso narcotraficante local que trabajaba con los zetas, José Martín Flores Torruco, con influencia en la zona de Palenque. Este narcotraficante estaba casado con Laura López Pavón, hija de Martín López Obrador y sobrina de Andrés Manuel. Los sicarios fueron detenidos y confesaron ser del cártel de los Valencia. Entre ellos estaba un ex militar guatemalteco, Jorge Santiago Rodríguez, quien aseguró que Antonio Guízar le había pagado 30 mil dólares para deshacerse del yerno de Martín López Obrador. Meses después, Guízar fue asesinado junto con otros cinco operadores del cártel de los Valencia. El problema es que su hijo Guízar Valencia y el alcalde Huimanguillo, Walter Herrera, aparentemente trabajaban para el cártel de los Valencia pero también protegían a la organización del yerno de Martín López Obrador que estaba ligada a los zetas, y ahí se les complicaron las cosas. Los dos terminaron muertos poco después: Guízar Valencia junto con Ponciano Vázquez Lagunes y Walter Herrera el 15 de noviembre pasado. En el camino murieron otros hombres ligados a los Valencia y al cártel de Sinaloa, como Mario de la Cruz Magaña, sobrino de Alcides Ramón Magaña, asesinado en un hospital en el municipio de Cárdenas. Otro comando asesinó a un comandante policial de la zona, casualmente apellidado Ramón Magaña (su nombre era Eduardo) y finalmente, el 18 de noviembre, tres días después del asesinato del alcalde de Huimanguillo, también fue muerto Cirilo Vázquez Lagunes.

Cirilo, en el proceso electoral, había apoyado a López Obrador e incluso fletó numerosos autobuses para el primer acto de «resistencia civil» del ex candidato, el 16 de julio pasado. En enero, el PRD local le había ofrecido públicamente ser candidato a diputado, lo que se frustró, aparentemente, porque el cacique contaba con algunas órdenes de aprehensión. Pero, al mismo tiempo, Vázquez Lagunes había apoyado al candidato a diputado federal del PAN para el distrito de Acayucan, Gregorio Barradas Miravete; a María Juliana Rodríguez Carmona, también del PAN para el distrito de Minatitlán; y al PRI en la zona de Cosoleacaque, aunque los propios dirigentes del PRD habían anunciado que Vázquez Lagunes sería su candidato en los próximos comicios por esa misma localidad.

Hay demasiados hilos cruzados en esta historia, pero todos unen a la guerra de los cárteles con el sur de Veracruz, con Tabasco, con Michoacán. Y lo que se observa, a simple vista, es que ciertos grupos políticos terminaron recibiendo apoyo de distintos grupos del narcotráfico simultáneamente y terminaron atrapados en su propia red de corrupción. La violencia y la política comenzaban a mostrar un rostro diferente al de la «resistencia civil».

La anulación de las elecciones

En ese contexto, las declaraciones de López Obrador demostraban, sin lugar a dudas, que su estrategia era, lisa y llanamente, buscar que se anularan las elecciones. Primero, porque aseguró que su exigencia de contar «voto por voto» (algo que ya se había hecho en dos oportunidades, obteniendo siempre el mismo resultado, el triunfo de Felipe Calderón, pero que funcionaba como una buena coartada para el objetivo real de la anulación) en el Tribunal Electoral del Poder Judicial de la Federación era relativa: si se realizara ese conteo y de todas formas volviera a resultar ganador Calderón, dijo que él no reconocería el resultado porque agregó el argumento de que las elecciones habían sido «ilegítimas». Al periódico español *El País* le dijo que «hubo fraude antes, durante y después de las elecciones». Por eso en el documento de impugnación, además de una larga suma de absurdos (como presentar entre las pruebas del presunto fraude que en una telenovela alguien dijo que votaría por Calderón; que Maribel Guardia, que no es precisamente una comunicadora, entrevistó a Calderón; que en los empaques de unas botanas había una línea azul que inducía a votar por el PAN o que algún periodista lo criticó) lo que terminó exigiendo fue que no se reconociera la elección de presidente, con lo que se estaría anulando la elección, un punto, por cierto, no contemplado en la ley.

La contradicción, sin embargo, era obvia: ¿por qué anular la elección presidencial pero no la de diputados y senadores o la de jefe de Gobierno del DF? Por una sencilla razón: la única causa era buscar una crisis política que no legitimara el triunfo de sus adversarios pero obligara a designar un presidente interino y que a él le permitiría continuar con su campaña uno o dos años más para volver a presentarse como candidato en unas elecciones extraordinarias. Era la misma estrategia que había implementado en Tabasco en el año 2000 y que logró anular las elecciones pero no pudo evitar que en la «segunda ronda» volviera a ganar el priísta Manuel Andrade.

Pero esa estrategia lo único que confirmaba era que todo lo que se dijo de López Obrador antes de las elecciones era verdad: el hombre no estaba interesado en consolidar un sistema democrático, ni tiene lugar en su cosmovisión política algo parecido a la tolerancia, la legalidad o el respeto a la pluralidad. Lisa y llanamente lo que quería, lo que quiere, recuperando el lenguaje del más viejo revolucionarismo, es tomar el poder. Y para hacerlo los medios no importan: el fin, que es hacerse con el poder, justifica cualquier medio, aunque ello implique olvidarse de los compromisos que una y otra vez asumió López Obrador ante ese electorado que decía respetar, recordando que más de 13 millones de personas votaron por él y otros 31 millones votaron en su contra.

En esos días se recordó que había dicho en innumerables oportunidades, la última el mismo domingo 2 de julio en la mañana, que aceptaría los resultados electorales y la autoridad del IFE y apenas dos semanas después de las elecciones, además de rechazar cualquier resultado diferente de su triunfo, estaba calificando al instituto como «delincuentes electorales». La jornada del 2 de julio, tanto en su equipo como en todos los ambientes políticos y en los medios, fue calificada, antes de conocerse los resultados, como impecable, casi sin irregularidades y con un mínimo de denuncias. Después dijo que hubo fraude «antes, durante y después de las elecciones»: una afirmación temeraria que no podía sustentar con una sola prueba a dos semanas de los comicios. Luego dijo que confiaba en el tribunal electoral pero después aclaró que si éste no le concedía el triunfo, incluso aunque el TRIFE decidiera, en una acción que no estaba contemplada en la ley, contar nuevamente «voto por voto», la elección sería «ilegítima». Dijo una y otra vez que no buscaba la anulación de las elecciones, pero desde que resultó evidente que las matemáticas, suceda lo que suceda con la impugnación presentada ante el TRIFE, no le permitirían revertir el resultado, decía que la elección había sido un «fraude» y que, por lo tanto, no podía reconocer sus resultados y en el documento de impugnación directamente demandaba la anulación del proceso.

El hecho es que López Obrador no estaba cumpliendo uno solo de los compromisos que había asumido «antes, durante y después» de las elecciones. Siguiendo nuevamente a Harry Frankfurt: un charlatán es aquel que inventa una realidad a modo para satisfacer sus propios objetivos.

Lo grave para su causa, sin embargo, era que al mismo tiempo que se iba quedando cada día más solo, hacía crecer la lista de los complotados en su contra, sus seguidores eran menos pero más radicales, convencidos de que todo el sistema legal y judicial es ilegítimo. Si ninguna de las vías legales son legítimas para López Obrador entonces quedaba preguntarse qué era lo que seguía: ¿la movilización violenta, propiciar un clima de ingobernabilidad que ya se estaba haciendo probar en esos días en Oaxaca, donde los dirigentes de la APPO habían boicoteado la Guelaguetza, tomado a turistas de rehenes y logrado que la principal fuente de recursos de los oaxaqueños, que es el turismo, hubiera caído prácticamente a cero? Para muchos, en Oaxaca, López Obrador quería hacernos una demostración de lo que se proponía hacer en la capital del país.

¿Por qué en la capital? Porque es una caja de resonancia natural pero también porque sólo en la ciudad de México la propuesta de la resistencia civil tenía apoyo. Por eso no pudo hacer demostraciones en varios lugares de las República como lo había planeado y tuvo que traer, en muchos casos pagados, a manifestantes desde todos los puntos del país, porque su fuerza local no alcanzaría para una movilización significativa en la mayor parte de México.

Había muchas señales de que López Obrador se iba quedando solo y que se quedaría aún más solo cuando el tribunal concluyera su labor. Mientras muchos medios destacaban como noticia la movilización de los seguidores de López Obrador, pasaba casi desapercibido, por ejemplo, algo que en términos políticos era mucho más importante: a través de un desplegado todos los gobernadores priístas reconocían los resultados del IFE y les exigían a los demás actores que los acataran y subrayaban la legalidad del proceso.

HACIA EL PLANTÓN

En la «asamblea informativa» del siguiente domingo, ante unas 180 mil personas, López Obrador elevó un nivel más la escalada declarativa: ya no sólo desconoció a las autoridades electorales, ya no sólo aseguró que hubo un fraude generalizado en la elección, sino que, además, llamó a la «resistencia civil pacífica», igual que cuando ordenó tomar los pozos petroleros en Tabasco. Había asegurado que ese día mostraría pruebas del fraude y no hubo tales, las pruebas deberían estar guardadas en la misma caja fuerte en la que está escondida la famosa encuesta que nadie conoció jamás y que según López Obrador le daba diez puntos de ventaja en los comicios. Lo más grave es que tampoco mostró pruebas en su impugnación ante el tribunal: presentó un documento, armado por Horacio Duarte, su representante ante el IFE, con 800 páginas de opiniones imposibles de calificar como pruebas y que van desde acusaciones a cantantes de corridos por mofarse del Peje hasta quejas porque algún comunicador criticó al candidato.

En ese contexto, quizá uno de los aspectos más desconcertantes fue que intelectuales serios y respetados como Carlos Monsiváis se hubieran prestado ya no sólo a apoyar esta opereta de mala calidad y sin sustento ético alguno que era la resistencia civil, sino también a la guerra sucia contra Patricia Mercado e incluso siendo «oradores» en los mítines del ex candidato perredista. Muy rápidamente el autor de *Escenas de pudor y liviandad* se arrepentiría de esa aventura.

¿Por qué las demandas de López Obrador no podían atenderse como él lo pedía? Tenía, por supuesto, todo el derecho a recurrir al tribunal electoral, pero no a decir que no reconocería el resultado si él no era el ganador, porque la elección ya era «ilegítima». No tenía derecho a considerar ilegítima una elección que tuvo errores pero que fue, en muchos sentidos ejemplar, como la mayoría de los observadores nacionales e internacionales la calificaron. No tenía derecho a exigir que se contara voto por voto cuando ya en dos ocasiones se había hecho, la noche de las elecciones y en el conteo distrital posterior, además de que, si se consentía ese capricho (porque al no tener una sola prueba del supuesto fraude la petición no puede calificarse de otra manera) se descalificaría todo el sistema electoral mexicano y la participación de la ciudadanía: se abonaba automáticamente el camino de la anulación. El conteo se realizó por ciudadanos observados por representantes de todos los partidos, en cada una de las 135 mil casillas, para evitar que, como en el pasado, se pudieran concentrar todos los votos en un solo ámbito y, además, para que el conteo fuera lo más democrático y amplio posible. Esa participación ciudadana es la base del sistema electoral que hemos construido a lo largo de casi treinta años de transición. Si ese sistema se había corrompido, según el propio ex candidato, entonces ¿quién contaría los 44 millones de votos?, ¿los siete miembros del Tribunal Electoral? Y por último, ¿qué sentido tenía aceptar el capricho si, finalmente, el propio López Obrador decía que si no lo favorecía el resultado no lo aceptaría? La idea que se hacía cada día más presente y que doblegaba la resistencia civil fue que la única exigencia real era, literalmente, tomar el poder, hacerse de él, con o sin elecciones, con o sin instituciones. Si tuviera un sector militar que lo apoyara, se comprendió en aquellos días, nada diferenciaría a López Obrador de Hugo Chávez.

Por eso la demanda del voto por voto que personajes serios estaban avalando como una forma de concluir la crisis, resultaba inviable en términos de política real y lo único que haría sería profundizar la propia crisis. Lo mismo que la demanda, que también hacían en esos días personajes serios, responsables, de que Felipe Calderón se sentara a «platicar» con el tabasqueño. En principio nadie podría estar en desacuerdo con que la política es, en esencia, la capacidad de diálogo, de establecer acuerdos incluso para procesar los desacuerdos, el establecimiento de reglas comunes que sólo se pueden compartir si fueron previamente asumidas por los diferentes actores, la instrumentación de los principios con base en lo posible. Todo eso y más es la política pero ¿cómo dialogar con alguien que se niega a hacerlo?, ¿cómo dialogar con un personaje que no acepta ninguna otra salida a la situación que él mismo ha creado, que no sea la entrega del poder en sus manos?, ¿cómo dialogar con un hombre que no conoce ni acepta reglas ni espacios para ese diálogo? La intención era buena pero el problema fue que López Obrador no quería dialogar y nunca lo había querido con anterioridad, no era un síntoma nuevo de una personalidad de por sí difícil de analizar y encuadrar. No había querido dialogar jamás en Tabasco, ni dentro ni fuera del PRI; no quiso dialogar como presidente del PRD; no quiso dialogar como jefe de Gobierno del DF (en los cinco años que estuvo al frente de esa dependencia jamás se reunió, ni una sola vez, con los partidos de oposición en la capital); no quiso dialogar como precandidato; y los que le reprochaban a Cuauhtémoc Cárdenas que no hubiera apoyado con entusiasmo a López Obrador olvidaban que el tabasqueño no quiso ni sentarse a dialogar con Cárdenas y mucho menos debatir ya no la candidatura sino, como pedía aquél, la propuesta de programa partidario; no quiso dialogar como candidato con sus iguales e incluso se negó a ir a uno de los debates.

Después, en torno a la jornada electoral dijo, primero, que reconocía el resultado, pero no lo hizo; en la propia jornada de los comicios no se presentó una sola queja de irregularidades, tampoco en el conteo, hasta que descubrió que había perdido y todo se convirtió en un inmenso fraude. Impugnó ante el TRIFE pero dijo que aceptaría el resultado sólo si él ganaba. ¿Qué se puede negociar con López Obrador que no sea la graciosa entrega del poder en sus manos?

El domingo 16 de julio, Carlos Monsiváis inició su panegírico dedicado a López Obrador recordando a José Stalin, cuya imagen recreaban algunas mantas en pleno Zócalo: era una ironía pero también una muestra del creciente desconcierto que comenzaba a mostrar el escritor. No estaba mal pero, en realidad, para acercarse más al personaje en cuestión tendría que haber invocado a Benito Mussolini (cuántas similitudes existían en los desplantes del ex candidato con *Il Duce*, en el desprecio a las leyes y las instituciones enviadas al diablo, en la visión del mundo en blanco y negro, en la manipulación de la gente, incluso en la copia de la marcha sobre Roma tropicalizada como la marcha sobre el DF) o a nuestros mucho más cercanos, en tiempo y espacio, Hugo Chávez o Fidel Castro. Porque el propio López Obrador reforzó esa imagen en su discurso cuando lanzó una grosera amenaza contra Felipe Calderón, su familia y sus allegados. Fue un exabrupto equivalente a aquel «cállate, chachalaca» que le costó tanto electoralmente. Peor aún, lo hizo inmediatamente antes de convocar a la resistencia civil contra las elecciones y en medio de carteles que, «con todo respeto», como diría AMLO, pregonaban «haz patria, mata a Felipe».

Fue tan burda, tan peligrosa la expresión de López Obrador, amenazando a Calderón y su familia, que al día siguiente trató de justificarla en una entrevista con Miguel Ángel Granados Chapa donde sólo logró enredarse aún más. Sus operadores entonces recurrieron a un expediente extremo: en su página oficial de internet retiraron la frase en cuestión del discurso, como si ésta nunca hubiera existido (¿habrá recordado Monsiváis cuando Stalin ordenó borrar de todas las fotos a Trotski y Bujarin?) y comenzaron a negar que la hubiera pronunciado... pese a que estaba grabada y se había mostrado en prensa, radio y televisión.

Ese domingo, López Obrador llamó a la «resistencia civil» y dijo que el mismo lunes informaría sobre cómo se desarrollaría la misma y quiénes la coordinarían. Unas horas después, un grupo de seguidores, cercanos al vocero Gerardo Fernández Noroña, intentaron agredir a Calderón y sus colaboradores al salir éstos de un acto cerrado con un grupo de sindicalistas. López Obrador, que seguía quejándose de no tener espacio en los medios, mantenía una *corta* entrevista de cincuenta minutos con Carlos Loret de Mola y cuando fue interrogado sobre el incidente no sólo no lo lamentó ni rechazó esos hechos de violencia realizados en su nombre, sino que los justificó y agregó que se generalizarían si no se cumplían sus demandas. Como había dicho también ese domingo de excesos Manuel Camacho, «las sonrisas se convertirán en puños» si no se aceptaba la demanda perredista que consistía, lisa y llanamente, en que se le otorgara el triunfo a López Obrador o se anularan las elecciones. Un día después, Alejandro Encinas tuvo que salir a decir que lamentaba el incidente e incluso que le ofrecía seguridad nada más y nada menos que de la SSP-DF a Calderón. ¿Quién decía la verdad: López Obrador amenazando a Calderón, su familia y sus colaboradores, Camacho amenazando con «los puños» de sus simpatizantes, el propio López justificando y advirtiendo sobre más agresiones o Encinas lamentándolas?

Pero el mismo lunes 17 de julio, López Obrador descubrió que lo que dijo durante dos semanas consecutivas no era verdad. Después del 2 de julio había dicho que se dio un fraude cibernético y que por eso no fue detectado por los representantes de casilla y de partidos. Pero ese lunes «descubrió» que siempre no, que hubo un fraude a la «antigüita», con relleno de paquetes electorales y urnas:

¿cuándo, cómo, en qué circunstancias, basado en qué pruebas? No lo decía y no lo ha dicho hasta ahora. Lo que sucedía es que si no hubo fraude cibernético (en parte porque no lo pudo justificar y los propios especialistas de la UNAM lo descalificaron) y se pasó al fraude a la «antigüita», el ex candidato quedaba peor, a la «antigüita» se podía hacer fraude porque ocurría lo que López Obrador quería que se hiciera: concentrar todos los votos en un solo lugar, donde se pudieran manipular. Desde las reformas electorales del 94, el IFE no sólo es autónomo sino que además se pulverizó el conteo en las 135 mil casillas electorales para que nadie pudiera manipular los votos y el conteo y si eso ocurría sería en porcentajes que no alterarían la elección, porque los partidos tienen representantes en todas las casillas y los funcionarios de las mismas son un millón de ciudadanos imposibles de manipular o corromper masivamente. El martes 18, en respuesta a López Obrador, el IFE informó que en 95 por ciento de las casillas hubo por lo menos representantes de dos partidos y la propia Coalición por el Bien de Todos tuvo sus propios representantes en 85 por ciento. Todos esos representantes firmaron y avalaron el conteo voto por voto. Y el domingo de la jornada electoral no hubo impugnaciones por irregularidades en la votación por el conteo en esas 135 mil casillas. El fraude a la «antigüita», como alegaba López Obrador, simplemente era imposible de que se hubiera llevado a cabo, salvo que se afirmara que alguien había logrado corromper a un millón de ciudadanos elegidos aleatoriamente y a otro millón que representaba a los cinco candidatos participantes, incluyendo los de López Obrador. En esa lógica, era imposible no ir quedándose cada vez más solo.

El acuerdo Calderón-Elba

La noche del 25 de julio se reunió el Comité de Acción Política del Sindicato Nacional de Trabajadores de la Educación, el SNTE. Este grupo de apenas 250 delegados del sindicato más numeroso de América Latina hubiera pasado sin mayor comentario de no ser por tres factores: contó con la presencia de Felipe Calderón, era encabezado por Elba Esther Gordillo, y porque ésta inició su discurso refiriéndose a él como «presidente electo», en lo que era un aparente desliz que de tal no tenía absolutamente nada.

En su discurso, la dirigente de los maestros señaló que en las dos últimas décadas el país no había generado riqueza, que la concentración del ingreso polarizaba a la sociedad, que la pobreza crecía consistentemente, que la movilidad social proviene únicamente de la economía informal, la delincuencia o la migración, y remató afirmando que la disfuncionalidad social se expresaba en casi cualquier cosa. Con esos antecedentes urgió a repensar el proyecto educativo nacional pues el modelo actual «ya no se corresponde ni con nuestros problemas ni con nuestras potencialidades». Asimismo, invitó a Felipe Calderón, una vez que fuera ratificado, a que asistiera como invitado al IV Congreso Nacional de la Educación.

El tema mereció mención porque para las huestes perredistas el fraude había contado con la complicidad de Gordillo: los argumentos eran presentados con insistencia pero resultaban endebles: al presentar a Nueva Alianza como una alternativa, restó votos a otras opciones; al obrar en contra de Roberto Madrazo debilitó al PRI y por sus vínculos con la familia Fox se presumía que ayudaría a mantener al PAN en Los Pinos. En realidad, Gordillo ha podido sostenerse al frente del sindicato precisamente porque de cara a las elecciones de 1994 permitió que los maestros fueran candidatos por diversos partidos políticos y no sólo por el PRI, a condición expresa de que fueran leales a los principios y causas de la organización magisterial, y con la condición velada de que fueran incondicionales a la dirigencia que ella encabeza. Así, la LIX Legislatura contó con casi 30 diputados maestros, postulados por el PRI, el PAN y el PRD, y la LX Legislatura, la actual, tiene casi 40 diputados federales que son maestros, incluyendo los de Nueva Alianza, expresamente respaldados por el sindicato, pero también muchos postulados por el PRI, el PAN, el PRD y los partidos menores. En resumen, la fracción magisterial, si se uniera, podría ser más grande que la representación de muchos estados. En los hechos, en ese encuentro se establecía la única alianza política firme en el contexto del gobierno de coalición que planteaba Calderón porque, para esa fecha, ya quedaba claro que con el PRD no se podría transitar por esa vía y si bien con el PRI existían muchos acuerdos implícitos, todo comenzaba a indicar que las alianzas, si existían, serían en el Legislativo. Elba Esther había sido un factor importante para el triunfo de Calderón y representaba, en los hechos, una fuerza política que muchos calificaban como la cuarta del país y era la que podía acercar a Calderón al objetivo de contar con una mayoría legislativa propia en el Congreso. Desde esa fecha se comenzó a negociar lo que vendría: qué posiciones, en el contexto de esa alianza, tendrían el SNTE y sus derivados.

Todo ello quedó de manifiesto cuando el 25 de julio Gordillo llamó «presidente electo» a Calderón. Y el instrumento de esos acuerdos serían por una parte el SNTE y por la otra Nueva Alianza, que había alcanzado más de 4 por ciento de los votos para el Congreso. Nueva Alianza siempre fue concebido como un partido con un fin parlamentario. Su presidente fundador, Miguel Ángel Jiménez, señalaba que su meta era lograr 20 diputados a la Cámara y con ello ser una fuerza «constructora de mayorías» en el Congreso. Sabía que no podía ganar la elección presidencial y que su candidato sería testimonial y como vocero de las demás campañas del partido. Buscó y encontró la estrategia ideal a seguir: apostar por el voto dividido, esto es, que las personas votaran por ellos para un cargo, aunque no para todos, para garantizar de esa manera el registro.

Esta idea, que más de una vez se planteó por los partidos pequeños, no se había ejecutado adecuadamente en ocasiones anteriores. Para algunos sonaba absurdo tener un candidato que pidiera «no votar» por él sino por su partido. Sin embargo, bajo la dirección creativa de Juan Kuri, esa estrategia de voto dividido se trasladó al lenguaje audiovisual en el spot más memorable de la campaña neoaliancista: el «uno de tres», en que Roberto Campa, candidato presidencial, decía: «Este 2 de julio vas a recibir tres boletas: una para presidente, una para senadores y una para diputados. Dale uno de tus tres votos a Nueva Alianza». Acto seguido, diversos candidatos salían bailando al tenor del pegajoso eslogan «uno de tres/por la educación» y frases similares. El mosaico de candidatos bailarines incluía postulados al Senado (como Laura Elena Herrejón, ex líder de Provecino y convocante de la marcha contra la inseguridad; y Víctor Estrada, taekwondoín que fue medallista olímpico), a la Cámara de Diputados (como Miguel Ángel Jiménez, entonces presidente del partido y hoy coordinador de la fracción en la cámara; y Mónica Arreola, diputada e hija de la profesora Gordillo) y a los congresos locales (como Xiuh Tenorio, entonces coordinador de vinculación del partido y hoy coordinador de la fracción de Nueva Alianza en la Asamblea del Distrito Federal). El remate del spot era Jiménez diciendo: «Que uno de tus tres votos sea por Nueva Alianza». Sin embargo, el cuadro memorable eran los tres segundos en que Xiuh Tenorio, en ese momento con más de 180 kilogramos de peso, daba una vuelta sobre su eje. El gordito bailarín del uno de tres se volvió una figura que generó buena parte de la recordación del spot.

La estrategia de voto dividido le funcionó adecuadamente a Nueva Alianza: a nivel federal, Roberto Campa obtuvo 0.98 por ciento de la votación, cifra que por sí sola no hubiera bastado para el registro del partido y que contrasta desfavorablemente con el 2.78 por ciento obtenido por Patricia Mercado y su partido, Alternativa Socialdemócrata y Campesina. Pero en el Senado, Nueva Alianza logró 4.16 por ciento de los votos, lo que lo llevó a tener un senador, casualmente el secretario general del SNTE, Rafael Ochoa Guzmán, que es más de lo que obtuvo Alternativa con su 1.95 por ciento del voto (requería dos por ciento para tener al menos un senador). En contraste, en la Cámara de Diputados, Alternativa logró 2.05 por ciento y cuatro escaños, en tanto que Nueva Alianza con 4.55 por ciento alcanzó nueve diputados. Mientras que Alternativa se benefició de una buena candidata presidencial, visible y articulada, quizá la mejor sorpresa individual en la campaña, como Patricia Mercado, pero sufrió por una endeble estructura organizativa (boicoteada además por el ala campesina y el Dr. Simi), Nueva Alianza apostó a la organización que le proporciona el respaldo de buena parte del SNTE y obtuvo su alta votación como fruto de una buena campaña que impulsó el voto dividido.

El discurso de Elba Esther Gordillo del 25 de julio pudo haber pasado desapercibido —apenas como un desliz interesado— de no ser por un factor adicional: era la primera vez que un personaje político de relevancia (ex secretaria general del PRI, recientemente expulsada de ese partido pero líder del sindicato, dirigente de uno de los nuevos partidos y de una federación de trabajadores al servicio del Estado, una fuerza que podía llegar a acumular los votos de unos 40 legisladores) aceptaba como definitivo el triunfo de Felipe Calde-

rón. Esa declaración tocó una fibra sensible de la delgada piel política de López Obrador.

Un día después, el 26 de julio, Andrés Manuel tuvo una entrevista con el conductor de Univisión Jorge Ramos. Ahí, Ramos le preguntó cuáles eran las opciones del PRD para el 2012 y si estaría dispuesto a ser el candidato presidencial. «Yo ya no podría», dijo el
candidato de la Coalición por el Bien de Todos. «Porque en México
no se permite la reelección y por convicción estoy en contra de ella»,
continuó. «Yo ya soy presidente. Yo gané la elección presidencial. Yo
soy el presidente de México por voluntad de la mayoría de los mexicanos.» Ramos acotó diciendo que esa declaración era «fuerte».
«Pues sí, pero yo soy el presidente», remató el ex candidato. En las
demás entrevistas del día no repitió la frase, pero insistió en que el
recuento era muy necesario pues él «había ganado». Para sus opositores, como el secretario general adjunto del PAN, César Nava, tal
declaración era sólo una ocurrencia más y un desplante mediático. Lo
cierto es que esa mañana el país amaneció por primera vez con dos
presidentes declarados «electos», aunque fuera por ellos mismos.

Y LLEGÓ EL PLANTÓN...

Treinta de julio, Zócalo. A punto de cumplirse el primer mes desde
la elección y aún sin resultados, Andrés Manuel volvió a convocar a
sus simpatizantes en esta plaza, a las quince horas, a un mitin que
logró reunir unas 180 mil personas (el equipo del ex candidato habló
de entre dos y tres millones de participantes, una cifra imposible de
alcanzar simplemente observando las fotos de la manifestación). Si
esto fuera cierto, sería el equivalente a dos veces la marcha contra la
inseguridad, que a lo largo de dos horas llenó y vació al menos trece

veces el Zócalo, con capacidad para 130 mil personas, según estimaciones de la policía capitalina establecida, paradójicamente, por Manuel Camacho cuando era regente y López Obrador realizaba sus cotidianas, y costosas (para el erario) marchas desde Tabasco. Camacho se imaginaba entonces llegando en el 94 a Los Pinos y nunca que doce años después estaría trabajando como asesor del tabasqueño. Pero lo cierto es que, apretadas y sin templetes, ni pasillos de circulación, en la Plaza de la Constitución caben 130 mil personas. Ese día estaba llena.

Como la diferencia entre 130 mil y tres millones es demasiado amplia, el periódico *Reforma* hizo un ejercicio que publicó en su edición del 31 de julio, utilizando un método científico para estimar el número de asistentes. Mediante fotos satelitales, una medición previa de puntos de referencia a través de mecanismos de GPS (*Global Position System*, Sistema de Posicionamiento Global; sofisticado mecanismo que permite fijar la localización de un objeto mediante la triangulación de tres satélites distintos con una precisión de 1.3 metros) para fijar áreas muestrales de 1 600 metros cuadrados, y con fotografías de gran formato y alta resolución, se podía contar, persona por persona, a los asistentes. Un grupo de voluntarios, ante notario público, colocaron un alfiler en cada cabeza visible en la toma, previamente segmentada con los puntos de referencia y las medidas tomadas en la plaza vacía. Al concluir la identificación, los voluntarios —con el aval de los notarios— contaron los alfileres y determinaron el número de asistentes. Simple, pero con una metodología válida y replicable, por lo que puede considerarse científica. El ejercicio periodístico concluyó que, como lo había calculado Camacho, en la Plaza de la Constitución cabían 130 mil personas: en el estudio de *Reforma* se dijo que hubo 135 mil asistentes.

Allí López Obrador planteó el futuro de su movimiento, que sería el punto de quiebre y su mayor derrota política: un megaplantón permanente que cortara la ciudad en dos, con 31 campamentos permanentes (uno por cada estado) en el Zócalo; y 16 campamentos delegacionales sobre las avenidas Madero, Juárez y Paseo de la Reforma hasta la Fuente de Petróleos. López Obrador castigaba así a la ciudad que le había permitido competir con amplias posibilidades el 2 de julio y comenzaba a perder base electoral y muchos aliados que no compartían, entonces ni ahora, la estrategia adoptada.

La votación para tomar esa decisión, una vez más, no pasó ni por el partido, que no fue consultado, ni por el equipo de campaña, que mostró reservas sobre el tema que fueron desechadas en forma personal por el propio López Obrador. La consulta, obviamente, sería a viva voz primero a mano alzada después. Todos (¿había posibilidad de tomar otra decisión?) aceptaron quedarse. A nadie preocupaba el sustento del día siguiente ni la ausencia de elementos para guarecerse. La logística ya estaba disponible y la proporcionaba el gobierno del DF: carpas por decenas, lonas por millares, baños y tiendas de campaña propias o alquiladas, listas de inmediato. Esa primera noche, para desmentir cualquier acción espontánea, el campamento amaneció instalado. Comenzaba, con aquel desplante logístico, la mayor derrota de López Obrador.

El discurso de esa tarde ya mostraba que el ex candidato estaba apostando a algo muy lejano del triunfo electoral, y que el cálculo político era otro. Comenzó diciendo que se habían comprometido a ser el doble de la asamblea anterior y lo habían logrado (en realidad la cifra era notoriamente inferior a las dos anteriores asambleas). Pero sobre todo se deslindó del sistema político-electoral vigente: «En estos días, dijo, se está decidiendo si en México instauramos en definitiva una democracia verdadera o si se impone un régimen de simulación democrática, donde al final de cuentas, los privilegiados de siempre van a seguir decidiendo sobre el destino de toda la nación». Vicente Fox, según el orador, «en lugar de ser el guardián del sufragio efectivo se convirtió en un traidor a la democracia». Inmediatamente después llegó la amenaza: «Si se cierran los cauces democráticos, sólo quedan el sometimiento o la violencia [...]. Además, no podemos olvidar que por esta causa muchos mexicanos se han sacrificado y han perdido hasta la vida».

Para López Obrador no había dudas: «Desde el principio hemos tenido indicios de nuestro triunfo y ahora, a 28 días de la elección, tenemos la certeza, todos los elementos y pruebas para sostener sin titubeos que ganamos la Presidencia de la República». Era una mentira rotunda: el día de las elecciones no sólo no había tenido indicio alguno de su triunfo sino que incluso, como se supo después, su propia encuesta le decía que había perdido la elección. Con el paso de los días el PREP, el conteo del domingo 2 y el distrital de la semana siguiente habían confirmado esos resultados. No tenía elemento ni prueba alguna que sustentara su dicho. Y sin embargo, ante la multitud se presentaba ya, como le había dicho a Jorge Ramos, como el presidente de la República.

»México, agregó, no merece ser gobernado, y no lo vamos a permitir, por un presidente espurio, por un presidente sin legitimidad, sin autoridad moral ni política». E inmediatamente después propuso que se iniciara el famoso plantón, que para esa hora estaba ya totalmente diseñado y organizado.

»Sé, amigas y amigos, agregó, que no es sencillo ni fácil lo que les estoy proponiendo, pero es lo que sentimos más conveniente para nuestra causa. De nueva cuenta les pido su atención, porque voy a poner a consideración de ustedes esta propuesta. Les pregunto: ¿Nos quedamos? ¿Sí o no? Voy a volver a preguntar de otra forma. Los que estén porque nos quedemos que levanten la mano.

Bájenla. Nos quedamos». La decisión ya estaba tomada. No había concluido la reunión cuando ya se estaban colocando las lonas y montando los campamentos.

El hecho es que cuando en el futuro se cuente la historia política de esos días, probablemente se recordará el pasado 2 de julio como el día de la primera elección realmente competida del México contemporáneo, en la cual los ciudadanos tuvimos que optar entre dos propuestas legítimas pero muy diferentes de país. Como ha dicho López Obrador, es verdad que 13 millones de mexicanos cruzaron la boleta con su nombre, pero siempre olvida que otros 31 millones prefirieron otros proyectos, incluyendo otro presidente de la República. Ni remotamente, en términos electorales, López Obrador representa la mayoría de los mexicanos, aunque haya acumulado un capital político más que considerable.

Pero luego de la decisión adoptada en esa tercera asamblea, esos días serán recordados, también, por la mayor dilapidación imaginable de ese capital político. Pasado un mes de la elección, todos los estudios de opinión serios demostraban que el apoyo a las medidas de presión de López Obrador contra las instituciones tenían el apoyo de aproximadamente 25 por ciento de los ciudadanos y esos estudios se habían levantado antes de los injustificables bloqueos masivos organizados en el DF (en el resto del país el tema López Obrador ya había desparecido de la agenda). En otras palabras, quien tuvo el mérito de levantar la votación histórica de su partido hasta niveles tan altos como 34 por ciento, apenas transcurrido un mes de las elecciones había logrado regresar al PRD a su nivel histórico de aceptación, de alrededor de 20 por ciento. En pocas ocasiones se había podido apreciar un caída tan brusca en la aceptación de un «poscandidato», pero ello puede explicarse a partir de la enorme cantidad de errores y dislates cometidos.

Si uno de los grandes méritos de la elección era que no había habido impugnaciones (y el domingo 2 no existían) y que el resultado tan cerrado permitía corroborar una de las reglas básicas de la democracia: que independientemente de quién fuera el próximo presidente, nadie ganaría todo y nadie perdería todo, López Obrador, desde la misma noche de ese día comenzó a bombardear, sin una sola prueba de cargo, el proceso electoral, las instituciones, la participación ciudadana y la estabilidad democrática del país. En apenas un mes López Obrador había desconocido toda la organización del proceso, incluyendo en ello al millón de ciudadanos que participaron como funcionarios de casillas y que contaron los votos la misma noche del domingo 2 en presencia de otros dos millones de representantes de partidos; desconoció al Programa de Resultados Electorales Preliminares organizado por expertos de la UNAM; rechazó el conteo distrital, realizado una vez más en forma abierta y con representantes de todos los grupos políticos; terminó acusando de traición a los miles de representantes de su propio partido por haber firmado las actas que confirmaban un conteo electoral correcto y apegado a la realidad en sus casillas; acusó de corruptas y traidoras a las autoridades del IFE; reclamó, aunque ya se hubiera realizado, un nuevo conteo «voto por voto» pero al mismo tiempo advirtió que, aunque éste se realizase, si él no resultaba electo presidente, desconocería la legitimidad del nuevo gobierno porque hubo «fraude antes, durante y después de las elecciones». Un fraude, por cierto, extraño, porque a pesar de que los porcentajes electorales que obtuvieron los senadores y diputados de la Coalición por el Bien de Todos fueron menores a los del propio López Obrador, en esa instancia o en los comicios del DF, según él mismo, ahí no hubo fraude, éste se cometió sólo en su contra. Finalmente en la entrevista con Jorge Ramos no pudo más y explotó: «Soy el presidente de México», declaró para desconcierto de propios y extraños, cuando estaba reclamando que se concluyera el proceso y se contara «voto por voto». Y después anunció el bloqueo permanente de avenidas medulares de la capital del país. Un bloqueo en el cual nunca participarían más de 2 500 personas (la mayoría pagadas) en manera simultánea. Lo grave es que en la misma medida en que se estaba aislando, López Obrador se radicalizaba cada vez más y, en un círculo vicioso, comenzaba a perder aliados internos y externos y eso lo llevaba a endurecer aún más sus posiciones.

No sólo estaba perdiendo un tercio de su apoyo electoral en un mes sino que también varios de quienes habían sido sus respaldos mediáticos comenzaron a tomar distancia de medidas que escapaban de toda lógica política; ninguno de sus aliados estaba seguro de respaldar el plantón, mucho menos, como lo pidió Ricardo Monreal, a instancias del propio López Obrador, a no asumir los cargos de elección popular para los que fueron electos. En el exterior, la buena labor de *lobby* realizada por Juan Enríquez Cabot se estaba desmoronando: desde el *New York Times* y el *Washington Post* hasta *El País* y *El Mundo*, desde el presidente *Lula* Da Silva hasta José Luis Rodríguez Zapatero, habían puesto distancia con López Obrador, los primeros acusándolo de abierta «irresponsabilidad» institucional y los segundos destacando la legitimidad de las instituciones electorales y democráticas de México. Y todo ello antes del bloqueo de Reforma y cuando aún el TRIFE no había terminado de calificar la elección.

Formalmente, la tercera asamblea informativa nunca concluyó: se volvió la asamblea permanente, el megaplantón más grande de la historia de México y el bloqueo de la principal avenida turística de la capital; un corredor que recibió inversiones millonarias durante el gobierno de quien esa tarde había decidido sitiarla. Una ciudad que le había dado más votos que nadie ese día terminó como rehén de su ex gobernante.

Calderón, 12 de julio del 2006:
«la democracia no es un asunto de unanimidades»

Felipe, ya eres el futuro presidente de los mexicanos. Es la última plática en la que podré tratarte como Felipe Calderón, a partir de ahora serás el presidente electo y luego el presidente de todos los mexicanos.

La verdad es que me siento muy contento. Éste ha sido un domingo muy, muy largo, pero me siento muy contento y desde luego agradecido con los mexicanos por esta decisión, por este apoyo y como he dicho a quienes votaron por mí, muchas gracias, y a quienes no votaron por mí, gracias también, porque su participación hace posible la democracia y ahora les pido que me den una oportunidad para ganarme su confianza.

Has ganado la elección más competida de la historia de México, pero también es un mensaje que haya 64 por cinto de mexicanos que votaron por otras opciones. ¿Qué implica eso en términos de un futuro gobierno?

Me queda muy claro el mensaje de las urnas y lo que implica. Primero es que si tenía la convicción de no gobernar sólo para el PAN sino para todos, hoy, ello es más obligado aún. Debo gobernar con claridad y pensando en quienes no votaron por mí. Por eso quiero hacerme de los anhelos, de las aspiraciones, quiero hacer mías las razones por las cuales muchos electores votaron por otros candidatos. Así que quiero asumir un criterio de tolerancia como el de Patricia Mercado; un énfasis en la educación y en las reformas, como Roberto Campa; o en la seguridad como hizo Roberto Madrazo; o en la superación de la pobreza como hizo López Obrador. Eso me queda muy claro: es el momento de poner atención a las razones por las cuales la gente tuvo otras opciones y ganarse, ganarse a esa gente. Lo voy a hacer como presidente.

Cuando se piensa en el futuro, cuando comienzas a pensar en los próximos seis años, ¿cómo imaginas tu gobierno?

Lo he imaginado. Primero me imagino porque lo deseo y sé que se puede hacer aunque sea muy difícil, que habremos logrado una etapa de conciliación. Sé muy bien, y lo puedo visualizar, que no habrá unanimidades en esto; que habrá a final de cuentas... nunca hay y menos en una sociedad tan plural y en una historia tan peculiar como la mexicana, unanimidades, pero sí espero que haya una gran mayoría de mexicanos que asuman como suyo el reto de superar diferencias partidistas. Que a eso se sumen candidatos y partidos políticos. Así me lo imagino en lo político, que hemos hecho reformas que nos permitan acortar las campañas electorales, reducir sus costos y el financiamiento a ellas; reformas que nos permitan unificar las fechas electorales en los estados, tener mejor representación... quizá la segunda vuelta, sobre todo la segunda vuelta legislativa que a mí me interesa mucho y la propia segunda vuelta presidencial. Según algunas encuestas si hubiera habido una segunda vuelta presidencial hubiera sacado un margen muy, muy amplio a mi favor, pero bueno, eso es especulación.

Me imagino también que hemos retomado el control de la fuerza pública, de la seguridad concretamente, de los órganos estatales policiacos y eso nos permite no eliminar, porque es imposible del todo, pero sí abatir de manera significativa la delincuencia. Que en materia ambiental, un propósito para mí muy querido, hemos podido detener el deterioro forestal del país, poder tratar hasta 90% del agua que se utiliza en las ciudades y me imagino que en el eje de mi propuesta, que es el empleo, para el año 2012 México alcanzará esa tasa del millón de empleos al año, después de haber tenido un sorprendente crecimiento en la inversión nacional y extranjera y sobre todo en sectores generadores de empleo como la vivienda, donde hemos llegado al millón de viviendas por año. De manera tal que alcanzo a vislumbrar ese panorama, sé que es posible y con ese norte bien claro en la mente oriento mi brújula para los próximos años.

Hay una serie de componentes, está lo social, como lo hemos platicado, está el empleo, lo laboral, está lo económico y lo político. Hasta ahora si uno hace una evaluación de la administración de Fox, muchas de las reformas que hubieran permitido crecimiento económico, generación de empleos, no se pudieron realizar porque no hubo acuerdos políticos para sacarlas adelante... ¿se pueden lograr esos acuerdos políticos?

Se pueden y tenemos que lograrlo. Repito, no con todos, desgraciadamente, pero bueno, la democracia no es un asunto de unanimidades, es de mayorías y mira, hay una gran oportunidad para el PAN que quizá no hemos visto con claridad. Tenemos los grupos parlamentarios más numerosos en la historia del partido: en el Senado, por ejemplo, se habla de que el PAN tiene entre 53 y 55 senadurías, eso implica que está a 10 o 12 senadores de tener mayoría. Esto es un dato fundamental porque se puede construir una alianza legislativa como la he venido proponiendo en la estructura de un gobierno de coalición que me permita a mí tener mayoría en torno a un programa de gobierno consensuado, que quiero negociar con la oposición incluso antes de tomar posesión. Eso no lo intentamos con el presidente Fox y yo lo quiero hacer, quiero construir un gobierno de coalición a partir de negociar sobre la mesa programas de gobierno e incluso estoy dispuesto a negociar la integración del gabinete, siempre y cuando esto implique un apoyo legislativo estable y permanente de la oposición.

¿Has tenido ya contacto con los partidos de oposición, los que serán los partidos de oposición en la próxima administración?

He hablado con algunos de ellos. Con Roberto Campa hablé para agradecerle su gesto democrático de reconocer la validez del triunfo; busqué también a Patricia Mercado; estoy en contacto con Roberto Madrazo, me interesa verlo; he estado en contacto con gobernadores de distinto signo, fundamentalmente panistas y priístas, pero no descarto hacerlo con perredistas y ha habido una gran disposición para construir.

¿Qué te dicen?

A mí me asombra la disposición que hay para construir futuro, de que esta elección quedó atrás, que está decidida, que vamos para adelante, que tienen que respetar la voluntad mayoritaria de la gente, me sorprende y realmente me alegra la enorme disposición política que hay, entre otros actores distintos a los del PAN, para construir esa nueva etapa de conciliación y de colaboración en la vida de México.

¿Está dispuesto el PAN a también hacerlo? Porque a veces los partidos son muy celosos de su triunfo, de alguna manera la idea del gobierno de coalición es compartir esferas, partes del poder.

Afortunadamente he sido claro y reiterativo en el tema dentro del PAN. Eso es una idea que no cae de improviso en el Partido Acción Nacional. De alguna manera, la militancia sabía que si teníamos la mayoría absoluta no diría que podríamos hacer lo que quisiéramos, pero sí que podría tener yo mucho más margen de maniobra para hacer un gobierno más azul, digámoslo así, pero en las circunstancias en las que estamos, construir un gobierno de coalición me obliga a tener una estructura distinta...

¿No es mejor así?

Como país, sí...

Lo que ha ocurrido es una experiencia que nunca hemos tenido como país... es la crisis como oportunidad... la posibilidad de poder conjuntar un gobierno diferente...

Y además en una sociedad tan plural, como se vio reflejada en las urnas, un gobierno de coalición es la respuesta a lo que México dispone. Ha sido una elección competida... pero, mira, yo gané por 250 mil y tantos votos. La primera ministra de Alemania, Angela Merkel, me estaban dando el dato, ganó por seis mil votos. La democracia es así... no me obliga a hacer un gobierno de coalición pero lo quiero hacer. ¿Por qué? Porque sé que es la manera en que podemos impulsar la agenda de cambios que necesita el país.

¿Cómo te imaginas el periodo de transición? Siempre las transiciones en México, a diferencia de otros países, son muy largas y pueden ser incluso muy desgastantes. Estamos hablando del mes de julio hasta el 1º de diciembre. ¿Cómo vas a operar durante este periodo de transición? ¿Qué es lo que esperas construir en estos meses?

Se va a ir muy rápido. Lo primero es terminar el proceso. Eso nos va a tomar hasta septiembre, cuando el tribunal electoral emita un fallo definitivo. Lo segundo es, y eso lo voy a iniciar desde la próxima semana, el equipo de transición que va a articular programas y la organización de la administración pública, porque mi propósito es entrar a toda prisa, entrar a toda marcha el 1º de diciembre...

Quieres comenzar con los programas de gobierno el 1º de diciembre, no comenzar a analizarlos.

Exactamente. No empezar en enero, no empezar a platicar en diciembre. Empezar a actuar con las decisiones que yo tome el 1º de diciembre como presidente. Y una tercera vía, que para mí es medular, es el acuerdo político. Tengo que trabajar el acuerdo político que me permita un gobierno de coalición o acercarme a los consensos necesarios desde ahora, de tal manera que este carril de negociación política esté abierto. Me parece más importante que el propio diseño del programa de gobierno, al cual está vinculado, porque la materia prima para negociar un acuerdo político para mí es el programa de gobierno. Y tendrá apéndices o anexos que son importantes, ciertamente, pero que no son la sustancia. La sustancia es el acuerdo en el programa de gobierno que articule una coalición en torno a él y adicionalmente el soporte podrá ser compartir o no el gabinete, pero la esencia es un programa de gobierno compartido, el cual voy a negociar de aquí al 1° de diciembre.

Se habla siempre de los primeros cien días. Cuáles serían los tres, cuatro, cinco objetivos que tú te impondrías como presidente para los primeros cien días.

El propio gabinete, el gobierno de coalición. Eso debe ser un logro claro. El segundo, presentar en diciembre un presupuesto consensuado. No quiero llegar con un presupuesto a ver qué les parece. Que se empiece a revisar ahí. No, quiero que ya esté revisado y consensuado. Tercero, quiero articular un programa de gran visión. Un equipo de mexicanas y mexicanos de la vida académica, de los sectores sociales, de los sindicatos, de los gobiernos locales que articule una visión de México para el año 2030 en torno al cual podamos sujetar políticas de largo plazo y por supuesto quiero ver en ese lapso del mes de diciembre, antes de que termine el periodo de sesiones, la posibilidad de incorporar reformas legislativas, pero eso dependerá, insisto, de la negociación política que yo articule de aquí a diciembre.

5

«Aquí nos quedamos...»

> Si nuestros profetas no variaron su cuerpo de creencias después de 1989, no se ve cómo lo variarán. El mecanismo psicológico que los caracteriza es sencillo: los datos incómodos de la realidad se bloquean, se difuminan y relativizan frente a una «realidad ideal» cuyo cumplimiento se difiere siempre y por lo tanto no puede desmentirse.
>
> ENRIQUE KRAUZE

Cuando tras la consulta a mano alzada los asistentes a la tercera asamblea informativa decidieron transformarla en una asamblea permanente en forma de plantón, no se percataron de que ya todo estaba calculado: todos los elementos necesarios para la instalación estaban listos y esperando.

La integración de los campamentos era adecuada, al menos en el papel: en cada campamento se proponía la existencia de una coordinación integrada por senadores y diputados electos, jefes delegacionales electos, dirigentes de los partidos de la coalición, es decir del PRD, PT y Convergencia, de todos los estados y de las delegaciones. Y habría un representante de las Redes Ciudadanas en cada campamento. La dirigencia, pues, pasaría las mismas hambres y fríos que sus simpatizantes. Al menos, López Obrador estuvo físicamente presente los primeros días, si bien las versiones periodísticas afirmaban que en algún momento de la noche, iba a su casa a dormir, bañarse y cambiarse. Era de suponerse que un presidente no debía verse como recién salido de un saco de dormir. El jefe de Gobierno electo del DF, Marcelo Ebrard, quien acampaba cerca de la Diana Cazadora, más pragmático, en realidad dormía en el hotel Marquís Reforma, mismo sitio donde desayunaba, comía y cenaba según se requiriera.

El campamento de la delegación Cuauhtémoc se colocó sobre la avenida Madero, desde el Zócalo hasta Motolinía. Esto es, cubriendo el costado de la iglesia de la Profesa, lugar en que fue coronado Agustín de Iturbide como emperador de México, luego de que el sargento Pío Marcha encabezó una multitud que, llenando la entonces calle de Plateros, consideró que eso bastaba —eso, y el apoyo de algunos criollos y notables— para hacerlo emperador.

El campamento correspondiente a la delegación Venustiano Carranza se instaló sobre la avenida Madero, desde el cruce con Motolinía hasta el Eje Central. Abarcaba, pues, entre otros puntos de interés, el Palacio de Iturbide, el Templo Expiatorio Nacional de San Felipe de Jesús, y la Casa de los Azulejos, la Torre Latinoamericana y el Anexo Guardiola del Banco de México.

El campamento de Iztacalco se plantó en la avenida Juárez, del Eje Central hasta Revillagigedo. Cubrió el frente del Palacio de Bellas Artes y la mayor parte de la Alameda Central, incluidos los accesos a la Plaza Juárez, que se estaba preparando para recibir la sede de la Secretaría de Relaciones Exteriores y los juzgados de lo familiar del Distrito Federal.

El campamento de Iztapalapa se ubicó también en avenida Juárez, de Revillagigedo hasta Reforma. Pasaba al frente del Hotel Sheraton Centro Histórico —una de las mayores inversiones nuevas del corredor Reforma, impulsada por López Obrador como jefe de gobierno—, al centro comercial Plaza Alameda, a la Contraloría del DF y frente al Edificio Prisma de la Lotería Nacional, hoy ocupado por el Sistema de Administración Tributaria. También ocupó parte de la glorieta del Caballito, en el cruce triple de Juárez, Reforma y Eje 1. Este espacio fue el sitio antiguo de la escultura ecuestre de Carlos V, popularmente llamada el Caballito, sitio actual de la Cabeza de Caballo, escultura moderna de Sebastián, y próximamente sede del monumento del Bicentenario de la Independencia, a celebrarse en 2010. Pero en esos días de julio, sede de los campamentos de Iztapalapa.

El campamento de Benito Juárez ocupó Reforma, desde su cruce con Bucareli hasta Donato Guerra, bloqueando un acceso al periódico *Excélsior*, el hotel Meliá Reforma 1, la sede nacional del Turissste y de la Cámara de Comercio de la ciudad de México. Cabe destacar que, siendo una delegación con fuerte arraigo panista, este campamento fue también ocupado por representantes de la UNAM y el Politécnico, entre otros.

A los naturales de Gustavo A. Madero se les instaló sobre Reforma, de Donato Guerra a Insurgentes. Esta ubicación permitía bloquear, entre otros, los hoteles Imperio, Misión Colón Reforma, Crowne Plaza, Sevilla Palace y Emporio, además de la sede de la Secretaría de Desarrollo Social. Adicionalmente, «tomaron» el monumento a Cuauhtémoc, desplazando a los «encuerados» del Movimiento de los 400 Pueblos de su ubicación tradicional. La solidaridad entre grupos se acaba cuando la causa es personal.

El espacio asignado a la delegación Tláhuac sobre Reforma abar-

133

có desde el cruce de avenida de los Insurgentes a Río Niza. Con ello, además de la Escuela Bancaria y Comercial y las sedes de la Procuraduría General de la República y la Secretaría de Relaciones Exteriores, se bloqueaban las obras del conjunto Reforma 222 —otra fuerte inversión nueva en el Corredor Reforma— y se complicaba, en exceso, el tránsito sobre la vía más importante de la ciudad, avenida de los Insurgentes, que se hizo casi intransitable, pese a que junto con el Eje Central y el Eje 1 Poniente fue uno de los cruces abiertos para atravesar el plantón en su primera etapa. (Los otros puntos de cruce eran subterráneos: el paso a desnivel de Circuito Interior, el de Chivatito-Arquímedes y el de Periférico Sur.)

Para Coyoacán se fijó el espacio de la glorieta de la Palma al Ángel. Con ello bloqueaban, en adición a la Bolsa Mexicana de Valores y la Torre Avantel, la Embajada de Estados Unidos y el hotel María Isabel Sheraton. El espacio asignado a la delegación Miguel Hidalgo correspondió a Reforma, desde Florencia y Río Tíber hasta Sevilla y Río Mississippi, esto es, desde las glorietas del Ángel a la de Diana Cazadora. Así, la otra delegación panista tenía la obligación de bloquear accesos a la Embajada de Japón y la sede de Banamex-Citrigroup, así como la sede de Accival.

Para los residentes de Álvaro Obregón, la misión era asentarse entre la Diana Cazadora y la calle de Lieja. De hacer adecuadamente el bloqueo, obstruirían el acceso a los hoteles Marquís Reforma y Four Seasons, la sede nacional del Instituto Mexicano del Seguro Social y la Torre Mayor, el edificio más alto de América Latina y la mayor inversión privada realizada sobre el Corredor Reforma bajo la administración perredista.

Desde Lieja y hasta el Museo de Arte Moderno tocaría el turno a los sufridos perredistas de la Magdalena Contreras. Colocados sobre el paso a desnivel de Reforma y Circuito Interior, tuvieron que soportar más que ningún otro campamento tanto la contaminación de los vehículos virtualmente atrapados en la parte inferior, como las sonoras mentadas que con frecuencia e intensidad no vista en otros puntos, vaciaban día y noche los automovilistas que fluían debajo del campamento.

El campamento de Tlalpan corría del Museo de Arte Moderno a la puerta principal del Bosque de Chapultepec, lesionando con ello el acceso al Museo de Arte Moderno, al Rufino Tamayo y, parcialmente, al Nacional de Antropología, así como una de las entradas al bosque, la más cercana a la rampa de acceso al Castillo de Chapultepec.

El de Milpa Alta, de la entrada al Lago a la entrada al Zoológico. Para una delegación recientemente arrebatada al PRI —en la misma elección del 2 de julio— correspondía cerrar la pinza sobre el Museo de Antropología y el acceso al Bosque y al Zoológico. Xochimilco recibió la misión de plantarse desde la puerta del Zoológico a la pantalla del Auditorio Nacional, bloqueando parcialmente el acceso al centro de espectáculos más grande de la ciudad, y quedando a unos metros de los guardias que cuidaban la residencia oficial de Los Pinos, así como una de las vías de acceso a los hoteles Presidente, Nikko y W.

El campamento de Cuajimalpa corría de la pantalla del Auditorio a Alejandro Dumas, con lo que también afectaba a los hoteles, al Auditorio Nacional, la Unidad Artística y Cultural del Bosque, con sus teatros y escuelas, el Casino Militar y el Campo Marte, y en menor medida, al célebre restaurante Hard Rock Café. Por último, el campamento de Azcapotzalco bloqueó Reforma desde Alejandro Dumas a la Fuente de Petróleos, lo que afectaba en alguna medida al Campo Marte, la Torre Omega y la Torre Inverlat, entre otros puntos notables.

Parecía un movimiento imponente. Sin embargo, a pesar de la superficie cubierta cercana a los 7.5 kilómetros (unos 1.7 kilómetros de Madero-Juárez, tres kilómetros del corredor turístico-financiero de Reforma y 2.8 kilómetros de la zona del Bosque de Chapultepec), salvo los primeros días, los campamentos se fueron drenando de simpatizantes. Las imágenes aéreas resultaban impresionantes, puesto que se veían cuadras y cuadras tapizadas de lonas; sin embargo, debajo de ellas la realidad era muy distinta. Toda esta extensión llegó a cubrirse, en algunos momentos, con unas 2 500 personas, muchas de ellas pagadas. Los candidatos electos, los dirigentes de los partidos, los militantes famosos... poco a poco se fueron retirando del megaplantón.

Y no sólo eso: a unos cuantos días de iniciado el megaplantón, el jueves 3 de agosto, un grupo de casi 100 intelectuales, entre ellos José Woldenberg, ex presidente del IFE; José Luis Cuevas; Jorge Castañeda (quien fue secretario de Relaciones Exteriores del gobierno de Fox); Héctor Aguilar Camín; Federico Reyes Heroles, y Guillermo Soberón, exhortaron a «no alimentar una espiral de crispación y alarma y a no inyectar elementos que envenenen el ambiente político».

En contraste, el mismo día un grupo de 500 miembros de la comunidad artística e intelectuales simpatizantes de izquierda, encabezado por Carlos Monsiváis, se pronunció por el recuento de los votos, alegando que «los argumentos legalistas no tienen lugar ante una situación que pone en juego la legitimidad de quien habrá de gobernar». En su opinión, el fraude —o la «alteración del cómputo», como la llamaron— no era detectable a simple vista, por lo que «se hace imperativo el recuento voto por voto». Entre los firmantes del desplegado se encontraban los nombres de Elena Poniatowska (parte de la dirigencia del denominado Comité Ciudadano de Resistencia Pacífica), Enrique González Pedrero, Fernando del Paso, Héctor Vasconcelos, José Agustín, José María Pérez Gay (quien había sido nominado como parte del eventual gabinete de López Obrador, como Secretario de Relaciones Exteriores), Paco Ignacio Taibo II, Rafael Segovia y Sergio Pitol. Sin embargo, muchos de esos intelectuales, en forma destacada Monsiváis, rechazaban el plantón y lo veían como un grave error político.

Pero la división no sólo era entre la clase intelectual: en ese momento, la opinión pública aparecía fuertemente dividida. Casi 60 por ciento consideraba que el triunfo correspondía, de manera legal y legítima, al candidato Calderón; pero otro porcentaje idéntico consideraba que el recuento de los votos uno por uno, o en la frase de la resistencia: «voto por voto, casilla por casilla», era condición imprescindible para que el resultado de la elección fuera contundente y claro. El hecho de que no hubiera un fundamento legal y jurídico para tal recuento podía ignorarse en la opinión de la mayoría.

«¡SE VAN A JODER!»

Es difícil suponer qué pretendía López Obrador y su movimiento de resistencia civil al bloquear la principal avenida política, turística y comercial de la ciudad que había gobernado, el Corredor Madero-Juárez-Reforma. Por ello, es mejor recordar las frases que al inicio del plantón trataban de justificar esa acción.

En la tarde y noche del 31 de julio, apenas cumplidas las primeras veinticuatro horas de iniciada la «toma de Reforma», Andrés Manuel declaró en su primera conferencia informativa que «a todos los que sinceramente les genera molestia lo que estamos haciendo les ofrecemos disculpas, y a los que lo hacen de manera hipócrita mejor les dejamos de tarea que convenzan al candidato de la derecha por el que votaron o apoyaron para que acepte el recuento, no es culpa de nosotros, no es por nosotros el que haya molestias, la culpa la tienen los que hicieron el fraude, la culpa la tienen los que no aceptan el recuento de los votos». Afirmó que sus opositores pensaron que sería muy fácil hacer un fraude, pero que no lo iba a permitir. Y remató con un tono de estadista: «Pensaron que iba a ser fácil hacer fraude. ¡Pero se van a joder! La dignidad del pueblo no tiene precio».

Por la mañana del 31 de julio, la Coalición por el Bien de Todos, encabezada por el líder del PRD, Leonel Cota, y los coordinadores de Redes Ciudadanas, Ricardo Monreal y Manuel Camacho, organizó una reunión informativa frente a varios cientos de simpatizantes, quienes la emprendieron a mentadas de madre contra los representantes de los medios de comunicación, particularmente cuando el dirigente del PRD acusó que algunos habían «mentido» al reportar cifras de apenas 180 mil participantes en la marcha del domingo previo.

Por su parte, Marcelo Ebrard salió a conferencia de medios a explicar, nuevamente, la conformación del plantón: que López Obrador supervisaría permanentemente los campamentos estatales, ubicados en el Zócalo, aunque tendría algunos coordinadores por zona. Por ejemplo, Dante Delgado, dirigente del Partido Convergencia, encabezaría el de su estado, Veracruz; el senador electo por Tabasco, Arturo Núñez, haría lo propio en el de su terruño; Leonel Cota se encargaría del de Baja California Sur. Por su parte, los diputados locales y los jefes delegacionales electos serían los coordinadores en los correspondientes a cada una de las delegaciones. En su opinión, era «necesario» mantener los plantones hasta que «se limpie la elección».

Ante las quejas ciudadanas la respuesta de la dirigencia de la Coalición era tan simplista que resultaba provocadora, sobre todo asumiendo que se referían a su base electoral más importante en el país: «Que se levanten más temprano», fue la réplica de los voceros de la coalición al primer lunes de caos provocado por el bloqueo.

Pero, al mismo tiempo, los argumentos que justificaban el plantón se desarticulaban. El representante de la coalición ante el IFE, Horacio Duarte, presentó un informe en el que reconoció que en casillas donde no tuvieron representantes, las votaciones habían sido mayores para Calderón. «Hay 485 casillas en donde existieron sólo representantes del Partido Nueva Alianza, que lidera *de facto* Elba Esther Gordillo, es donde el PAN obtiene una votación atípica de 64.9 por ciento, comparada contra la Coalición, de 29.6 por ciento. Conclusión, el PAN obtiene 29.02 por ciento más votos que su promedio nacional, que es de 35.89 por ciento, mientras la Coalición obtiene 5.62 por ciento votos menos que su promedio nacional, que es de 35.3 por ciento», expuso. Paradójicamente, y tal vez sin percatarse, la propia frase de Duarte era demoledora para su causa: al reconocer que el PAN tiene 35.89 por ciento de la votación, y la Coalición 35.3 por ciento, está aceptando tácitamente una diferencia cercana al medio punto porcentual, diferencia que prevaleció al final del proceso. Sin embargo, en su reporte, Duarte enfatiza en las 485 casillas atípicas, que en el universo total representan menos del medio punto al millar; pero además son casillas localizadas en zonas de tan fuerte influencia panista que el propio PRD no alcanzó a tener representante. Si el partido o la coalición no lograba siquiera tener un representante de casilla, ¿cómo podía quejarse de que en esa zona su índice de votación caía? En todo caso lo mismo, en sentido contrario, podía aplicarse en varias casillas capitalinas donde la votación perredista había sido abrumadora incluyendo varias prácticamente zapato en la zona oriente de la ciudad.

Jesús Ortega, coordinador de campaña de López Obrador, afirmó que no iban a interrumpir la resistencia civil, al contrario, la iban a «continuar e intensificar. Vamos a luchar de manera enérgica, como enérgicamente vamos a defender la democracia». Internamente, Ortega era uno de los que se habían opuesto al plantón.

Quien pagó mayores costos políticos y de imagen fue el remplazante de López Obrador en la jefatura de Gobierno. En su conferencia de prensa del 1º de agosto, Alejandro Encinas descartó el uso de la fuerza para levantar el plantón, y tras declararse partidario del diálogo declaró: «Quienes asumen responsabilidades públicas siempre estamos conscientes de que se asumen costos, también se suman ganancias a veces, así es la política y en los momentos difíciles hay que enfrentarlos con dignidad y con entereza». Tiempo después rechazaría incluso una recomendación de la Comisión de Derechos Humanos del DF, que preside Emilio Álvarez Icaza, acusándola de haber tomado partido político en contra del plantón. Finalmente, reconoció haber apoyado con un millón y medio de pesos la movilización perredista, aunque dijo que había sido en respaldo a la recomendación de la CDHDF... que públicamente el gobierno capitalino había rechazado.

A la toma de posición a favor del plantón de las autoridades capitalinas reaccionaron sobre todo los empresarios y el comercio, por los enormes costos que implicaba la medida para la economía de la ciudad. La Coparmex-DF, en voz de su presidente Gerardo Trejo, le exigió a Encinas que «si no estaba dispuesto a cumplir con su deber de gobernar, debe dejar el cargo de inmediato». Gonzalo Brockman, de la Asociación de Hoteles de la Ciudad de México, afirmó que las pérdidas de los hoteles sumaban 12 millones de pesos diarios, y que si no había una solución en 48 horas demandarían penalmente al gobierno de la ciudad. Lorenzo Ysasi, presidente de la Cámara de Comercio de la Ciudad de México, planteó que su gremio perdía 200 millones de pesos con cada día de bloqueo. A ellos respondió Marcelo Ebrard (cuya candidatura había recibido financiamiento de muchos de esos grupos empresariales) al ofrecer una disculpa anticipada a los capitalinos por las molestias que estaban generando los campamentos, pero argumentando que, de no hacerse, «el daño para el país sería mucho peor».

Pero ¿cómo se vivía en los campamentos? La realidad era muy distinta a la de la gran movilización popular que presentaban los dirigentes. En reportaje publicado el 1° de agosto, María Torres, una de las voluntarias contaba cómo estaban las cosas: «Tenemos que estar aquí porque pasan lista en la mañana, a media tarde y en la noche. Si nos vamos perdemos la casa que esperamos del Invi y mi marido pierde el trabajo que tiene en una construcción». El reportaje, publicado en *La Crónica*, contaba cómo María y su esposo, Evaristo, habían aportado 10 mil pesos para obtener su casa, a través de una de las asociaciones perredistas inscritas al Invi, agrupación de la corriente bejaranista de la que eran militantes. Y agregaba con cierta ingenuidad: «Nos advierten que López Obrador tiene que ganar para que podamos seguir con los programas y con todas las cosas que nos han dado. A mí me cae bien, pero de todas formas no le quiero jugar al valiente y prefiero dormir en cartones unos días a perder mi casa». Al correr de los días, María, como muchos simpatizantes más, terminarán retirándose, quedaron apenas unas cuantas guardias para no abandonar el campamento. A final de cuentas, fueron los militantes de base, los obligados a asistir, los que no podían oponerse o tenían miedo a no apoyar a su candidato por perder lo poco o mucho que recibían, quienes en verdad «se iban a joder» a lo largo de los 45 días de plantón.

EL RECUENTO Y LA CALIFICACIÓN

Pero mientras el plantón se convertía en el peor enemigo de la causa de López Obrador, en las oficinas de Felipe Calderón, donde medían diariamente las opiniones de la gente, sabían que su adversario les había ofrecido un apoyo inesperado, al implementar una medida a todas luces impopular en la ciudad y que en los estados era vista con extrañeza y temor de sufrir el contagio. En esos días el pequeño equipo de Calderón se convenció de que tenían la posibilidad real de derrotar la movilización recurriendo estrictamente a la vía legal. Calderón, que desde el 2 de julio venía trabajando en encuentros en corto con todo tipo de actores políticos, económicos y sociales, comenzó a aparecer públicamente un poco más y su equipo se concentró en lo que vendría en el ámbito legal porque era evidente que la movilización del lopezobradorismo se derrumbaba. En ese ámbito, la posición del tribunal electoral era clave y éste había rechazado ya la demanda del «voto por voto» pero había ordenado que se hiciera el recuento en más de 11 000 casillas, que eran, además, las que había impugnado la Coalición por el Bien de Todos y en mucho menor medida, el PRI. En el equipo de Calderón decidieron no impugnar casillas donde las irregularidades cometidas por el PRD o sus aliados eran evidentes porque no querían profundizar en la idea de que la elección no había sido legítima. Pasado el propio recuento, del que estaban convencidos que no tendría que afectar el resultado final, vendría un momento más complejo: que en el tribunal electoral no aplicaran la llamada causal abstracta, que ya habían utilizado en Tabasco y en algunas elecciones municipales o distritales, para anular la elección. En realidad, allí se concentraba toda la oferta política de López Obrador y se decía en círculos muy cercanos al Poder Judicial que la votación de los magistrados del TRIFE estaba dividida al respecto. Tres consideraban que la elección había sido legítima y dos, basándose sobre todo en la participación del presidente Fox, que había condiciones como para declarar la nulidad. A partir de allí se estableció toda una lucha política para influir por vías legítimas o no en los magistrados. La articulación de la defensa jurídica del caso en el equipo de Calderón quedó en manos de César Nava, mientras que el propio Calderón y un equipo muy pequeño (en el que participaban Juan Camilo Mouriño, Javier Lozano, Max Cortázar, Josefina Vázquez Mota, Juan Molinar Horcasitas) se ocupa de la operación política para consolidar la posición del candidato. En esos primeros días de agosto, ya la mayor preocupación del equipo de Calderón había dejado de ser la movilización de López Obrador para pasar a concentrarse en la calificación de la elección. Otra preocupación se aproximaba: todo indicaba que la calificación, como ocurrió, se daría después del 1º de septiembre cuando el presidente Fox ofrecería su último informe de gobierno, y desde esos primeros días de agosto se percibía que el ejecutivo federal no tenía claridad sobre cómo actuaría en el Palacio Legislativo ante un Congreso que lo recibiría, por lo menos entre los perredistas, con mucha agresividad. Existía temor de que, ante la presión, como había ocurrido desde Atenco hasta en el desafuero, la presión hiciera que el gobierno federal diera un giro de 180 grados en su intención política. Esos días fueron de mucha desconfianza en el equipo de Calderón respecto a las intenciones presidenciales. Al mismo tiempo, se observaba que las fechas para el proceso de transición se acortaban, ya que hasta entonces no habían existido contactos siquiera informales para iniciarlo y el propio Calderón prefería que fuera así porque si bien le quedaría poco espacio para la transición en sí, no quería que ello enturbiara de alguna manera el proceso en el que estaba embarcado el tribunal electoral: la legitimación de la elección tendría que provenir de allí y de una decisión, en lo posible, unánime de sus magistrados.

El 9 de agosto comenzaría el recuento de votos en las 11 mil casillas, ordenado por el Tribunal Electoral del Poder Judicial de la Federación, casillas en las cuales el propio Tribunal estimaba que pudiera haber existido alguna irregularidad o error en el cómputo y que en su enorme mayoría eran las casillas impugnadas por el PRD. Se había dicho que el IFE podía haber ordenado, en el conteo distrital del miércoles 5 de julio, abrir esos paquetes electorales: en algunos casos había sido así, pero en otros no porque el IFE había querido evitar que si accedía a la apertura masiva de paquetes electorales, independientemente de los resultados, ello actuara como un argumento para anular las elecciones. No era algo nuevo, la estrategia ya había sido puesta en práctica, con éxito, en Tabasco en el 2000 cuando se abrió 60 por ciento de los paquetes electorales y ello terminó siendo determinante para que el TEPJF decidiera anular la elección. Por eso era importante que se abrieran los paquetes electorales que se juzgaran necesarios pero que fuera el Tribunal el que decidiera para no volver a caer en la misma trampa que entonces.

Todos los actores involucrados habían aceptado la decisión del TRIFE que implicaba realizar un nuevo conteo en prácticamente 10 por ciento de las casillas, incluyendo todas las impugnadas, teniendo una muestra muy amplia, que podía cambiar el resultado electoral y que evitaba caer en la apertura de todos los paquetes, que podía catalizar la anulación de la elección. Todos los partidos aceptaron la resolución menos, obviamente, López Obrador. El ex candidato incluso había anunciado que el famoso «voto por voto» ya no era suficiente. Lo que quería, dijo en el mitin realizado en las puertas del propio TRIFE, es «cambiar inmediatamente todas las instituciones», de «cualquier forma». Si alguien tenía dudas de que López Obrador en realidad lo que quería era el poder, a como diera lugar, para instalar un sistema político creado a su imagen y semejanza, podría despejarla con esas declaraciones que desconcertaron incluso a muchos de sus aliados. ¿Qué nuevas instituciones quería López Obrador? ¿Cuáles pensaba desechar? Después de veinte años de trabajo, con costos muy altos, sociales y económicos, se había construido un sistema político, y por ende también electoral, que podría tener fallas pero que indudablemente estaba basado en instituciones democráticas sólidas: el IFE, el TRIFE, los distintos poderes de la Unión autónomos, el respeto a la autonomía municipal y estatal respecto a la federal, la limitación del poder presidencial a sus atribuciones constitucionales, el control de la fuerza pública a los poderes civiles, las elecciones donde los votos son los que determinan los gobernantes, un Congreso plural donde desde hacía una década el partido del presidente no tenía mayoría propia, un sistema donde existía plena libertad de prensa, de asociación, de reunión, todos ellos eran elementos del sistema político, que con fallas normales, pero ninguna insalvable, se habían convertido en parte de la cotidianidad democrática de nuestro país. Así lo entendían la sociedad, los partidos, los sindicatos, los medios. Entonces ¿qué instituciones quería cambiar «inmediatamente» y «como sea» López Obrador y hacia dónde quería orientar esas «nuevas instituciones»?

El ejemplo resurgió: allí estaba Hugo Chávez y su «revolución bolivariana» con sus «nuevas instituciones». Por eso los videos con los discursos del mandatario venezolano eran los más vistos en los desangelados plantones del perredismo capitalino. Se podrá o no estar de acuerdo con Chávez, pero nadie podía llamarse a engaño: las instituciones «bolivarianas» del chavismo no tienen nada que ver con un sistema democrático, con la división de poderes, con la pluralidad, con la libertad de prensa, de asociación y de reunión. Y es un

145

sistema que políticamente los mexicanos habíamos vivido y rechazado: los esfuerzos políticos y sociales de dos décadas se habían concentrado en crear un sistema democrático relativamente eficiente. Sería trágico que, por un capricho totalitario, se intentara cambiar ese rumbo.

Pero para ser como Chávez a López Obrador le faltaba sólo una cosa: militares golpistas. El asesor jurídico de López Obrador, Javier Quijano, fue el que inventó aquello de que si procedía el desafuero, se estaría realizando una suerte de «golpe de Estado» en contra de López Obrador. Ahora, paradójicamente, el que intentaba el «golpe de Estado» contra las instituciones era el propio ex candidato. Alguien dirá que es una afirmación exagerada decir que López Obrador apostaba en esos días al golpismo, pero ¿qué sucede cuando se desconocen las reglas del juego democrático, cuando se apuesta a la desestabilización y se amenaza con la violencia, cuando las autoridades capitalinas, controladas por López Obrador, ponían los recursos públicos y las fuerzas de seguridad locales no al servicio de la ciudadanía sino de una causa partidaria, cuando se dice que se deben cambiar las instituciones «inmediatamente» y de «cualquier forma»? En los hechos, lo que se pretendía era reconstruir el sistema de partido «prácticamente único», sólo que entronizado ahora en torno a un nuevo caudillo. Era —es— una visión conservadora, restauradora del viejo sistema, que nada tiene que ver con la izquierda moderna y la construcción de un sistema más democrático y tolerante.

Pero las fuerzas armadas mexicanas no son las venezolanas y en nuestro ejército no hay golpistas. Si, además, la causa que se impulsa no tiene respaldo social masivo y representa a una minoría aunque sea numerosa, como ocurría con López Obrador, la única forma de imponer ese «cambio de sistema» era mediante la fuerza. Sin ésta, los intentos autoritarios no tienen futuro. Por eso, López Obrador se quedaba cada día más solo y, al tiempo que ello ocurría, continuaba radicalizando cada vez más su discurso.

El punto era que ahora el verdadero rostro de Andrés Manuel se mostraba sin máscaras. En realidad ya lo había mostrado antes: cuando había dicho en San Lázaro que no respetaba al Poder Ejecutivo, ni al Legislativo ni al Judicial, que no aceptaba las leyes vigentes porque en su concepto eran injustas ni las reglas del juego democrático, porque eran parte del «complot» urdido en su contra, se pensó que era simple verborragia, que ya en campaña se moderaría. No fue así y tampoco se había moderado después de las elecciones. Nadie tendría que asombrarse entonces, salvo aquellos de sus aliados y adversarios que pensaron que todo era una puesta en escena, que se atemperaría con el paso del tiempo. No era así, López Obrador siempre había sido un restaurador autoritario, y ahora lo estaba mostrando sin tapujos.

En su *Boulevar de los sueños rotos* (un tema dedicado a Chavela Vargas), Joaquín Sabina dice que por allí «pasan de largo los terremotos y hay un tequila por cada duda». Pero en «el plantón de los sueños rotos», ese que paralizaba en aquellos días el Centro Histórico de la ciudad de México y el Paseo de la Reforma, nada (ni el tequila) parecía consolar a los dirigentes del lopezobradorismo y al propio ex candidato. El Tribunal Electoral del Poder Judicial de la Federación concedió, en una decisión insólita porque se realizó como una acción judicial, la apertura de más de 11 000 casillas, que representaban más de dos tercios de las impugnadas por la Coalición por el Bien de Todos.

Para cualquiera sería un enorme triunfo, pero no para López Obrador que ya había llamado a «purgar» y «refundar» las instituciones.

Peor aún: después de dos días de conteos, no pasó nada, los números apenas si se movieron, lo que se descubrió fueron errores matemáticos o de procedimiento menores, que no alteraron en nada el resultado electoral. En el distrito 15 del DF donde se había centrado el llamado «recurso madre» que demostraría, según López Obrador, el «fraude electoral», no sólo no se demostró éste en absoluto sino que terminó aumentando la cuenta de Felipe Calderón en un par de votos. Y lo mismo estaba sucediendo en todas y cada una de las casillas revisadas.

Como las cifras del nuevo conteo no alteraban el resultado, se intentó una nueva estrategia. Se argumentó, para justificar la nulidad del proceso, que había paquetes electorales abiertos. Y efectivamente los había, pero porque los propios representantes del PRD habían solicitado que se abrieran en el conteo distrital del miércoles 5 de julio. En todo caso, lo importante no era si estaban abiertos o no sino que los datos del acta firmada por los representantes de casilla y de los partidos en la noche del 2 de julio, de la cual tenían copias las autoridades electorales y partidarias, coincidían con los del paquete electoral y con los votos allí localizados. Y esa coincidencia era la que está confirmando el tercer recuento.

El hecho es que mientras el nuevo conteo en las casillas impugnadas por la Coalición por el Bien de Todos avanzaba y las cifras no se modificaban, López Obrador se quedaba sin argumentos de impugnación. Su popularidad caía, el apoyo escaseaba, el plantón se había convertido en un gran campamento donde había muchas carpas y más policías que manifestantes y su equipo ya caía en serias contradicciones. Así, Jesús Ortega, por ejemplo, aseguraba que ni Dolores Padierna ni Carlos Ímaz eran representantes del lopezobradorismo en el recuento ordenado por el TRIFE, pero resultaba que ambos aparecían en los periódicos, la primera en la delegación Cuauhtémoc y el segundo en Monterrey, representando a la Coalición y enviados por López Obrador. Así, Alejandro Encinas decía ahora que estaba «en contra» del plantón porque sería «esquizofrénico» si estuviera a favor del mismo, sostenía que el Gobierno del DF debía apoyarlo y todas y cada una de las medidas adoptadas por el gobierno capitalino habían tenido como objeto beneficiar a los manifestantes en contra de la ciudadanía. Incluso en los primeros días del plantón, el propio Encinas había declarado no sólo que lo apoyaba sino también que si tenía que pagar un costo político por ello estaba dispuesto a asumirlo. Como muchos otros, había quedado atrapado entre su responsabilidad y el chantaje de los duros de su movimiento, que ya estaban esperando a ver quién era el primero que se deslindara del ex candidato para denunciar al «traidor»… y luego seguir el mismo camino sin cargo de conciencia.

Lo que estaba en el fondo del tema y que había sido una constante en la práctica política de López Obrador era el desconocimiento y el desprecio por la legalidad básica del Estado. Ello viene desde aquellas tomas y marchas de López Obrador en Tabasco, hasta su designación como candidato al gobierno del DF cuando no cumplía con los requisitos legales para ello, hasta sus controversias y rechazos a cumplir con la ley durante su gestión en el DF y ahora su negativa a aceptar que había perdido la elección y no poder hacer nada para evitarlo. Ante ello sólo quedaba el argumento de «purgar» y «refundar» las instituciones.

CARPAS EN REFORMA Y ECOS DEL 88

Mientras por mandato del Tribunal Electoral del Poder Judicial de la Federación, los votos contaban y se contaban, aunque en una modalidad distinta a la que pretendía el ex jefe de gobierno capitalino, el Paseo de la Reforma y el Centro Histórico estuvieron durante 45 días cubiertos de carpas, e intransitables para la ciudadanía. Los primeros momentos habían sido de desconcierto. El bloqueo no había tomado por sorpresa a la dirección del movimiento que había sido informada de la decisión por el propio López Obrador; pero para la gran mayoría de los participantes originales fue de un rotundo estupor: algunos, los que habían sido traídos de los estados, venían con el dinero y la ropa suficientes para uno o dos días de viaje; otros consideraban que usarían apenas un rato de su día de descanso. Pero unos y otros pensaban regresar a sus casas, a sus trabajos. Para muchos, la votación masiva, realizada a mano alzada, los había obligado —al menos, moralmente— a quedarse a acampar en el corredor turístico.

El hecho es que, desde las primeras horas del plantón, éste ya contaba con algunas lonas gigantes sostenidas en estructuras tubulares. Es cierto que las instalaciones totales a lo largo de la avenida se montaron hasta la tarde del lunes 31. Pero esa misma noche del domingo 30 ya estaban las primeras tiendas de campaña, los primeros *sleeping bags*, las primeras estufas. Y esas primeras noches contaban con numerosos voluntarios. Pero nadie pensaba que se deberían quedar demasiado tiempo. Salvo, claro está, la dirigencia.

Para los simpatizantes del movimiento, su aporte a la vida cultural de la ciudad era significativo: grandes creadores, los literatos, los artistas establecían, argumentaban una rutina de contacto directo con el público. Así, era posible asistir a talleres de creación literaria, a los talleres de ajedrez que atraían mucho a los jóvenes. Era posible encontrar entre las carpas a figuras relativamente famosas o asistir a un taller de actuación con Héctor Bonilla. El plantón, decían, había iniciado un cambio ético y una evolución de la conciencia. Para otros, la oportunidad de disfrutar del desorden y jugar futbol en los carriles centrales de Reforma era suficiente estímulo.

La realidad era otra: en uno de los talleres de «expresión artística para niños», la nueva esposa del jefe de Gobierno electo, la actriz Mariagna Prats, encontró a niños dibujando la ejecución de crueldades en contra del candidato vencedor, Felipe Calderón: éste aparecía aplastado por un Andrés López, representado con un aura solar o entre nubes, según consta en las fotografías publicadas el 9 de agosto en los periódicos. El linchamiento de un opositor, que parecía ser una causa injusta e inadecuada, un exceso, pues, se volvía entonces «síntoma de conciencia política infantil», según la señora Prats.

El impulso original se perdió con el paso de los días. Los talleres y las clases, por ejemplo, originalmente planeadas en horarios determinados, fueron reduciéndose, para llegar a ser intermitentes, en cuanto se reunía un pequeño grupo, y prácticamente desaparecía después de unos días. Los torneos de futbol rápido, celebrados en un par de canchas relativamente bien montadas frente a la Plaza de la Solidaridad, y con un rol de juego adecuadamente definido y controlado, fueron evolucionando hacia una cascarita interminable entre dos únicos equipos, eso sí, con miembros de refresco según se requería. No era posible mantener el ímpetu inicial y el ahínco entre los participantes y simpatizantes.

Conforme las personas, los coordinadores, los voluntarios, fueron alejándose del plantón, la televisión y las videograbadoras los remplazaron. Así, en puntos de reunión como el Hemiciclo a Juárez o Madero y Motolinía, pantallas gigantes reproducían sin parar las cuatro versiones de *¿Quién es el señor López?*, el video del desafuero, las producciones del Canal 6 de julio sobre el zapatismo o la historia de la izquierda en México. Incluso, *La vida en las alturas*, el buen documental de Juan Pablo Rulfo sobre la construcción del segundo piso en el Periférico, era una función cotidiana. Los más reproducidos, sin embargo, no eran esos, sino los innumerables discursos del presidente de Venezuela, Hugo Chávez explicando el futuro de la revolución en América Latina, desplazando, incluso, los clásicos videos del Ché Guevara y Fidel Castro.

En la programación, sin embargo, había ausentes, el más notorio Cuauhtémoc Cárdenas: en los diversos recorridos realizados en el plantón, no era posible encontrar ni pancartas, ni videos, ni un recuerdo grato sobre su desempeño como fundador del partido, sus candidaturas en tres veces oportunidades a la presidencia de la República, su histórico triunfo en el DF en 1997, e incluso sobre la situación, equivalente pero muy distinta en realidad, de lo que se había vivido en la elección de 1988.

En aquella elección, Cuauhtémoc Cárdenas fue candidato por el Frente Democrático Nacional, que incluía originalmente al Partido Auténtico de la Revolución Mexicana —quien primero registró la candidatura cardenista, el 14 de octubre de 1987—, el Partido Popular Socialista y el Partido del Frente Cardenista de Reconstrucción Nacional. Adicionalmente, se le sumó el Partido Socialista Unificado de México, cuando Heberto Castillo declinó su candidatura para apoyar la de Cárdenas. Compitió contra Carlos Salinas de Gortari; contra Manuel J. Clouthier por el PAN; Rosario Ibarra de Piedra por el PRT; y por el Partido Demócrata Mexicano, Gumersindo Magaña. La elección fue reñida: la salida de la corriente democrática había escindido al PRI y la candidatura de Cárdenas despertó apoyos inesperados en aquella coyuntura política.

El salinismo, con el respaldo del presidente De la Madrid, pretendía impulsar mayores reformas de apertura comercial y modernización económica, consciente de que el excedente petrolero de principios de los ochenta y el modelo de los gobiernos de la revolución de dar todo a todos al mismo tiempo, se había agotado ante la falta de recursos. No era posible dotar de tierra a todos los solicitantes; no, a menos de que se le quitara a quien ya la tenía. No era posible preservar los beneficios que los empresarios tenían en una economía cerrada, no al mismo tiempo que se abría. Era necesario cambiar el modelo político acorde con el modelo económico.

En contraste, el ala del PRI que pretendía preservar el modelo de Estado benefactor (u ogro filantrópico, en palabras de Octavio Paz), que pedía mantener una economía centralmente dirigida —que no planificada— y con subsidios y otros apoyos directos, que además de apoyar a la población generaban un férreo control político. Esa corriente partidista tuvo una expresión en la llamada corriente democrática que en los hechos encabezaron Cuauhtémoc Cárdenas y Porfirio Muñoz Ledo, y con la que, finalmente, salieron unos pocos militantes del tricolor. Pero su campaña fue parcialmente apoyada por miembros de su partido que percibían que un abandono del modelo tradicional minaría sus posibilidades reales de poder, desde el líder del Sindicato de Trabajadores Petroleros de la República Mexicana, Joaquín Hernández Galicia, La Quina, quien fondeó la campaña y la indisciplina partidista que representaba una campaña opositora emanada del mismo partido hasta personajes que continuaron trabajando en el partido y en el gobierno pero que, en realidad, apoyaban a Cárdenas. Pero lo más importante fue que una pequeña escisión logró convertirse, ante la sorpresa de casi todos, en un amplio movimiento social.

Nadie a ciencia cierta supo quién ganó el 6 de julio de 1988. Es probable que sí ganara Salinas de Gortari, por un margen menor al dado a conocer públicamente, pero las apariencias no dieron certidumbre. De entrada, el entonces secretario de Gobernación y presidente de la Comisión Federal Electoral, órgano responsable de organizar las elecciones, Manuel Bartlett Díaz, había propuesto utilizar un entonces novedoso sistema de cómputo para ir compilando los resultados electorales la misma noche de la elección, sin tener que esperar el cómputo oficial. Este sistema era denominado Sistema Nacional de Información Político-Electoral, y se encontraba montado en los sótanos de la Secretaría de Gobernación. El SNIPE entregaría información a la autoridad electoral, pero sorpresivamente se decidió hacerla de dominio público. Este añejo precursor del Programa de Resultados Electorales Preliminares tenía deficiencias en su concepción y diseño, aunque fuera avanzado para su tiempo: a través de llamadas telefónicas a una central de captura, se dictarían los resultados de cada acta conforme llegara a los distritos. Lo que obligaba a tener 300 líneas de teléfono disponibles —o menos, pero entonces esperando turno para hablar y dictar sus datos—; no tenía una forma de validarse, y requería que la computadora central, de menor capacidad entonces de lo que puede encontrarse hoy en muchos escritorios particulares, recibiera múltiples datos de manera simultánea. La información sobrepasó la capacidad instalada, por lo que el sistema empezó a mostrar fallas a las pocas horas de activado, y tuvo que suspender su operación al filo de la media noche. Sin embargo, por el diseño del proceso, los primeros datos recibidos, de casillas urbanas en la zona centro del país, marcaban una tendencia a favor del ingeniero Cárdenas. La falla de la computadora obligó al secretario a declarar que se le había «caído el sistema». La frase ha perseguido desde entonces a Bartlett y marcó esa elección.

Dieciocho años después, el actual PREP es mucho más avanzado y no puede «caerse»: los datos se transmiten a centrales con niveles de seguridad bancarios y se capturan en terminales idénticas a las utilizadas para autorizar compras electrónicas con tarjeta de crédito; un operador captura los datos, un segundo los valida y requieren la autorización de un supervisor antes de ser transmitidos. Al final de la transmisión, los reciben dos *mainframes* o computadoras centrales, mutuamente respaldadas, y sin acceso desde la red mundial. Los puntos de salida, controlados, filtran los resultados a través de máquinas no conectadas directamente a los *mainframes,* y son inmediatamente «espejeadas» (término técnico que implica que se copian o respaldan de manera idéntica en varias máquinas a la vez) por servidores de periódicos, medios de comunicación e instituciones académicas e incluso empresariales de prestigio, desde donde pueden ser consultadas por el público en general, quien no tiene acceso al sistema del IFE en dónde se generan los documentos originales. Al tratarse de una red aislada y altamente especializada, es virtualmente inalterable; y al contar con múltiples espejos públicos simultáneos, evita la saturación y la manipulación de los datos publicados. El sistema actual, prácticamente invulnerable, nada tiene que ver con el fallido experimento de 1988.

Otro cambio notable respecto a los comicios del 88 es que la elección no sólo la organiza un organismo autónomo como el IFE sino que la califica un tribunal especializado, el Tribunal Electoral del Poder Judicial de la Federación. En 1988 eran los propios diputados electos quienes, constituidos en Colegio Electoral, sancionaban y declaraban válida la elección de ellos mismos y, en su caso, la de los otros poderes, incluyendo al presidente. El modelo tenía lo que llaman los politólogos «incentivos perversos»: premiaba una conducta aparentemente inadecuada —aprobar una elección inválida— pero a su vez castigaban la conducta en principio correcta —ponerla en duda y rectificarla o validarla con un conteo a detalle—.

En 1988, los candidatos Clouthier, Ibarra y Cárdenas llegaron juntos a la Secretaría de Gobernación para desconocer los resultados la noche misma de la elección. A pesar de ello, la victoria cardenista fue clara en el Distrito Federal, Estado de México, Michoacán, y Baja California, con fuerte presencia en Guerrero y Veracruz. No

155

suficiente para garantizar el triunfo, pero sí la percepción del mismo. En *La herencia,* Jorge Castañeda cita un testimonio anónimo de un operador de alto nivel de aquellos días: «Bartlett opta por detener la información, porque como iba la tendencia se perdía. Y salva la elección así. Se compusieron las cosas, en forma natural o no natural». En opinión de Bartlett, citada en el mismo texto, el fraude es un invento de Manuel Camacho, resentido porque no se le dio la presidencia del PRI antes de las elecciones. De cualquier modo, será a la una de la mañana del 7 de julio que el presidente del PRI, Jorge de la Vega, anuncia el triunfo de su partido, antes de que la Comisión Federal Electoral saliera con resultados, y con los candiatos opositores en la Secretaría de Gobernación. Al día siguiente, Salinas saldrá a reconocer su victoria, aceptando que, con ella, «concluyó la época del partido prácticamente único».

El día 12 de julio se da una reunión entre Salinas, Cárdenas y Camacho. Allí se abordó la idea de aclarar de manera conjunta las cifras, idea que Salinas aceptó en principio, pero que fue rechazada por Cárdenas, quien exigía anular la elección. Se propuso que un equipo técnico compuesto por expertos de ambas partes hiciera la revisión técnica de los datos, lo que no fue aceptado. Según los testimonios de algunos participantes del proceso citados por Castañeda, Salinas ganó con el 42 por ciento de los votos (una versión con la que en buena medida coinciden quienes operaban entonces el sistema electoral del cardenismo, José Woldenberg y Jorge Castañeda), pero la insistencia de darle mayoría en el Congreso y un mandato claro forzaron a manipular los resultados para darle más del 50 por ciento de la votación. La elección, pues, no fue totalmente limpia; pero tampoco fue el fraude que despojó a la izquierda de su primera presidencia legalmente ganada. Curiosamente, las memorias de Carlos Salinas, *México, un paso difícil a la modernidad,* inician con la renegociación de la deuda de 1989, sin ninguna mención directa al proceso electoral. Éstas aparecen hasta el capítulo 31, «Elección de 1988 y creación del IFE en 1990», y más para justificar y validar su reforma electoral antes que para hablar de la elección en sí.

Según las memorias de Carlos Salinas, éste se encontró con Cuauhtémoc Cárdenas en la casa de Manuel Aguilera la noche del 29 de julio de 1988. De la entrevista, las memorias de Salinas consignan lo siguiente: «Durante la conversación, percibí a Cárdenas sumamente nervioso, pues no dejaba de mover los pies. La entrevista fue importante para tender un puente de comunicación. Fue prudente mantener la discreción sobre el encuentro, pues para él, que se hiciera público, hubiera equivalido al reconocimiento de mi victoria en un momento crítico por la división que hubiera podido generar en los grupos que lo apoyan. Me señaló que no estaba incitando a la violencia (aunque sus discursos dicen otra cosa). De todas maneras le comenté que me parecía lógica su reacción y le hice ver con insistencia que me apegaría estrictamente a la legalidad. Me dio la impresión de que estaba muy poco informado sobre las cifras electorales. Le pregunté si había agotado todas las instancias de queja y me contestó "creo que sí". Fue un diálogo cordial. (Le recordé la última vez en que nos habíamos visto: durante una gira que yo hice por Michoacán como secretario de Programación, cuando él era gobernador de ese estado.) En la entrevista estuvieron Manuel Camacho y una gente de toda la confianza de Cárdenas, el Güero Jorge Martínez Rosillo. Camacho le insistió a Cárdenas en que los votos se habían contado ante representantes de todos los partidos. Sin embargo, nos despedimos respetuosamente».

El 12 de septiembre, Salinas instruye a Camacho a que le ofrezca al ingeniero Cárdenas la regencia de la capital, como una forma de llegar a un acuerdo. Sin embargo, éste no alcanza a ofrecer el cargo.

De la Madrid se niega a negociar con Cárdenas y Muñoz Ledo, por considerar que no son de fiar. Por fin, el 14 de septiembre, se realiza un mitin en el Zócalo, en el punto más alto de la protesta. Sin embargo, y a pesar de opiniones a favor de hacer una protesta mayor —e incluso de tomar por asalto el Palacio Nacional—, Cuauhtémoc Cárdenas pide a sus adeptos que se calmen y vayan a su casa. En lugar de llamar a una revolución, armada o al menos violenta, Cárdenas optará por la vía institucional: fundará el Partido de la Revolución Democrática, sobre la base del registro del Partido Mexicano Socialista. Así, la protesta por el «fraude» del 6 de julio de 1988 se transformó en la creación de un nuevo partido, el de la Revolución Democrática y en una apuesta por la vía electoral.

Por su parte, Manuel J. Clouthier declaró en la madrugada del 7 de julio: «Se cayó el sistema de cómputo [porque] los representantes de los partidos de oposición en dicho sistema descubrieron un banco de datos ya con resultados, apenas dos horas después de concluida oficialmente la jornada electoral». El 9 de julio, día en que se presentaron oficialmente los resultados del conteo de la elección, denunció la «ruptura de la legalidad» y anuncia el arranque de «la resistencia civil».

Pedía, en conjunto con Rosario Ibarra y Cuauhtémoc Cárdenas, la anulación de los comicios. En septiembre de 1988 irrumpió en el Colegio Electoral (la Cámara de Diputados) demandando la anulación de las elecciones, acusando irregularidades durante la jornada y una manipulación posterior a favor de Salinas. Pidió la apertura de los paquetes electorales, afirmando que la negativa era la prueba fehaciente de que el gobierno sabía del fraude. Y concluyó su alegato en el Colegio Electoral afirmando: «¿Valdrá la pena negarse a la revisión de los paquetes a costa de la legitimación y autoridad moral del próximo gobierno?»

Tras la declaración de presidente electo, y con Cárdenas dando por concluida la resistencia el 14 de septiembre, Clouhtier inició una lucha por una reforma electoral «verdaderamente democratizadora». Realizó un ayuno frente al Ángel de la Independencia del 15 al 22 de diciembre de 1988. Este «plantón» constó de unas cuantas tiendas de campaña, pocas mantas y nula afectación vial o turística. Por supuesto, no tuvo gran resonancia: la prensa de la época poco reportó de ese hecho o se mofaba de que un hombre de la corpulencia de Clouthier estuviera ayunando y algunos opinaban que se trataba en realidad de una suerte de «dieta». Era necesario buscar una vía alterna. Y lo hizo, a través de la figura del «gabinete alternativo».

El 12 de febrero de 1989 presentó a su «gabinete alternativo», coordinado por él mismo, y en el que participaron Carlos Castillo Peraza (quien sería presidente del partido), Diego Fernández de Cevallos (después candidato presidencial y presidente del Senado), Fernando Canales Clariond (luego gobernador de Nuevo León y secretario de Economía), Francisco Villarreal Torres, Jesús González Schmall (quien abandonó el PAN, fue un efímero oficial mayor del DF en el gobierno de Cárdenas y luego se refugió en el partido Convergencia por la Democracia en la LIX legislatura), Luis Felipe Bravo Mena, María Elena Álvarez Bernal, Moisés Canales, Rogelio Sada Zambrano y Vicente Fox Quesada. El gabinete sombra funcionó nueve meses, con pocos resultados reales.

La figura inglesa del *shadow cabinet* es útil en el sistema parlamentario de aquella nación: al contrastar las acciones del gobierno actual con las posibles alternativas de un gobierno de otro signo político, puede hacer «perder la confianza» popular o del parlamento hacia el primer ministro, forzar su renuncia, llamar a elecciones generales y constituir un nuevo gobierno. Al final, la maniobra hace que los miembros del gabinete sombra se vuelvan los ministros del nuevo gobierno constituido a raíz de las críticas pertinentes, pero todos, unos y otros, suelen hacer pública su actividad en el propio parlamento. En el sistema mexicano, en el que no existe la revocación del mandato, no se pueden adelantar las elecciones y no hay una integración proporcional del gabinete presidencial, el experimento del gabinete alternativo no pasa de ser una anécdota, que a veces genera una nota de color o de humor involuntario. Clouthier murió, junto con el diputado Javier Calvo, en un accidente automovilístico en el kilómetro 158 de la carretera México-Nogales, en el municipio de Culiacán, el 1° de octubre de 1989.

La distancia de lo sucedido en 1988 con lo ocurrido en 2006, es muy amplia aunque tenga tramos paralelos. En el 88, los datos electorales se suspendieron cuando ganaba Cárdenas, de tal modo que al recuperarse la información y aparecer en primer lugar Salinas se generó, haya existido éste o no, una percepción de fraude. En el 2006 los datos preliminares nunca dejaron de llegar y en todo momento mostraron un pequeña ventaja de Calderón sobre López Obrador. El sistema era revisado por innumerables fuentes externas. En el conteo distrital del 5 de julio, las cifras se fueron dando a medida que cerraba el conteo en cada casilla y las tendencias se pudieron constatar minuto a minuto, era imposible en esas condiciones hablar de fraude. En el 88 las protestas del candidato derrotado contaron con el aval inmediato —y por inmediato se debe entender a las dos horas después del cierre de las casillas— de los otros candidatos opositores, en tanto que en el 2006, el candidato derrotado no tuvo el aval de ningún candidato opositor, todos reconocieron el triunfo del ganador. Las protestas de 1988 se llevaron por los escasos cauces legales de entonces, de manera incluso tímida, como lo señala el hecho de que el propio Cárdenas —según el recuento de Salinas— dudaba si había agotado las vías de protesta legal. En el 2006, ni un mes después de la elección ya se había optado por la protesta social como vía principal de la queja, dejando de lado las amplias y autónomas vías legales construidas en los últimos quince años. Se pedía, publicitariamente, el «voto por voto, casilla por casilla», pero legalmente se pidió el recuento de menos del 25 por ciento del total de casillas. En el 88, ante la presión de los duros del FDN de optar por la violencia e incluso la toma de Palacio Nacional, Cárdenas pidió a sus simpatizantes, en una concentración en el Zócalo, volver a casa y regresar a la vía institucional, fundando un partido que les diera posibilidades de llegar al poder por la vía electoral. En 2006, el candidato derrotado pidió a sus simpatizantes, en una concentración en el Zócalo, no volver a sus casas y quedarse bloqueando la vía pública durante 45 días, intentando crear un movimiento social que diluirá, de ser exitosa, al partido que lo postuló. Paradójicamente, el candidato derrotado en 1988 se postuló nuevamente en 1994 y en 2000, además de haber ganado en 1997 el puesto que le habría ofrecido Salinas en 1988: el gobierno de la ciudad de México. El derrotado en 2006 decidió autoproclamarse «presidente legítimo» y enviar «al diablo las instituciones».

Pero detrás de todo ello hay otras historias, otros aprendizajes. En el 88, López Obrador apenas salía del PRI, pero no por solidaridad con la corriente democrática o el FDN, sino porque no se le había dado la candidatura priísta al municipio de Macuspana. Su jefe político, Enrique González Pedrero, era parte del equipo del candidato Salinas de Gortari y si en aquel momento le hubieran otorgado la candidatura de su pueblo natal, López Obrador muy probablemente hubiera trabajado en la campaña del PRI, como González Pedrero. Cuando pierde la candidatura de Macuspana, López Obrador espera para saber cómo se acomodan las cosas: no participa, por lo menos no activamente, en la campaña electoral de Cárdenas. Y es prácticamente hasta después del 6 de julio cuando le ofrecen incorporarse al nuevo partido que buscaba crear Cárdenas que acepta, siendo candidato a la gubernatura de Tabasco. Cárdenas llevó de la mano, políticamente, a López Obrador y lo protegió hasta de sus propios errores. Lo hizo, a costa de enfrentamientos con otros dirigentes partidarios, candidato en Tabasco dos veces, presidente del partido, candidato y luego jefe de gobierno del DF, y cuando llegó a esa posición López Obrador lo traicionó, rompió con él y con toda su corriente y comenzó a tratar de desconstruir la imagen de Cárdenas. El mismo 2 de julio del 2000, en el Zócalo, López Obrador abandonó a Cárdenas y comenzó a transitar su propio camino, tratando de llenar de obstáculos al de su creador. Pero siempre, y sobre todo en los días previos y posteriores al 2 de julio, López Obrador insistió, en todos los tonos posibles, que él no haría como Cárdenas en el 88, que se había dejado robar la elección. Si Cárdenas había apostado por construir un partido y fortalecer las instituciones y las vías legales para acceder al poder, López Obrador tomaría el camino exactamente contrario: impondría su causa por encima de los intereses de su partido, pediría purgar las instituciones y pondría en duda las vías legales para acceder al poder.

Felipe Calderón también estuvo marcado por la elección del 88. Para entonces era dirigente juvenil del PAN y uno de los hombres de mayor confianza de Carlos Castillo Peraza, quien junto con el presidente del partido, Luis H. Álvarez, y Diego Fernández de Cevallos, habían recuperado el partido de los grupos de ultraderecha que lo habían tenido como rehén durante años. Los triunfos en varios municipios importantes a partir de los años ochenta, la resistencia civil de Francisco Barrio en Chihuahua en el 86, el acuerdo con grupos empresariales importantes del norte del país, que se reflejaron en la candidatura del propio Clouthier, consolidó un equipo y una estrategia eminentemente gradualista, en la que las presiones y la movilización social se combinaban con la negociación de agendas. En el 6 de julio del 88, apostaron a la radicalización de las protestas porque en realidad sentían que habían sido objeto de un doble fraude: que no sólo el PRI había tratado de impedir a como diera lugar un triunfo del panismo, sino que también la opción de Cárdenas había sido una suerte de creación del propio sistema para dividir a la verdadera oposición, o sea el PAN. Incluso cuando asumieron que Cárdenas era el reflejo de una verdadera ruptura, entendieron a esa como una lucha fratricida y, en todo caso, la corriente salinista la percibían más cercana a algunos objetivos programáticos del panismo que al cardenismo, con el que coincidían básicamente en la necesidad de una verdadera reforma electoral y la democratización del país, pero en poco más. Cárdenas tampoco confiaba demasiado en los panistas y recordaba que el partido había sido creado para enfrentarse al gobierno de su padre Lázaro Cárdenas. En ese contexto, el presidente electo mantuvo varias reuniones con los dirigentes panistas y de allí surgió aquel documento del PAN que sostenía que el gobierno de Salinas era ilegítimo pero que podría legitimarse en el ejercicio del poder si se realizaban las reforma que el Estado mexicano requería. Vendrían, a partir de ahí, encuentros y desencuentros del panismo con el gobierno, pero quedó establecida una relación que no se rompió durante todo el sexenio de Salinas y que le otorgó al PAN no sólo una serie de posiciones de poder impensables hasta entonces (la primera, la gubernatura de Baja California en 1989) incluso con medidas forzadas como las llamadas concertacesiones, sino también poder influir en forma destacada en varias de las más importantes reformas constitucionales de las últimas décadas, incluidas las de materia religiosa, educativa, rural y económica. Calderón fue un espectador y en muchas ocasiones actor, privilegiado, de aquellos movimientos, tanto que al concluir Castillo Peraza su gestión como presidente del partido (Carlos había remplazado a Luis H. Álvarez) esa posición fue ocupada por Calderón. Para éste, el periodo del 88 al 98, cuando dejó la presidencia del partido y se retiró a Harvard, en parte para no obstruir internamente la candidatura de Fox, con quien desde tiempo atrás mantenía diferencias, fue el de formación y el del conocimiento de la política real, participando activamente en la asamblea de representantes, en el Congreso, en una fallida candidatura en Michoacán, en la dirigencia del partido. Conoció en ese periodo Calderón las posibilidades de la razón de Estado en la política, pero también el campo que abría el gradualismo y la combinación de la presión con la negociación, del pragmatismo con los principios. López Obrador y Calderón leyeron y vivieron de forma completamente diferente el 88 y lo estaban reflejando en su forma de operar 18 años después.

LA DESCONSTRUCCIÓN DE UN MOVIMIENTO SOCIAL

Los plantones de Reforma y Juárez poco a poco se fueron vaciando de asistentes. Las historias de personas que asistían apenas unas horas a cambio de evitar presiones —como los conductores o propietarios de taxis piratas— o por ganarse 200 o 300 pesos por cada día de asistencia, se fueron sucediendo cada vez con mayor frecuencia.

A pesar de ello, casi diariamente Andrés Manuel López Obrador salía a dar un discurso a las siete de la noche; en realidad no eran conferencias de prensa, porque la mayoría de las veces no había preguntas o éstas no eran aceptadas, además de que se producían en un marco de fuertes tensiones y amenazas de sus partidarios a muchos medios de comunicación. Allí insistía en que no aceptaría el fraude electoral, que exigía el recuento total «voto por voto»; llamaba a Felipe Calderón con cuanto epíteto se le ocurría, como «el lacayo de la derecha», «el candidato de los intereses creados», «el pelele», «el ilegítimo» o su favorito, «el espurio». Asimismo, era frecuente su insistencia en que Vicente Fox era un «traidor a la democracia». En aquellos días en que él no aparecía, o como complemento a la «reunión informativa» diaria, algunos dirigentes de los partidos de la coalición, o algunos de sus candidatos electos salían a dar otra conferencia de medios al filo de las nueve de la mañana. Típicamente a cargo de Jesús Ortega (líder de la corriente Nueva Izquierda y coordinador de la campaña), Gerardo Fernández Noroña (vocero del PRD) o Dante Delgado (líder de Convergencia), en pocas ocasiones llegaron a aparecer Marcelo Ebrard o los delegados y diputados locales o federales electos. En todas, el guión era similar: lamentaban las molestias que ocasionaba el plantón a vecinos, comerciantes o ciudadanos en general, pero insistían en que «mayor será la molestia de tener un gobierno ilegítimo». Mientras tanto, en el tribunal electoral, habían perdido ya la carta del conteo: las más de 11 000 casillas que habían sido revisadas, confirmaban que el triunfo era de Calderón y las cifras casi no se habían modificado. La posibilidad de anular las elecciones se comenzaba a diluir y entonces, en el círculo más cercano de López Obrador comenzó a germinar una idea que, incluso, a muchos perredistas dejó perplejos: autoproclamarse presidente.

Todo comenzó a fines de agosto cuando en una entrevista con *Le Monde* dijo que en la «convención nacional democrática» que estaba convocando para el 16 de septiembre en el Zócalo (el lugar y el método idóneo para discutir lo que sea, como en los Aguascalientes que organizaba Marcos) «podría ser declarado presidente, si la gente así lo quiere».

165

¿Qué le pasaba a López Obrador? Las teorías psicologistas sobre la personalidad del ex candidato presidencial eran tantas como endebles o discutibles, pero cuando alguien comienza a hablar de que se autoproclamará presidente hay que comenzar a pensar en la sensatez de quien declara y entonces los planes más absurdos (desde la concepción de aquel territorio «liberado» de Chiapas, Tabasco y Oaxaca que ya esgrimía como propuesta López Obrador desde 1994, hasta su comparación con Jesús, Ghandi y Martin Luther King) debían ser considerados con mayor seriedad.

Algunos de los más fieles seguidores de López Obrador decían entonces que no era así, que todo era una suerte de puesta en escena para poder estar en los medios, y que si no hubieran establecido el plantón en Reforma y el Centro Histórico estarían políticamente hundidos y que lo mismo pasaba con esas polémicas declaraciones. El problema es que con el paso del tiempo se comprobó que no eran sólo palabras ni puestas en escena sino decisiones políticas. Lo único que no puede perder un político es la credibilidad y López Obrador estaba optando por la fe ciega de un grupo de seguidores en contra de las expectativas que habían depositado en él millones de mexicanos.

No era una especulación, todas las encuestas que se presentaban en esos días, sobre todo desde el inicio del plantón, reflejaban una constante caída de popularidad y aceptación de López Obrador y del perredismo. El propio López Obrador en otra entrevista, ésta con el *Financial Times*, donde se proclamó «revolucionario» y sostuvo que lo que México necesitaba es una «auténtica revolución», aceptó que desde el 2 de julio su popularidad había caído significativamente. En un razonamiento lógico, el mismo sujeto tendría que asumir, aunque esté convencido de sus objetivos, que, por ejemplo, no puede autoproclamarse «presidente» de un país sólo porque un puñado de sus simpatizantes así lo deciden: en las elecciones había obtenido poco menos de 35 por ciento de los votos, en agosto las encuestas mostraban que difícilmente superaría 25 por ciento de aceptación e incluso, si se repitieran las elecciones Marcelo Ebrard correría el serio peligro de perder el DF que había ganado con amplísimo margen.

Algunos analistas consideraban entonces, y lo dicen aún hoy, que simplemente se debía ignorar a López Obrador. ¿Era una vía correcta? Quién sabe: las comparaciones son siempre odiosas, pero durante mucho tiempo se ignoró a un Hitler o un Mussolini o incluso a un Stalin (a quien venían como un tosco operador político comparado con la brillantez teórica de un Trotski o un Bujarin) pensando que eran simples caricaturas, que no podían ser tomados en serio. Cuando quisieron hacerlo ya fue tarde. En todo caso lo que no se debía hacer era caer en el juego que nos estaba proponiendo en esos días López Obrador. En última instancia la gente, por lo menos la mayoría, no es tonta: sabe diferenciar un auténtico luchador social, aunque no esté de acuerdo con él, de un charlatán. Nadie discutió nunca los méritos de Cuauhtémoc Cárdenas, Heberto Castillo, Arnoldo Martínez Verdugo, Valentín Campa, Demetrio Vallejo, se estuviera o no de acuerdo con sus propuestas y principios. La creciente soledad en la que se encontraba en esos días López Obrador, evidente en los campamentos vacíos, en la necesidad de acarrear gente de todo el país para sus mítines, en la distancia adoptada por muchos de los que lo siguieron hasta el 2 de julio, era una demostración de que no estaba generando el respeto que se ganaron los verdaderos hombres de izquierda del presente o del pasado. Y es que sus palabras se habían convertido en arenas movedizas, cuanto más hablaba, más se hundía.

Pero, para salir adelante el nuevo gobierno, desde la propia transición, en los cien días que le quedarían hasta tomar el poder, debía mostrar un camino de conciliación y de progreso que lo diferenciara de la administración saliente y generara nuevas expectativas. Algunos personajes se acercaban en esos días a Felipe Calderón, que no era aún presidente electo, para hablarle de la necesidad de establecer puentes para el diálogo y tenían razón. La pregunta era si se podía dialogar con alguien que no deseaba hacerlo y que se había creado su propia realidad. La decisión era hacerlo con aquellos con los que se podía tener profundas diferencias pero con quienes existía la posibilidad de establecer, por lo menos, un lenguaje y una realidad comunes. El problema era que mientras más se prolongara el proceso de calificación, los diálogos que podía establecer Calderón eran limitados, mientras la administración de Fox parecía ya decidida a no meter las manos aunque se deteriorara la gobernabilidad del país.

Pero en la misma medida en que se acercaba el fin de la calificación de la elección del 2 de julio, y resulta evidente que el Tribunal Electoral confirmaría a Felipe Calderón como presidente electo, que se ultimaban los detalles para la instalación de la siguiente legislatura. El martes 22 de agosto, los legisladores perredistas decidieron, todos, asumir sus cargos de elección popular y designar a sus nuevos coordinadores. A pesar de los discursos rimbombantes y Lenin hubiera calificado, sin dudarlo, de «infantilismo de izquierda» («no llamaremos a Felipe Calderón señor presidente sino señor Calderón» o «participaremos del Congreso pero no buscaremos acuerdos»), lo cierto es que la decisión de asumir los cargos y la propia elección de los coordinadores enviaba un mensaje que López Obrador debería entender: Carlos Navarrete sería el coordinador de los senadores y Javier González Garza, el de los diputados, ninguno de los dos eran personajes del primer círculo del lopezobradorismo y no eran los propuestos por el propio ex candidato. Ambos son destacados militantes de izquierda y mientras Carlos era, y es, de los principales dirigentes de Nueva Izquierda, que encabeza Jesús Ortega, González Garza es un fundador del PRD que mantiene una buena relación con Cuauhtémoc Cárdenas y que, según las versiones periodísticas de esos días, había incluso sido vetado por el propio López Obrador a causa de esa relación política. Se trataba de dos hombres del perredismo que dejaron en el camino a lopezobradoristas que cometieron errores políticos graves por seguir al pie de la letra las instrucciones del nuevo caudillo: el que más costos pagó fue Ricardo Monreal que declaró, a petición de AMLO, que los diputados y senadores no debían asumir sus cargos. Así se descartó en automático para la coordinación del grupo de senadores. Quedó como subcoordinador, con fuertes diferencias con Navarrete.

El partido Convergencia también comenzó a poner distancia con la coalición y la resistencia civil, y dejó a sus militantes «en libertad» para sumarse a ella, pero Convergencia comenzó a utilizar sus 17 diputados y cinco senadores en su favor. Los últimos resquemores se habían perdido, aseguraban en lo círculos políticos, cuando Dante Delgado, coordinador de los senadores de su partido, tuvo que dejar en forma apresurada uno de sus restaurantes favoritos en la ciudad de México, cuando comenzó a ser abucheado por los comensales. Ésa era la anécdota pero el dato duro era que los principales hombres del partido, además de Dante, como el presidente de Convergencia, Luis Maldonado, Alejandro Chanona, Jesús Martínez Álvarez y Gabino Cué impulsaron una misma posición de distancia con la coalición y sobre todo con las posturas más radicales de López Obrador.

Para Convergencia, además de los posibles acuerdos legislativos uno de los temas clave era Oaxaca, que comenzaba a convertirse en el principal foco rojo a nivel nacional en términos de estabilidad política y social. Gabino Cué había puesto sobre la mesa la propuesta de llegar a un «acuerdo de gobernabilidad» que estuviera basado en una profunda reforma de las estancadas instituciones oaxaqueñas.

También comenzaba a llamar la atención que, en forma coincidente con la distancia que ha mantenido la UNT con el lopezobradorismo (excepción hecha de Roberto Vega Galina, en esa fecha todavía líder del sindicato del IMSS, que había perdido su curul en el senado y estaba punto de perder el sindicato), distintos conflictos laborales comenzaban a solucionarse.

En otro ámbito, el del priísmo, las condiciones también cambiaban. Los gobernadores estaban explícitamente dispuestos a trabajar con Calderón y ya estaban buscando acuerdos específicos para sus estados, aun antes de que concluyera la calificación de la elección. Los coordinadores parlamentarios del tricolor, Manlio Fabio Beltrones y Emilio Gamboa Patrón, eran políticos natos, con amplia experiencia y voluntad política para la negociación y los acuerdos.

La crisis implicaba conflictos, dificultades, pero era, también, sinónimo de oportunidad.

6

Otra vez el factor Chiapas
o como perder ganando

Todos los días nos sirven el mismo plato de sangre.
En una esquina cualquiera —justo, omnisciente y
armado— aguarda el dogmático sin cara, sin nombre.

OCTAVIO PAZ

La elección en Chiapas, en agosto, fue clave para el futuro de la transición. Paradójicamete el apretado triunfo de Juan Sabines, candidato de la Coalición por el Bien de Todos, fue clave para terminar de desactivar el movimiento de resistencia que había iniciado López Obrador. En pocas ocasiones un triunfo local fue tan determinante a la hora de provocar una derrota global.

Chiapas ha sido, desde tiempo atrás, un laboratorio social para experimentos políticos de todo tipo. Chiapas, sin haber participado activamente de los grandes movimientos históricos (no hubo batallas significativas de la guerra de Independencia, como ocurrió en Guerrero; no se involucró en la guerra de Reforma, que generó fuertes enfrentamientos incluso en Oaxaca; no fue sede de combates importantes durante la Revolución, e incluso muchas de las medidas emanadas por ésta no se llegaron a cumplir plenamente en el estado, no ha dado presidentes en el periodo posrevolucionario) pero siempre, sobre todo en las última décadas envió señales «adelantándose» a muchos procesos que se terminaron confirmando a nivel nacional. Quizá el alzamiento del Ejército Zapatista de Liberación Nacional, el EZLN, el 1° de enero de 1994 puso para muchos a Chiapas en el mapa, pero en realidad estaba en él desde mucho antes.

El estallido de 1994 duró en su fase armada menos de diez días, pero tomó por sorpresa al gobierno de Carlos Salinas, el mismo día en que entraba en vigor el Tratado de Libre Comercio con Estados Unidos y Canadá. En realidad, lo de la sorpresa era relativo: el gobierno tenía en su poder reportes detallados de inteligencia militar y civil desde tiempo atrás, de lo que denominaban la guerrilla de Ocosingo, pero el entonces secretario de gobernación, Patrocinio González Garrido, que había dejado Chiapas para ir a Bucareli y se preciaba de tener un estricto control del estado, le había asegurado al presidente Salinas que nada sucedería y éste no había querido actuar para no dar la sensación en plena votación del TLC, en el congreso estadounidense, de que el nuevo socio comercial de Washington en lugar de enfilarse directamente al primer mundo mantenía rémoras del tercero. Por eso, el levantamiento sorprendió aunque no tendría que haber sido así: días antes los corresponsales extranjeros habían sido invitados a San Cristóbal para presenciar un acto «inédito», el derrotado aspirante presidencial, Manuel Camacho, había escrito en sus memorias que iniciaría, de haber sido designado candidato, su campaña en Chiapas, para desactivar un conflicto en el que muchos pensaban que tenía algo más que información. Pero el levantamiento se dio y luego de unas horas de desconcierto nos encontramos con fotos de los caídos en el mercado de Ocosingo: un grupo zapatista, después de atacar el cuartel militar, corrió hacia la población. Fue perseguido y rodeado. En el mercado quedaron algunos, que fueron baleados por la tropa. La sorpresa, documentada por fotoperiodistas, ocurrió al revisar los cadáveres: muchos de ellos no contaban con rifles reales, sino con maderas talladas para emular las armas. Textualmente, habían sido enviados a tomar un cuartel desarmados sabiendo que habría reacción militar: parecía que se requerían víctimas. Al frente del movimiento apareció el subcomandante insurgente Marcos, quien decía obedecer las órdenes de la Comandancia Revolucionaria Indígena, órgano colegiado en el que hipotéticamente los mestizos y criollos no tenían influencia alguna. Rafael Sebastián Guillén Vicente, el personaje detrás de la máscara, resultó ser un antiguo profesor de la Universidad Autónoma Metropolitana, de origen tamaulipeco y que, incluso, tenía una hermana que era diputada postulada por el PRI.

El movimiento llevaba trabajando en la zona unos diez años y en su preparación era clave el grupo de catequistas y diáconos de la arquidiócesis de San Cristóbal de las Casas, a cargo del obispo Samuel Ruiz, quien había desarrollado la llamada «opción preferencial por los pobres en acción», y que incluía la designación de diáconos de origen indígena, conectados entre sí por radios de banda civil y onda corta a diversos puntos del estado, incluyendo zonas distantes o de difícil acceso, que eran el andamiaje real de operación del EZLN.

Parte de las redes eclesiales poco a poco se fueron poniendo a servicio de la guerrilla de izquierda, una escisión de los históricos movimientos de la década de 1970, el Ejército de Liberación Nacional. Conforme los diáconos se transformaban en líderes sociales, y posteriormente en cuadros de la guerrilla, las dudas en el obispo Ruiz y su equipo respecto al apoyo al movimiento aumentaron, pero nunca llegó al rompimiento y siempre mantuvo una relación con éste.

A los 10 días de estallado el movimiento y tras unos pocos combates reales, el gobierno de Salinas tenía información de sus mandos militares de que en un par de días más podrían acabar con los mandos del movimiento, ya totalmente aislado. Pero el presidente estaba consternado por la presión internacional y mediática, emitió un alto al fuego y decidió nombrar «comisionado para la paz y el desarme» a Manuel Camacho.

La historia ya es conocida: Camacho, el precandidato derrotado el 28 de noviembre del 93, conocía y operaba en Chiapas, manteniendo una estrecha amistad con Samuel Ruiz y conocía de tiempo atrás el movimiento que estaba detrás del EZLN. Se había casado con la hija del ex gobernador Manuel Velasco Suárez, que había fallecido unos pocos años atrás, luego de una dolorosa enfermedad. La oportunidad era única: tras haber perdido la nominación del PRI ante Luis Donaldo Colosio Murrieta, una derrota que nunca había aceptado, servir como mediador de la paz en Chiapas le permitía tener una cobertura mediática importante. En adición, le permitió renunciar a la Secretaría de Relaciones Exteriores y, consecuentemente, al no ser funcionario público, ello lo habilitaba hipotéticamente para hacerse desde ese cargo la candidatura presidencial en caso de darse las condiciones: comenzó «la campaña contra la campaña», que terminó siendo más trascendente que las propias negociaciones en San Cristóbal, las que sin embargo le daban una escenografía espléndida a Camacho y reducían la presencia de Colosio, impedido, por órdenes del gobierno federal, de siquiera visitar Chiapas. Eran tales las presiones que fue necesario que el presidente Salinas afirmara en un desayuno con la clase política priísta, convocado expresamente en Los Pinos con ese fin que «no se hicieran bolas, el candidato es

Colosio». El gesto, al reconocer el conflicto, en lugar de debilitar las presiones sobre Colosio, las aumentó. Apenas en el aniversario del PRI, en un acto el 6 de marzo, en el Monumento a la Revolución, y con un discurso que parafraseaba el «Yo tengo un sueño» de Martin Luther King, Colosio parecía retomar una campaña ganadora. Camacho renunció explícitamente a buscar la candidatura unas 36 horas antes del asesinato de Colosio, el 23 de marzo de 1994. El candidato sustituto resultó ser Ernesto Zedillo Ponce de León, en ese momento coordinador de la campaña de Colosio, pero el asesinato de Colosio terminó, siempre, íntimamente relacionado con Chiapas, el EZLN y la «campaña contra la campaña».

La gran paradoja de Chiapas es que fue el estado en que más dinero gastó el Programa Nacional de Solidaridad de Carlos Salinas. También estuvo entre los tres principales beneficiarios del Progresa de Zedillo. Y estuvo entre los estados con mayores beneficiados por Oportunidades, la evolución del mismo programa bajo Vicente Fox. Lo cierto es que tras el estallido inicial, salvo casos muy esporádicos, no se volvieron a disparar tiros entre el Ejército y la guerrilla. Los muertos en Chiapas, marcadamente en Acteal, fueron víctimas de violencia entre grupos enfrentados internamente: entre guardias blancas y campesinos; entre evangélicos y católicos; pero ya nunca más entre zapatistas y priístas (aunque en ocasiones no fueran ni unos ni otros merecedores de esos calificativos).

Chiapas sirvió, del 94 al 2000, como base de un gran experimento social, por lo que nadie debería sorprenderse que en agosto del 2000, un ex priísta, que había sido incluso secretario de Gobierno del estado después del levantamiento del 94, que profesaba la fe evangélica y que mantenía una relativamente buena relación con la Iglesia católica local, se convirtiera en el candidato del PRD y del PAN, a la gubernatura, ganando por amplio margen. Pablo Salazar

Mendiguchía se convertía así en el primer, y muy *sui géneris*, gobernador de la oposición en un estado donde apenas una década atrás algunos candidatos del PRI ganaban con más de cien por ciento de los votos. Salazar se convirtió durante años en uno de los gobernadores más cercanos a Vicente Fox y se alejó del PRD, pero con su gestión terminó de desarticular buena parte de las fuerzas zapatistas, al grado tal de que en el 2005, Marcos abandonó el estado para iniciar un movimiento que terminó en un fracaso político: «la otra campaña».

Seis años después, la historia se repetiría pero de una manera inesperada, el alcalde de Tuxtla y de los principales precandidatos priístas para el gobierno del estado, era sacado de la carrera por la dirigencia del partido, renunciaba y se convertía en candidato de la Coalición por el Bien de Todos, aunque su equipo estaba íntegramente por priístas, incluyendo al enemigo público de los zapatistas y perredistas, el ex gobernador Roberto Albores Guillén, y simpatizantes de Salazar Mendiguchía, acusado por el PRD de haberse entregado al foxismo. El PAN tomó otra medida extrañísima: decidió apoyar la candidatura del priísta José Antonio Aguilar Bodegas, aspirante del tricolor que había roto con Albores cuando no había obtenido la candidatura seis años atrás. El resto de la campaña, sobre todo después del triunfo de Calderón a nivel federal y de la resistencia civil de López Obrador, asumiría características más extrañas aún.

Un célebre político estadounidense, Tip O'Nelly, decía que «todo el poder es local». En muy buena medida tenía razón, y lo confirmó estando en el Congreso de su país representando a su estado, Massachussets, durante más de 40 años.

Pero que todo el poder sea local no significa que ello le quite trascendencia nacional. En nuestro caso, la magnitud del poder local y su influencia en lo nacional apenas la estamos percibiendo ahora, pasada la época del presidencialismo más cerrado. Y se refleja en la influencia creciente que tienen en la política nacional muchas elecciones estatales. Era el caso de la elección de Chiapas el 21 de agosto del 2006. En muy pocas otras ocasiones, una elección local, la primera después del 2 de julio, adquiría tantos significados. Y pocas eran tan locales como ésa.

Lo que ocurría en Chiapas era inédito. Por primera vez había una suerte de coalición *de facto* entre el PRI y el PAN, a los que se había sumado Nueva Alianza, consumada no sólo por sus candidatos locales sino también por sus dirigencias nacionales, todos tras un candidato único, el priísta José Antonio Aguilar Bodegas, que se enfrentaba a otro, hasta hace unas semanas, priísta, el ex alcalde de Tuxtla, Juan Sabines, candidato ahora del PRD-CD y PT, pero sobre todo candidato del gobernador Pablo Salazar, otro ex priísta que había llegado a la gubernatura como parte de una alianza PAN-PRD y que durante todo el sexenio tuvo el apoyo de Vicente Fox (incluso Pablo habían sido manejado como un posible secretario de Gobernación a la salida de ese puesto de Santiago Creel) pero a unos meses de la elección presidencial ese respaldo fue de y hacia López Obrador, precisamente a partir de diferencias sobre cómo operar la sucesión en el estado.

¿Podía ser más compleja y eminentemente local la situación chiapaneca? Sí. Juan Sabines había sido alcalde de Tuxtla por el PRI pero renunció cuando fue desplazado de la candidatura para apoyar, desde el DF, a Aguilar Bodegas. Éste, hace seis años, había perdido la candidatura con Sami David que perdió la elección, a su vez, con Salazar representante de una alianza anti PRI. Aguilar fue muy cercano a Roberto Albores, un ex gobernador interino que a su vez buscó ahora repetir en el cargo y no pudo competir, resultando determinante para la ruptura interna en el PRI. Albores, aquel a quien los zapatistas apodaban Croquetas y que fue un adversario durísimo de esa corriente y del perredismo, que provocó la alianza PAN-PRD en el 2000, era ahora un operador con mucho peso en el PRD local, muy cercano a Sabines. Antes había intentado, y estuvo a punto de conseguirlo, ser candidato, además del PRI, del PAN y de Nueva Alianza. En este partido, el candidato, que declinó su participación para apoyar a Aguilar Bodegas, era Emilio Zebadúa, durante tres años secretario de Gobierno de Salazar Mendiguchía, luego diputado independiente por el PRD, partido que finalmente lo ignoró a causa, primero, de su relación con Cuauhtémoc Cárdenas, y segundo, por su distanciamiento con Pablo Salazar, y terminó de candidato con el partido de Elba Esther Gordillo.

En la historia también había un panista, Francisco Rojas, ex alcalde de Tuxtla que también declinó para apoyar a Aguilar Bodegas. Sabines lo acusó de abandonar los ideales de Gómez Morín para apoyar al del priísmo, pero el propio Sabines olvidaba que dejó en 24 horas al PRI y a Madrazo para apoyar al PRD y a López Obrador (y a Salazar, del que fue un duro adversario) y de que la propia administración Salazar surgió de un pacto tan peculiar como éste entre el PAN y el PRD.

La alianza *de facto*, como la llamaban en Chiapas (y lo es, porque ninguno de los candidatos, ni Rojas ni Zebadúa había renunciado formalmente a esa posición y sus nombres aparecerían en las boletas electorales), no pudo incorporar a otro convencido de que sí se escenificará una «elección de estado» el próximo domingo: Gilberto Gómez Maza, candidato de Alternativa Socialdemócrata, un fundador, con Heberto Castillo, del desaparecido PMT y que militó en el PRD precisamente hasta que se dio la elección, apoyada por ese partido, de Salazar Mendiguchía. El presidente del PAN, Manuel Espino, una semana antes de los comicios estuvo en Tuxtla para oficializar, junto con Roberto Campa, las declinaciones y el apoyo a Aguilar Bodegas. López Obrador fue al día siguiente a Chiapas a apoyar a Sabines, denunciando una alianza «salinista» en su contra y diciendo que todo era parte de un acuerdo entre el PAN y el PRI para legitimar a Felipe Calderón. Pero fue una visita contraproducente: salvo en un mitin en Tapachula y a pesar de la fuerte movilización nacional realizada en torno al viaje, le fue mal y tuvo, antes de ese cierre en una ciudad aún devastada, como toda la región, por las consecuencias del huracán Stan, tres mítines que pasaron sin pena ni gloria pero con un discurso cada vez más beligerante que, paradójicamente, chocaba con el que intenta impulsar Sabines, acusado, con Salazar de apoyarse en una «elección de Estado».

¿La alianza PRI-PAN-Nueva Alianza, como dicía López Obrador, era consecuencia de un respaldo a la calificación de la elección presidencial? Podía ser, e incluso permitiría presagiar acuerdos que fueran más allá de la simple calificación. También era verdad que esos partidos estaban convencidos de que el lopezobradorismo quería formar una suerte de cinturón político en la frontera con Chiapas, Tabasco (donde habría elecciones en octubre) y Oaxaca que le diera base política y social (y recursos) a su estrategia política. Y eso era visto como parte de un plan desestabilizador desde los otros partidos.

Pero también era verdad que el perredismo (o el panismo), en realidad, no cuentan en Chiapas. La lucha era, íntegramente, entre priístas, de todos los colores y sabores, que se disputaban espacios de poder local. Hasta Marcos había dejado desde tiempo atrás el estado y las comunidades zapatistas ahora estaban bajo distintos y encontrados mandos. Chiapas era, una vez más, un laboratorio político, pero uno muy peculiar.

Al mismo tiempo que se daba la elección chiapaneca, en el DF, un grupo plural de expertos, en el que participaron analistas de todas

las corrientes políticas, hizo un análisis exhaustivo del proceso electoral basado en las copias de actas supuestamente irregulares que
había entregado López Obrador a los medios. Su conclusión era
que no había habido errores significativos en el cómputo de votos
y que las quejas de la Coalición por el Bien de Todos se basan en
otro tipo de errores, en particular, aquéllos relacionados con el llenado de otros capítulos del acta de escrutinio, que resultan difícil de
completar para muchos ciudadanos por la complejidad de su diseño.
Los analistas concluyeron, como lo había hecho también el IFE, que
se debía buscar simplificar las actas y avanzar más en la preparación
de los funcionarios de casillas. Pero que en la elección no había existido nada parecido a un fraude.

Tenían razón: con sus errores, el proceso electoral del 2 de julio
había sido, en muchos sentidos, ejemplar: nunca antes se habían instalado tantas casillas (sólo once en todo el país quedaron sin instalar); se capacitó a un millón de ciudadanos para que participaran
como funcionarios; incluso, comparado con el 2003, por ejemplo,
había habido menos errores en el llenado de actas que ahora; si se
hacía una comparación con las elecciones de senadores y diputados
se comprobaba que, a pesar de tratarse de comicios simultáneos a los
de presidente, realizados al mismo tiempo, en el mismo lugar y con
las mismas autoridades y a pesar de que la Coalición por el Bien de
Todos obtuvo una votación en el ámbito legislativo significativamente menor a la presidencial, en esa elección prácticamente no
hubo impugnaciones, incluso sólo se revirtió un resultado, en un
distrito del Estado de México, donde el PRD había acreditado como
representantes de casilla a funcionarios municipales del mismo partido, lo que provocó que se anularan las mismas, provocando el
triunfo del candidato del PRI. Nada más. En el 2003, por ejemplo,
hubo muchas más impugnaciones en las elecciones legislativas e

incluso se anuló (y se ordenó repetir) la elección en dos distritos. La pregunta era cómo, si la elección de diputados y la de senadores se realizó al mismo tiempo, en los mismos lugares y con los mismos funcionarios que la de presidente, se pudo haber cometido algún tipo de fraude en la segunda y no en las primeras. No había respuesta porque no podía haberla: la del 2 de julio fue una elección con errores humanos, como siempre ocurre cuando se opta por una organización plenamente ciudadanizada, con un millón de personas elegidas aleatoriamente, trabajando en ella, lo que garantiza, como ocurrió, la imparcialidad y el correcto conteo de votos.

La democracia y las instituciones que de ella derivan están a prueba de muchas cosas pero no de la ausencia de demócratas. El proceso electoral del 2 de julio demostraba estar a la altura de nuestra democracia, pero nada se puede hacer cuando un competidor sólo acepta las reglas del juego si él gana, y si no es así, llama, como lo hizo en la entrevista con el *Financial Times*, a realizar una «auténtica revolución». O se compite democráticamente o se juega a ser un revolucionario aunque sea de cartón piedra. No es ni siquiera ético plantearse esa disyuntiva. Pero López Obrador parecía estar decidido a acabar con el mayor logro que había tenido el perredismo a lo largo de sus más de quince años de vida (y ésa era una contribución indudable de Cuauhtémoc Cárdenas): construir un partido con el que se puede estar de acuerdo o no, pero que se fortalecía en la misma medida en que fortalecía los cauces democráticos del país.

Que la democracia la hacen los demócratas era lo que se podía comprobar en el laboratorio chiapaneco. El clima electoral era especialmente denso. Hubo acusaciones muy fuertes respecto a la intervención gubernamental, que provocaron, incluso, la alianza de facto PRI-PAN. El resultado, no pudo ser más cerrado: Juan Sabines aventajó a José Antonio Aguilar Bodegas por apenas dos mil votos.

Tanto Sabines como Aguilar Bodegas, en ese contexto, se habían declarado ganadores, pero los dos, en una actitud de sensatez y moderación, insistieron en que recorrerían exclusivamente el camino legal y reconocerían como triunfador a quien decidieran las autoridades, incluso Sabines, candidato de la Coalición por el Bien de Todos, fue enfático en deslindarse de la llamada resistencia civil de López Obrador, en reconocer a las instituciones electorales federales e incluso en decir que si el TEPJF confirmaba a Felipe Calderón como presidente, será con él con quien trabajaría el gobierno chiapaneco. Aguilar Bodegas descartó plantones o movilizaciones y apostó también a la vía legal. Y la diferencia terminó siendo entre ambos, luego de recorrer todo ese proceso de apenas dos mil votos. Era toda una lección y una demoledora derrota para los «revolucionarios» del Paseo de la Reforma.

7

Triste, solitario y final...

Aquel era un mundo donde las lealtades permanentes no existían, ni tan siquiera las semipermanentes. Los señores de la guerra perseguían el dinero y las victorias. Les atraía el bando vencedor y se pasarían a él en un abrir y cerrar de ojos. En aquel momento había mucho dinero, pero ningún signo mensurable de victoria. Para ser efectivos el dinero y la sensación de victoria inevitable deben reforzarse mutuamente.

BOB WOODWARD

La presión de López Obrador a pesar de las sucesivas derrotas políticas no pasaba sólo por el plantón. A pesar de haber «mandado al diablo» las instituciones, recurrió a ellas. Así, el 20 de julio presentó ante el Tribunal Electoral de la Federación un recurso legal, una demanda de nulidad respecto a la totalidad del proceso.

Aunque pretendía impugnar la totalidad de las casillas, en realidad objetó poco más de 30 mil (de un total de 130,488 casillas totales) ya que no contó con elementos para impugnar las demás. Por si fuera poco, el recurso legal escrito por un equipo capitaneado por

Horacio Duarte, representante del PRD ante el Consejo General del IFE, y en el que se incluían las opiniones de Socorro Díaz, Manuel Camacho y otros ex priístas del equipo de López Obrador, no impugnaría las casillas de manera individual; a pesar de haber presentado 174 recursos de nulidad, se centraría un caso y en el análisis de los resultados del distrito XV del DF como una casilla representativa de los errores y fallos presentes en la totalidad del proceso. Así, al alegato en torno a la casilla XV se volvería el «recurso madre»: si en éste se fallaba la nulidad de la elección, la totalidad de la misma sería puesta en entredicho; si en éste caso se consideraba válida la elección, la vía de la anulación quedaría totalmente cerrada para el lopezobradorismo.

En los diez años de vida del Tribunal Electoral del Poder Judicial de la Federación, ningún caso sería tan importante y complejo como éste. La anterior elección presidencial que había calificado tuvo un claro vencedor, Vicente Fox, que no era el favorito del sistema. Con ello, cualquier posible anomalía a favor del candidato del partido que ostentaba el poder quedaba anulada. Es cierto que el TRIFE había decidido algunos casos de nulidad de elecciones para gobernador, en Colima y Tabasco, en los que se había basado era la «nulidad abstracta» del proceso. Es decir, aunque reconocía que no había existido una violación legal directa por parte de los candidatos vencedores, una serie de irregularidades —tales como presencia en las campañas de los respectivos gobiernos pidiendo la continuidad del esfuerzo realizado; aportaciones en especie de parte de empresas; uso indebido, pero no ilegal, de las bases de datos de electores, apertura indiscriminada de paquetes electorales— permitían concluir que los derrotados habían perdido, en parte porque o bien el terreno no era parejo, o porque el árbitro local no fue totalmente neutral. De ahí que se concluyera, que a pesar de no existir violación legal directa, las elecciones habían sido injustas, poco competitivas y, consecuentemente, inválidas. En ambos casos la elección se había repetido y, sin que fuera una gran sorpresa, los candidatos ganadores de la elección original repitieron sus triunfos, incluso elevando el margen de victoria. Pareciera que las causas en las que se había basado la «nulidad abstracta» no hubieran sido responsables de la derrota, lo que llevó, incluso, a que los propios magistrados revisaran la forma de aplicación de esa norma de por sí tan discutible.

En la elección presidencial del 2006, la victoria del candidato ganador, Felipe Calderón, era ligeramente inferior a 0.6% de punto porcentual de la votación emitida, unos 500 000 votos de un padrón de casi setenta millones. De otra parte, el ganador había sido una figura relativamente poco conocida, fuera de los ambientes políticos, hasta dos años atrás. Al momento de lanzar su precandidatura apenas tenía dos por ciento de intención de voto. Su principal rival, López Obrador, había acumulado un conocimiento de nombre cercano a 95 por ciento y una aceptación de 75 por ciento en la capital del país. El Partido Revolucionario Institucional, por su parte, que hasta julio del 2005 parecía un fuerte candidato a ganar los comicios, luego de obtener 50 por ciento de los votos en la elección del Estado de México, se había desgastado como consecuencia de una sucesión de malas decisiones y rupturas internas.

Pero López Obrador cometió tantos errores como aciertos puntuales tuvo la campaña de Calderón. Ello se demostró al momento de integrar su recurso legal, presentado ante el Tribunal, que no contaba siquiera con originales de las actas de 20 por ciento del total de casillas. Las acusaciones presentadas por su equipo, alegando un fraude electoral, se sostenían en una muestra de apenas 350 casillas. Bajo esas circunstancias, no era factible integrar un recurso que fuera plenamente convincente para los magistrados. Pero el PRD lo intentó.

Conscientes de la dificultad política, más que legal, del fallo que estaba en sus manos, los magistrados decidieron, en un recurso poco común aunque legalmente válido, invitar a los representantes de ambas partes a comparecer en el pleno del Tribunal. A ocho días de presentado el «recurso madre», el 28 de julio, se abrieron las puertas para el candidato Calderón. En lo que pudo ser el momento definitivo para validar su victoria Calderón no sólo asistió al recinto sino que llegó con una presentación sólida que había estado preparando durante semanas con su equipo más cercano de colaboradores. Allí desgranó prácticamente todos los pasos del proceso electoral y del postelectoral y sostuvo que desconocer su triunfo era desconocer las instituciones de la democracia mexicana que habían funcionado correctamente. Para los medios, ocupados con las declaraciones de López Obrador y el plantón, la visita de Calderón al Tribunal mereció pocas menciones directas.

Al día siguiente, el 29, López Obrador, siguiendo la norma de despreciar interlocutores (lo había hecho con los empresarios, con los banqueros, con los otros candidatos al no asistir al primer debate, al no concurrir a casi ninguno de los encuentros de la sociedad civil a los que fue invitado en la campaña, salvo que se tratara de auditorios incondicionales, incluso no ofreció entrevistas salvo a un selecto grupo de comunicadores cercanos a su candidatura) no se presentó ante los magistrados y prefirió enviar un grupo de representantes que ni siquiera incluían a todos los partidos miembros de la coalición. Los representantes del partido, encabezados por su presidente nacional, Leonel Cota Montaño, acompañado por Horacio Duarte, Ricardo Monreal y Arturo Núñez fueron con la representación de su candidato. Pero los mismos representantes, demostrando la confusión, incluso legal que existía en el equipo lopezobradorista afirmaron ante los magistrados que no solicitaban la nulidad de la elección, sino un recuento voto por voto, y pidieron al tribunal «no ceder a presiones ni sujetarse a criterios doctrinarios rígidos *(sic)*».

Tras escuchar a ambas partes y analizar sus argumentos, el 5 de agosto el tribunal determinó realizar un conteo parcial como parte del proceso de calificación de la elección. No podían abrir todos los paquetes electorales porque no existían elementos legales para ello (y por eso los representantes del PRD le habían pedido que no tuvieran criterios «doctrinarios rígidos») pero decidieron hacer abrir una muestra mucho más amplia y representativa que nunca antes, basados, precisamente en las casillas que el PRD había denunciado por presuntas irregularidades. Se decidió abrir el 9 por ciento de las casillas, equivalentes a 11,839 paquetes en 26 estados de la República. De los 174 juicios de inconformidad presentados por la Coalición por el Bien de Todos para impugnar la elección presidencial, entre los que se encontraba el denominado «recurso madre», los siete magistrados del TEPJF consideraron 25 incidencias infundadas, seis fundadas y 143 fundadas en parte, lo que derivó precisamente en su resolución a favor de dicho conteo parcial. A final de cuentas, la Coalición impugnó en sus 174 juicios de inconformidad a 230 distritos locales.

El miércoles 9 de agosto inició el recuento solicitado en los distritos impugnados. Los responsables de efectuarlo eran empleados del Consejo de la Judicatura Federal. En el alegato del magistrado Leonel Castillo, se planteó que las posibles irregularidades planteadas por el lopezobradorismo, se habían dado, fundamentalmente, antes del proceso electoral y no habían suscitado quejas formales de esa Coalición, por lo que no tendrían por qué haber alterado el conteo o las conductas de los funcionarios de casilla.

Durante los cuatro días en que se realizó el conteo, el PRD mantuvo presencia en la mayor parte de los distritos electorales. En ocasiones muy concurrida, en otros apenas una guardia simbólica; pero la constante era el intento de presionar la decisión de los representantes del tribunal, y forzar una decisión a su favor.

Los primeros días del conteo mostraron ciertas irregularidades en los paquetes abiertos: básicamente existían errores en los llenados de las actas, pero el resultado electoral no se modificaba. López Obrador se adelantó al resultado del recuento, dijo en una desangelada asamblea informativa que «nosotros no aceptamos ese recuento. Estamos asistiendo para no abrir otro frente, y que no tengan más elementos nuestros adversarios para vociferar que somos irrespetuosos de la ley. Tenemos que dejar muy clara nuestra postura y por eso decidimos asistir al recuento parcial bajo protesta, para no dar pretextos. Pero desde luego que no aceptamos el recuento parcial porque nuestra demanda mínima, racional, justa, es el recuento de todos los votos casilla por casilla. Es una demanda mínima».

Lo cierto es que transcurrido el recuento se confirmó que si bien existían irregularidades puntuales, éstas no parecían ser dolosas ni alteraban el resultado. Muchos de los errores podrían considerarse como fallas en la capacitación de los funcionarios de casilla: no entendían claramente si votos nulos eran boletas anuladas (por no utilizarse) o en ocasiones, las fallas en las copias de las actas eran sólo por desplazamiento del papel copiante en las últimas hojas, pero correspondían a los datos correctos. Y más sorprendentemente, los errores se fueron compensando: lo que faltaba a un candidato en algunas casillas aparecía como votos contados en exceso en otras. Al final, el resultado se confirmó prácticamente sin cambios.

El 28 de agosto concluyó el recuento. Con él, la votación definitiva para Calderón bajaba de los 15 000 280 a 14 916 927 votos, un ajuste menor equivalente a 0.5% (medio punto al millar) del total de votos recibidos por el candidato, y menos de 0.1% del total de votos. No bastaba para cambiar el resultado, principalmente porque todos los candidatos tuvieron también una reducción en sus votos, siendo el más perjudicado el candidato de Nueva Alianza, Roberto Campa.

El final del recuento generó una creciente desilusión entre los simpatizantes de López Obrador. Sorprendentemente, y dado que Felipe Calderón había actuado discretamente pero ya como presidente electo desde mediados de agosto —de hecho, su custodia del Estado Mayor se incrementó desde que el IFE lo había declarado ganador en primera instancia de los comicios— la transición fue relativamente tersa, y no hubo ni festejos ni protestas significativas terminado el recuento que confirmaba su triunfo.

Lo importante es que el proceso había llegado legalmente a su fin: faltaba sólo un paso, la calificación de las elecciones en las cuales, el PRD conservaba todavía la esperanza de que hubiera una anulación que, a todas luces parecía improbable, pero aún posible, más aún cuando el presidente Fox no pudo (o no quiso) ofrecer su último informe presidencial en San Lázaro. Pero no hubo sorpresas: el 5 de septiembre, el tribunal declaró, por unanimidad a Felipe Calderón ganador de la elección. A López Obrador sólo le quedaba una esperanza, impedir la toma de posesión del presidente electo, el siguiente primero de diciembre. Pero ya la opinión popular estaba claramente en su contra. Los dados ya habían sido lanzados.

EL DESGASTE DEL PLANTÓN

En tanto, en el plantón de López Obrador, las expectativas iban cada vez más a la baja. A medida que los magistrados del tribunal ponderaban los argumentos, e iban negando una a una las impugnaciones del perredismo, el ánimo decrecía y la participación social también. Así, cuando el 5 de agosto el tribunal accedió únicamente a un recuento parcial, en los plantones desaparecieron las guardias de 24 horas. La presencia se fue reduciendo cada vez más a unas cuantas horas y quedaban sólo grupos de tres o cuatro personas, reunidos en mesas donde veían televisión, platicaban o jugaban cartas, mientras esperaban que sus compañeros se reportaran. Así, los taxis «Pantera» se reunían sólo por las tardes, en Avenida Juárez, entre la Torre Latinoamericana y el Hemiciclo a Juárez y sólo iban unos cuantos representantes de los casi 50 000 afiliados (todos taxistas piratas, que circulaban sin permiso pero tolerados, como base electoral, por el gobierno capitalino).

Lo mismo sucedía en los diversos campamentos. Era, de alguna manera normal; muchos de los asistentes, al principio, esperaban ir sólo a un mitin, y se encontraron con la orden de acampar en medio de la principal avenida de la ciudad. Era necesario ir a trabajar; por lo que aún los más fervientes debían moderar su presencia, al tiempo que cada uno de los principales argumentos políticos para permanecer allí se diluían. Para colmo, el rechazo de la ciudadanía capitalina era cada vez mayor y el plantón, en lugar de solidaridad y simpatía generaba enojo y distancia con la gente. No faltaron aquellos que continuaron asistiendo por los «donativos»; según la organización que financiara cada campamento, eran 100, 200 ó 300 pesos diarios los que ganaban las guardias, cuando eran menos ganaban un poco más. También estaban los que necesitan obtener puntos para viviendas del Invi, conservar u obtener un trabajo en el gobierno delegacional; y no faltabán quienes realmente estaban convencidos de seguir al líder en su lucha. Pero desde mediados de agosto, los campamentos del plantón estaban prácticamente desiertos.

Ello se reflejaba incluso en el Zócalo. López Obrador o los dirigentes de la coalición, cada día conducían una asamblea informativa: un largo discurso para quienes se reunían en la plancha de la Plaza de la República. Al paso de los días, la asistencia, la cobertura de los medios y la importancia de los declarantes comenzaron a ir notoriamente a la baja. Así, se va pasando poco a poco de la presencia continúa de López Obrador a la del jefe de Gobierno electo, Marcelo Ebrard, a la de los presidentes de los partidos, Leonel Cota o Dante Delgado, a algunos voceros como Jesús Ortega para concluir con Gerardo Fernández Noroña. Cada vez había menos que decir. Cuando la noticia es que no hay noticia, los medios se alejan. Y esto contribuía a la desesperación entre el equipo del López Obrador, en el cual muchos se habían opuesto, y continuaban haciéndolo, a un plantón y a una estrategia que los estaba haciendo perder en días lo que habían ganado en años. Para colmo, el ex candidato sólo escuchaba a un pequeño grupo de incondicionales: César Yánez, Federico Arreola, Nicolás Mollinedo y algunos más. Otros, influyentes como Ricardo Monreal, Manuel Camacho o Jesús Ortega eran escuchados pero su opinión, a la hora de las decisiones, no era necesariamente tomada en cuenta. La atención se puso entonces en el sexto informe del presidente Fox. El duelo, que ya se había perdido en el terreno jurídico, pasará ahora a la arena política. Y las amenazas, muchas de ellas vanas, siguieron creciendo. El problema es que en el equipo de Calderón comenzaron a observar que el presidente y su gabinete comenzaban a flaquear, que ya existía la idea de no ir al informe o doblegarse ante las presiones. El temor, en última instancia, no era que no hubiera informe, ésa era una responsabilidad del presidente saliente y él pagaría el costo o los beneficios de su decisión. El punto era que ya desde mediados de agosto existía claridad en el equipo de Calderón, que el plantón se desvanecía y las encuestas (que se levantaban diariamente) demostraban que la opinión favorable al presidente electo se fortalecía; que en el ámbito legal, pese a que dos de los magistrados del Tribunal Electoral parecían más permeables a las presiones del lopezobradorismo, no habría posibilidades serias de que la elección fuera anulada y el conteo parcial había demostrado que los resultados no se habían alterado. El temor era que el informe presidencial fuera una suerte de ensayo para la medida extrema que pensaba tomar López Obrador: hacer que sus legisladores impidieran la toma de posesión y se abriera un proceso jurídico que llevara a unas elecciones extraordinarias. Legalmente la estrategia no tendría sustento pero se pensaba que por la presión política, si el gobierno saliente flaqueaba y si el Poder Judicial era amedrentado, esa posibilidad todavía podía ser viable. Por eso, en sus contactos con el gobierno federal y con distintos interlocutores, Calderón insistía en que el presidente tenía que llegar a San Lázaro y, por lo menos, entregar su informe en el recinto de sesiones. El presidente Fox nunca llegó a pasar del *lobby* del Palacio Legislativo de San Lázaro. Lo habían derrotado las presiones y ello era un mal augurio. Además, una serie de movimientos provenientes del exterior hicieron pensar que podían existir, aún, golpes bajos en el último tramo de la transición de poderes.

El 18 de agosto se presentó un video filmado en Cuba, eran unos minutos del interrogatorio a Carlos Ahumada. Eran sólo una parte, muy editada, de las 40 horas de la declaración del empresario mientras estuvo detenido, previo a su deportación de la isla, por el gobierno de Fidel Castro. Allí Ahumada aceptaba lo que decían sus interrogadores: que lo habían buscado desde el gobierno federal, procurando su ayuda para hundir a López Obrador. De allí habrían surgido, se infería, los famosos videoescándalos que tenían como protagonista, entre otros, a René Bejarano, un hombre clave en la estructura de poder de López Obrador. La cara de sorpresa del implicado, al verse recibiendo un soborno en la tele, minutos después de haber criticado la conducta corrupta de sus compañeros de partido, y confrontado por un payaso (Víctor Trujillo en su caracterización de Brozo), se volvió un momento inolvidable de la política nacional. Incapaz de explicar por qué recibe el dinero y qué hizo con él, sorprendido en falta, balbucea alguna respuestas. Brozo corta de tajo el hilo de explicación con una frase demoledora: «No me pendejees». Desde entonces, para López Obrador y su gente, el punto no fue la corrupción de su gente más cercana, sino qué habían ofrecido a Ahumada para que los traicionara. Aunque la prueba presentada no tenía sustento ni credibilidad (¿una declaración voluntaria de un preso detenido en Cuba, que llevaba semanas incomunicado y según su testimonio sometido a presiones y torturas, grabada no se sabía por quién y cuándo, que, además eran apenas unos minutos de un interrogatorio que había durado, en forma ininterrumpida dos días?) el lopezobradorismo quiso presentarla como la prueba del «fraude», en pleno conteo de votos. En esa ocasión del 18 de agosto, *La Jornada* cabeceó su información titulando: «la conjura contra López Obrador, al descubierto». Aunque el video tuviera verosimilitud, que no la tenía, primero era sospechoso el momento en que era difundido y, obviamente quién lo había entregado, pero además no influía en la elección presidencial, al contrario, después del intento de desafuero, la popularidad de López Obrador había crecido, el gobierno había abandonado la pretensión de procesarlo por el desacato judicial, los videosescándalos se habían revertirdo en su favor y en adición a ello, los que aparecían según esos minutos de video, el procurador Rafael Macedo de la Concha y Santiago Creel, habían quedado fuera de la jugada política electoral: el primero renunció a su cargo por diferencias con el gobierno federal cuando se canceló el desafuero y el segundo había perdido la elección interna ante

Calderón. Otro implicado en los escándalos videograbados, el ex secretario de Finanzas de López Obrador, Gustavo Ponce, estaba preso y nunca se supo cuál había sido su declaración ante las autoridades federales: si existió, hasta el día de hoy, ella nunca ha sido divulgada. Bejarano había sido exonerado de todos los cargos, y Ahumada seguía detenido en condiciones injustas, mientras el GDF le iniciaba un proceso tras otro. ¿Cómo podía ello haber cambiado el rumbo de las elecciones o ser el argumento para justificar el fraude?

La presentación del video de Ahumada en Cuba y algunos actos culturales permitían que el plantón de Reforma tuviera mejores momentos algunos días, lo cierto es que el abandono era patente y constante. Poco a poco, los partidarios iban tomando distancia. La fatiga y la falta de perspectiva eran tan importantes como el rechazo ciudadano a la medida y apagaban, por sí solas, la protesta.

La Fractura

En la medida en que se iba acercando tanto el fallo del tribunal como la fecha definitiva del 1° de septiembre, la Coalición por el Bien de Todos, integrada por los partidos de la Revolución Democrática, del Trabajo, y Convergencia tenía que definir si seguían a López Obrador en su intento de objetar de manera definitiva y clara los resultados electorales, a pesar de ponerse en riesgo de romper la institucionalidad, o bien, si se alejaban de las posiciones marcadas por el excandidato.

La fractura en la coalición había empezado antes. Desde el momento en que Alternativa Socialdemócrata y Campesina, partido que se presentaría por primera vez en la elección del 2006 —y que por ello estaba legalmente impedido a hacer coalición alguna—

rechazó apoyar la candidatura de Andrés Manuel, luego de que éste prácticamente rechazara darles algún tipo de posición en el equipo de campaña, en el congreso, pero que, sobre todo, se negara, como ya había hecho con Cuauhtémoc Cárdenas, a discutir cualquier aspecto del programa del partido que lanzaría como su candidata a la carismática Patricia Mercado.

Desde el principio, durante la campaña, y en los meses de las protestas, el Partido Alternativa Socialdemócrata había buscado diferenciarse de la estrategia seguida por López Obrador, con quien tenían diferencias marcadas desde prácticamente el inicio de su administración en el DF, cuando el tabasqueño hizo rechazar la ley de sociedades de convivencia, que había impulsado el predecesor de Alternativa, el Partido México Posible, con el apoyo de la entonces jefa de gobierno, Rosario Robles. Patricia Mercado había insistido a lo largo del país que Alternativa era la verdadera opción de izquierda en México, de una izquierda tolerante e incluyente, había insistido en que México necesitaba una opción de izquierda moderna, comprometida con las causas de las libertades individuales, respeto a la diversidad sexual y los derechos de las minorías, con un aire tolerante y participativo.

Patricia Mercado tuvo una campaña compleja, no sólo por el escaso interés de los medios en los candidatos de los partidos pequeños (con todo, como había ocurrido en el 2003, Mercado era una mujer que reflejaba más interés, incluso que la verdadera dimensión electoral de su partido), sino, particularmente, porque el partido que la postuló emanó de dos corrientes diversas, la socialdemócrata y la campesina. Y el ala campesina, en su mayoría, decidió traicionar al partido.

Las diferencias eran añejas pero se agudizaron al momento de elegir candidato a la presidencia; para la corriente socialdemócrata era su tercer intento partidario, precedida por los partidos Democracia Social en la elección del 2000 y México Posible en la elección del 2003. En ambos casos, una votación relativamente alta, pero apenas inferior al umbral requerido, les dejó sin la oportunidad de registrar definitivamente a los partidos. Sin embargo, algunas de sus figuras, como el ex candidato presidencial Gilberto Rincón Gallardo y la propia Patricia Mercado, logran empujar las causas que se proponían y encontrar un espacio en el cerrado escenario político nacional. Así, el gobierno de Vicente Fox retomó ideas de los grupos que apoyaron la candidatura de Rincón, en sentido de crear una ley contra la discriminación. De hecho, se nombró a Gilberto como presidente de la Comisión Ciudadana de Estudios contra la Discriminación, en marzo de 2001. Fruto de esta comisión fue el Proyecto de Ley Federal para Prevenir y Evitar la Discriminación. A partir de junio de 2003, se instaló el Consejo Nacional para Prevenir la Discriminación, a cargo del mismo Rincón Gallardo. Pero la votación de julio de 2003, al ser legislativa, les dejó nuevamente sin partido a pesar de que habían obtenido el cuatro por ciento de los votos en la capital del país.

La alianza con la llamada corriente campesina fue un ejemplo, quizá excesivo, de pragmatismo. Siempre les habían dicho a los dirigentes de México Posible que les faltaba estructura en las zonas no urbanas del país para consolidarse como partido. Eso les daría el medio punto o menos que necesitaban para garantizar el registro. Sin embargo, fueron unos aliados nefastos, que casi le hacen perder el registro a Alternativa: por una parte, Ignacio Irys Salomón, dirigente de la facción campesina, había logrado que su grupo tuviera el control de los recursos monetarios del partido. Alegando un presunto acuerdo previo, que establecía que el candidato presidencial sería seleccionado por una encuesta y que no está obligado a ser miembro del partido, y que se pedía un umbral mínimo para alcanzar la postulación, que en opinión de Irys no cumplía la candidata, trató de impulsar a un hombre ubicado en las antípodas de la izquierda y la socialdemocracia, Víctor González Torres, conocido como el Dr. Simi, a la postulación presidencial. El argumento era sencillo, Simi estaba dispuesto a aportar cien millones de pesos para su campaña y entonces el resto de las prerrogativas se las podría quedar el partido, léase la corriente campesina. Y González Torres tenía recursos, pero que un partido que decía defender causas de las minorías y la dignidad de las mujeres presentara como candidato a una persona célebre por presentarlas como objeto sexual con las llamadas simichicas, y cuyas posiciones en sí eran bastante conservadoras (por Dios y por México, era una de sus consignas) era, por lo menos, un contrasentido.

Para el ala campesina no había razones de peso que fueran mayores que los recursos y, en el fondo, apostaban a que con González Torres podía impulsar a su verdadero candidato, que era Roberto Madrazo, vía la estrecha relación que había mantenido uno de sus dirigentes, Héctor Sánchez, con el ex gobernador de Oaxaca, José Murat. La división fue inevitable y el ala campesina decidió, literalmente, robarse los recursos. Mercado tuvo que hacer la campaña electoral más austera de la historia contemporánea de México, con el beneplácito de la Coalición por el Bien de Todos que percibía cualquier opción de izquierda como enemiga de su causa. Sería hasta mayo, a mes y medio de las elecciones, que la campaña contaría por lo menos con la parte proporcional de las prerrogativas que le correspondía y que el ala campesina se había quedado para sí en todo el resto de la campaña. A pesar de la falta de dinero, Patricia Mercado fue una de las figuras de la campaña y con una propuesta mucho más arriesgada pero también más firme y tolerante, terminó siendo lo suficientemente conocida para que esta vez su partido alcanzara el registro.

La campaña de Mercado insistió mucho en la idea de que eran «la otra izquierda, la izquierda moderna». Esa posición dejaba a la Coalición por el Bien de Todos y sobre todo a su candidato presidencial como lo que era: una opción que no era de izquierda y que tampoco era moderna. En la coalición festinaban los problemas de Mercado con el Dr. Simi y decían que el mensaje de Alternativa no permeaba más allá de ciertos grupos muy focalizados, y que ya compartían ideas similares. Pero con la participación en el primer debate, al que López Obrador no quiso asistir porque consideraba que no tenía porqué poner en riesgo su candidatura, Patricia Mercado se convirtió en una figura nacional. En el segundo debate, decidió apostar a garantizar su registro y se enfocó a su electorado natural. La estrategia resulta efectiva, pues logró el registro del partido, y se colocó en el cuarto lugar.

La posición de Alternativa respecto al plantón fue igual de consistente: la izquierda moderna compite en las elecciones, recurre a todos los instrumentos legales si percibe irregularidades y acepta los resultados una vez que las autoridades electorales los decretan, sabe perder y ganar, la que no lo es, opta por tomar las calles para imponer los resultados por la presión o la fuerza. Alternativa, siendo en muchos sentidos una izquierda mucho más radical que la Coalición por el Bien de Todos apostaba, y eso era una diferencia sustancial, por la democracia y por la ciudadanía. De hecho, algunos militantes juveniles de Alternativa, los llamados «radicales libres», pusieron un campamento, que no cerraba calles, para protestar en contra del plantón. Su tienda de campaña, ubicada en la banqueta de Reforma esquina Toledo, al costado de la sede nacional del Instituto Mexicano del Seguro Social, sostenía que «creemos firmemente en el derecho a protestar. Sin embargo, también creemos en el derecho al libre tránsito. Nuestro plantón invita a que las protestas, sean cuales sean, se realicen sobre la banqueta». Para algunos, la heroica protesta era ejemplar; para otros, una señal de que Alternativa estaba al servicio del gobierno y en contra de AMLO; para la mayoría ni siquiera existió el «plantón alternativo banquetero», por falta de información sobre él.

Para algunos, que paradójicamente casi nunca habían militado en la izquierda, ese 2 por ciento de votos que obtuvo Alternativa había sido «robado» a López Obrador, por «maldad, envidia y rechazo». Entre esos algunos, destaca la posición de Elena Poniatowska

En la presentación del libro *El tren pasa primero*, realizada en Durango, el 9 de septiembre, Elena Poniatowska, que se había convertido incluso en propagandista de López Obrador, consideró que el subcomandante Marcos, Cuauhtémoc Cárdenas y Patricia Mercado no apoyaron la candidatura presidencial de Andrés Manuel López Obrador por «envidia»: «Si estos tres personajes, dijo, se hubieran sumado, si no se hubieran echado para atrás, no habría la menor duda del triunfo de López Obrador, pero no lo hicieron por envidia». Afirmó que López era uno de esos líderes que se dan cada 100 años, y aseguró: «No debemos dejar que le pase nada, debemos cuidarlo y seguro será un buen presidente, no sé, a lo mejor dentro de seis años». A Poniatowska, una gran escritora, sumamente ignorante en cuestiones políticas, no le resultaba significativo que el que hubiera rechazado a Marcos, a Cárdenas y a Mercado no hubiera sido otro que López Obrador, que ni siquiera había querido platicar con ellos.

Cuauhtémoc Cárdenas escribió e hizo pública el 14 de septiembre una carta-respuesta a Poniatowska que dejaba en claro cuáles eran sus profundas diferencias con López Obrador.

«Elena, iniciaba Cárdenas su texto, publicado íntegro en varios periódicos, en la edición del diario *La Jornada* (página 8) del 10 de septiembre aparece una nota encabezada "Marcos y Cárdenas no apoyaron a AMLO por envidia", en la cual se te atribuye, entrecomillada, la siguiente expresión: "Si estos tres personajes [en el texto de la nota se agrega a Patricia Mercado] se hubieran sumado, si no se hubieran echado para atrás, no habría la menor duda del triunfo de López Obrador, pero no lo hicieron por envidia".

»No me corresponde hablar de las razones de Patricia Mercado ni del subcomandante Marcos para haber adoptado las posiciones que adoptaron frente al proceso electoral reciente, pero puedo asegurarte que no fue la envidia lo que los motivó a actuar como lo hicieron, sino que, entre otras cosas, sólo ejercieron su derecho a pensar diferente.

»En lo que a mí respecta, tu talento y trayectoria me obligan a darte una respuesta, obligadamente larga, de por qué no participé en la campaña de la Coalición por el Bien de Todos ni participo en la Convención Nacional Democrática, que empieza por decirte que la envidia no ha tenido lugar hasta ahora en mi conducta, ni pública ni privada, y que nunca me he echado para atrás frente a los compromisos que he asumido a lo largo de una ya larga vida.

»Con Andrés Manuel he compartido por años propósitos y episodios importantes de la lucha por la democracia en nuestro país. Nunca exigimos incondicionalidad ni subordinación en nuestra relación. El trato en los muchos encuentros de los dos, puedo decirte, ha sido cordial y respetuoso.

»Mis desacuerdos o desencuentros con él no son de carácter personal. Las diferencias que existen entre ambos son relativas a las formas de hacer y entender la política y sobre algunos aspectos programáticos, acentuados, ciertamente, cuando se trata como hoy de los destinos del país y a partir de que se iniciara el proceso que debía conducir a la pasada elección del 2 de julio y respecto al cual ambos definimos con anticipación y públicamente nuestras posiciones frente al país y a la ciudadanía. Él a través de sus "20 puntos", sus "50 puntos" y del libro *Un proyecto alternativo de nación*, yo mediante la publicación de *Un México para todos,* de autoría colectiva. Aun con esas diferencias, mi voto fue por todos los candidatos de la Coalición, como en su momento lo hice público.

»Una de las discrepancias que resaltaría de esas publicaciones es con relación al juicio que hace, sin mencionar nombres, de la digna y firme defensa del principio de no intervención y de la paz que hizo Adolfo Aguilar Zínser como miembro del Consejo de Seguridad de la Organización de las Naciones Unidas.

»Al respecto, Andrés Manuel escribió: "Después del triunfo de Vicente Fox, nuestra política exterior se ha conducido con desmesura. El resultado más notorio ha sido la afanosa intervención en el Consejo de Seguridad de la Organización de las Naciones Unidas (ONU) que en la práctica sólo vino a complicar aún más nuestra situación internacional", lo que me lleva necesariamente a preguntar si la política exterior de México debe plegarse incondicionalmente a la de Estados Unidos con el fin de no complicarse y olvidarse entonces de la defensa de los principios, de tomar decisiones soberanas en función de los intereses del país y de la dignidad misma de la nación, que gobierno y ciudadanos estamos obligados a respetar y a hacer valer.

»Se dice también en ese proyecto: "Los sueños de ver a México como gran protagonista en el concierto de las naciones son sólo eso: espejismos protagónicos para alimentar ambiciones personales que nada tienen que ver con el país real", lo que me lleva a pensar que se quieren desconocer los logros de la política exterior mexicana como, entre otros, la aprobación por amplísima mayoría de la Carta de Derechos y Deberes Económicos de los Estados, el reconocimiento del derecho de los Estados a su mar patrimonial o la participación en el Grupo Contadora para lograr la pacificación de Centroamérica, que implicaron el despliegue de una gran actividad —y si se quiere llamar protagonismo— de la diplomacia mexicana.

»Encuentro como una grave omisión de un candidato presidencial no tomar posiciones claras y públicas respecto a cuestiones importantes, tanto del momento como con consecuencias hacia adelante.

»Puedo citarte los casos siguientes respecto a los cuales Andrés Manuel no se pronuncia todavía y que quienes consideramos prioritaria la lucha por el rescate y ejercicio pleno de la soberanía y por la cabal vigencia de un Estado de derecho estimamos fundamentales: no ha habido una toma de posición en relación a los contratos de servicios múltiples de Petróleos Mexicanos; tampoco respecto a la ilegal prisión y la extradición hace unas cuantas semanas de seis ciudadanos vascos.

»Sobre la iniciativa Sensenbrenner, que de llevarse a la práctica vulnerará los derechos de miles o millones de mexicanos en exilio forzado en Estados Unidos; la mayor y excesiva militarización de la frontera común del lado norteamericano, que constituye, sin lugar a dudas, un acto inamistoso hacia México; la iniciativa del área de libre comercio de las Américas del presidente Bush y la propuesta alternativa de promover un acuerdo continental de desarrollo.

»La iniciativa de ley de sociedades de convivencia, bloqueada en la Asamblea Legislativa del Distrito Federal en los primeros tiempos de su gestión; la falta de tacto y de oficio diplomático en las relaciones del gobierno mexicano con los gobiernos y jefes de Estado de Cuba, Venezuela, Argentina y Bolivia.

»Reconocerás que en el círculo de colaboradores cercanos de Andrés Manuel se encuentran algunos de los que instrumentaron el fraude electoral y la imposición en 1988 desde el gobierno, el Partido Revolucionario Institucional, la Cámara de Diputados y la Comisión Federal Electoral, que impuso la banda presidencial a Carlos Salinas el 1 de diciembre de 1988.

»Además, el que instrumentó la privatización del Canal 13 de la televisión; el que ha declarado que el proyecto económico de Andrés Manuel es el mismo que el de Carlos Salinas; el que pretendió promover la reelección de éste. Pero a ninguno, que se sepa, ha pedido Andrés Manuel explicación sobre su cambio de piel política y ninguno la ha dado públicamente.

»Este mismo grupo es el que ahora, con algunas adiciones, acompaña a Andrés Manuel en sus nuevos proyectos y el de quienes podría pensarse que formarían parte de su gobierno, que no sería por sus antecedentes y falta de deslindes, un gobierno identificado con los principios y las luchas del PRD y de manera más amplia con aquellos de la izquierda mexicana.

»Sólo para argumentar sobre uno de los casos: de seguirse la política económica del salinato, se proseguiría con la enajenación del patrimonio estratégico de la nación y con el desmantelamiento de la planta productiva, se pondría en práctica una política entreguista en lo económico y de subordinación en lo político, se profundizaría el desastre productivo y social del campo mexicano, se mantendría acrecentado el flujo migratorio masivo hacia Estados Unidos y se haría cada vez más agudo el proceso de concentración de la riqueza en pocas manos.

»Por otra parte, no se podrá decir que no manifesté oportuna y públicamente mi desacuerdo con la postulación por parte de la Coalición por el Bien de Todos, de la que el Partido de la Revolución

Democrática fue el eje, de candidatos con posiciones públicas contrarias a los principios del PRD, que nunca se deslindaron de sus pasados políticos ni han explicado las razones de su traslado al PRD o cómo concilian un pasado antagónico con los principios del PRD al haber aceptado una candidatura de éste, que no los representa por sus trayectorias y posiciones políticas públicas.

»Ahí están, como muestra, algunos que fueron candidatos y otros que ya son legisladores en funciones. En este caso, voces como la mía y las de muchos otros que sólo demandaban congruencia, fueron simplemente ignoradas.

»En los últimos días de mayo, continuaba Cárdenas, hice público un documento a través del diario *La Jornada* denominado "Viendo hacia adelante: un camino democrático y progresista para México", en el cual planteaba algunas cuestiones que me parece fundamental que se lleven a la práctica en el próximo sexenio, que pudieran ser consideradas por los candidatos entonces en campaña.

»No merecieron la mínima observación, ni en sentido negativo ni en positivo, por parte del candidato de la coalición y la misma actitud de ignorar críticas, discrepancias e incluso planteamientos coincidentes con su línea política, recibieron muchos de aquellos que por largo tiempo han militado en el campo progresista.

»Digo en ese documento —y te lo reitero ahora— que al no haberse dado relevancia a la presentación y discusión de propuestas y compromisos por parte de los candidatos a lo largo de los meses de campaña, se hace necesario insistir en pensar y discutir el país que queremos, por encima de todo y antes que nada, así como en cambiar radicalmente la forma de hacer política, subordinándola a un proyecto de país y no a la simple ambición de poder o a la toma coyuntural de decisiones.

»Entre las cuestiones básicas que no se discutieron en el ir y venir de las campañas estuvo la continuidad de la reforma electoral, que después del 2 de julio y ante los serios cuestionamientos que se han venido haciendo a la calidad del proceso electoral se ve aún más urgente, ya que a pesar de los muchos cambios que ha sufrido la legislación correspondiente, continúa inconclusa.

»La gente reclama reducir y transparentar los gastos de las campañas; reclama que se llame a las cosas por su nombre, empezando porque las supuestas precampañas se reconozcan como campañas en la ley y en los cómputos de gastos y tiempos electorales; reclama abrir la posibilidad de candidaturas ciudadanas que no tengan que pasar necesariamente por la aprobación y gestión de los partidos políticos.

»Además, facilitar el registro de nuevos partidos políticos, sin que el registro represente acceso automático a la asignación de dineros públicos; restituir en la ley la figura de las candidaturas comunes; reunir en no más de dos momentos dentro de un sexenio, los procesos electorales federales, estatales y municipales; y establecer las dos vueltas en las elecciones, tanto presidenciales como legislativas.

»En materia de reforma electoral, la medida más efectiva, aquélla donde se encuentra la principal respuesta a las exigencias populares, la reforma más de fondo es hacer equitativos los tiempos en los que partidos y candidatos tengan acceso a los medios electrónicos de comunicación, así como acotar los periodos en los que pueda hacerse propaganda dirigida al público, prohibiéndose a partidos, candidatos y particulares comprar tiempos en los medios electrónicos —televisión y radio comerciales— y que éstos sean asignados por la autoridad electoral de manera equitativa.

»Lo anterior para que no sea el gasto mayor o menor en la compra de tiempos lo que determine la mayor o menor presencia de las alternativas electorales que se ofrezcan a la ciudadanía al través de esos medios. Así se tendrían campañas equitativas y se lograría una reducción sustancial de los tiempos y las erogaciones públicas —y en su caso privadas— en las campañas electorales.

»Por otro lado, y también en relación con la cuestión electoral, debe legislarse para prohibir que en la publicidad que se hacen las dependencias oficiales a través de los medios de información —televisión, radio, prensa escrita— aparezcan imágenes y nombres de funcionarios, que si bien pudieron haber participado en la promoción o ejecución de algún programa o proyecto público, no hicieron sino cumplir con su obligación y en su caso, con un mandato ciudadano, pues fue irritante y ofensivo en las precampañas, como creo te consta, ver cómo candidatos o precandidatos de los tres partidos de mayor presencia nacional, despilfarraron a lo largo del sexenio y hasta que dejaron sus cargos, dineros públicos para su personal promoción político-electoral.

»Es necesario comprometerse con reformar la reciente y vergonzosamente aprobada Ley de Radio y Televisión, recuperando para el Ejecutivo la capacidad de normar la operación de los medios de información electrónicos con sentido de servicio público y de equidad, abriendo las posibilidades, a partir de los avances tecnológicos en la materia, de otorgar nuevas concesiones a instituciones de educación superior, gobiernos estatales y municipales, organizaciones culturales y comunitarias y sociedades comerciales sin vínculos con los medios ya en operación.

»Es ya oportuno también convocar a la revisión, con sentido y procedimientos democráticos, de las bases y los términos de nuestro pacto federal.

»De esa revisión habrá de surgir la nueva Constitución que contenga la estructura y competencias de la Federación, los estados, los municipios y de los tres poderes de la Unión, que considere los derechos ya ganados por los mexicanos, sus nuevos derechos y los procedimientos para que el ciudadano o las colectividades hagan exigible su ejercicio frente al Estado.

»Una que esté concebida visualizando la presencia de nuestro país en el mundo globalizado, que establezca los cauces para el tránsito de una democracia representativa plena, aún por alcanzarse, a una democracia de amplia participación social, así como los mecanismos de consulta ciudadana, iniciativa popular y de revocación de los mandatos, entre otras cuestiones.

»Lo que hasta aquí te he expuesto, seguía Cárdenas, son algunas de las razones que a mi juicio determinaron el número de votos que obtuvo Andrés Manuel el 2 de julio. Por estas mismas razones no creo, contra lo que tú has declarado, que mi ausencia de los actos públicos de la campaña haya provocado una dramática disminución de las preferencias electorales a favor de la coalición. Seguir argumentando más sobre estas cuestiones sería entrar a un terreno estéril de especulaciones.»

Pero Cárdenas continuaba su argumentación: «Yendo a otros temas, me preocupa profundamente la intolerancia y satanización, la actitud dogmática que priva en el entorno de Andrés Manuel para quienes no aceptamos incondicionalmente sus propuestas y cuestionamos sus puntos de vista y sus decisiones, pues con ello se contradicen principios fundamentales de la democracia, como son el respeto a las opiniones de los demás y la disposición al diálogo.

»Me preocupa, asimismo, que esas actitudes se estén dando dentro del PRD y en sus cuadros dirigentes, pues se inhibe el análisis y la discusión de ideas, propuestas y alternativas entre compañeros, más allá de que esa cerrazón se extiende también a lo que pueda llegar de afuera del partido; que la conducción política y las decisiones tomadas después del 2 de julio, como el bloqueo de Madero, Juárez y el Paseo de la Reforma —excluyo la ocupación de la plancha del Zócalo— se estén traduciendo en pérdidas y desgaste del movimiento democrático en lo general y del PRD en lo particular.

»Me preocupan los cambios contradictorios de línea política: a un medio de información norteamericano Andrés Manuel le declaró no ser de izquierda, cuando había declarado serlo a lo largo de precampaña y campaña. Por otro lado, el 10 de agosto pasado se publicó en *La Jornada* una entrevista que hiciste a Andrés Manuel en la que preguntaste: "Si llegaras a la Presidencia, ¿tendrías que moderarte?". A lo que respondió: "Si la institución te lo exige, yo lo haría. Es más, durante la campaña y hasta ahora no he dicho cosas que pienso sobre mi país, porque me he autolimitado, porque mi rol es hasta ahora uno. Una vez que se resuelva este asunto [el conflicto poselectoral], ya veremos. Pero muchas cosas me las guardé porque uno tiene que actuar de una manera cuando es candidato y, desde luego, actuar de otra manera cuando se es presidente, y de otra manera como dirigente de resistencia social. Pero en cualquier circunstancia uno tiene que mantener sus principios. Es nada más un asunto de matices, de moderación".

»¿Por qué entonces guardarse de fijar posiciones y hacer propuestas, cuando era precisamente en su calidad de candidato a la Presidencia cuando se tenían que hacer definiciones que atrajeran con lealtad y orientaran con rectitud el voto de la ciudadanía? ¿No es principio básico de un comportamiento leal y democrático actuar con transparencia y hablar con la verdad? ¿Cómo lo explicas tú?

»En reciente documento suscrito por Andrés Manuel se plantea que la convención que él ha convocado para celebrarse el 16 de septiembre "decida si el órgano de gobierno y quien lo represente, se instale y tome posesión formalmente el 20 de noviembre o el primero de diciembre de 2006".

»Aquí me surge la siguiente pregunta: si se considera que el gobierno actual ha quebrantado ya el orden constitucional ¿para qué esperar al 20 de noviembre o al 1 de diciembre, por qué no empezar por desconocer a la administración en funciones, como sucedió cuando el movimiento constitucionalista encabezado por el Primer Jefe Venustiano Carranza desconoció al gobierno usurpador de Huerta, a los poderes Legislativo y Judicial y a los gobiernos estatales que no acataran el Plan de Guadalupe?

»No pienso que así deba procederse. Hacerlo sería un craso error, de altísimo costo para el PRD y para el movimiento democrático en su conjunto. Por el contrario, estoy de acuerdo con la sensatez y sabiduría de Luis Villoro, que en un artículo reciente dice que la discusión de un proyecto nuevo de nación requiere de tiempo para su debate y no puede aprobarse en un acto declaratorio en el Zócalo, al calor de un discurso, pues haría falta por lo menos la consulta y la anuencia de delegados de toda la República.

»Es decir, agrego yo, de un amplio proceso de análisis y discusión, que en función de un proyecto de nación construido colectivamente en la pluralidad y mediante procedimientos democráticos, desemboque en la elaboración de una nueva norma constitucional.

»Villoro expresa también que "muchos no podemos estar de acuerdo con nombrar un nuevo presidente en rebeldía". Esto rompería, aunque sólo fuera simbólicamente, el orden constitucional. Para sostener una amplia y permanente oposición lo que menos necesitamos son actos provocadores.

»Lo que sí es necesario, pienso yo con muchos conciudadanos, es caminar hacia la paulatina realización de un nuevo proyecto de nación para el porvenir cercano… Un proyecto de oposición podría seguir ciertas ideas regulativas: una nueva ley electoral; una nueva legislación sobre los derechos de los pueblos indígenas; resistencia contra la privatización de los recursos naturales; lucha contra la corrupción; ampliación de la educación en todos sus niveles; lucha para disminuir radicalmente la desigualdades económicas y sociales. Una izquierda nueva podría aglutinarse, sin perder diferencias, en las líneas de un proyecto semejante.

»Como ves, con esta larga carta lo que hago es defender el derecho a disentir, a pensar diferente, a pensar que cuando se ha impedido ha conducido a dictaduras, opresión, represión, sectarismos e intolerancia, que estoy cierto, ni tú ni yo queremos ver en nuestro país.

»Muy atentamente

»Cuauhtémoc Cárdenas Solórzano»

Pocas veces se había cuestionado públicamente y desde la izquierda con tanta firmeza a López Obrador. Poniatowska no atinó siquiera a responder el texto y su participación comenzó a ser mucho menos perceptible en las actividades del ex candidato. Sus incondicionales contestaron como sabían: con intolerancia. Por supuesto, no todos están de acuerdo. Como muestra, lo que comenta el artículo firmado por Miguel Franchute en el boletín *El Militante* del 27 de septiembre de 2006, publicado por el Partido del Trabajo (paradójicamente un partido que había sido creado, decían originalmente en el PRD por Carlos y Raúl Salinas para quitarle votos al PRD en el 2000), que aseguraba que «junto a las declaraciones del ingeniero se han expresado algunas otras voces que comentaremos rápidamente puesto que cada una nos daría para otro artículo (la sintaxis es responsabilidad del autor del texto). Primero encontramos a Lázaro Cárdenas Batel, gobernador de Michoacán quien ha reprimido de manera abierta a los obreros de Sicartsa en la lucha pasada y que no ha movido un solo dedo en la lucha contra el fraude argumentando que cada perredista da su lucha dónde puede y llama al movimiento a entender que hay que «dar la batalla desde los espacios del gobierno que mucho trabajo y muertos costó» (*La Jornada*, 14/09/06). Viendo estas palabras no nos queda más que rascarnos la cabeza y preguntarnos: ¿A qué se refiere señor Batel, a los muertos del PRD o a los caídos en Sicartsa?

»No todo es oscuro en el panorama, seguía el texto del PT, Hugo Chávez, presidente de Venezuela y dirigente de la revolución bolivariana ha desconocido abiertamente el supuesto "triunfo" de Calderón. De antemano sabemos que nuestros hermanos trabajadores venezolanos han empezado a cortar las cadenas de la opresión y *que de manera internacionalista nos han dado siempre la mano* (cursivas nuestras). Es claro que no es un ataque contra el pueblo de México sino contra la burguesía y su gobierno de derecha, pero aún así existen sectores del PRD que en los Cárdenas ven su "punto de vista" muy respetable y se deslindan de Hugo Chávez por considerar sus palabras (reduciendo sus palabras a) un capítulo más de su enfrentamiento con Vicente Fox.

»En una lucha es bueno reconocer quiénes son tus enemigos, mas no es suficiente, también es necesario reconocer quiénes son tus amigos. En el movimiento contra el fraude han ido quedando claro quiénes son nuestros enemigos, la burguesía y sus instituciones caducas y corruptas; pero va siendo hora de reconocer a nuestros amigos quienes por su pasado, sus declaraciones y acciones no son los Cárdenas, los Torreblanca ni los Sabines. Nuestros verdaderos amigos son los trabajadores en lucha, los compañeros oaxaqueños, el pueblo venezolano, el proletariado mundial y podemos estar confiados en que nunca nos abandonarán pues compartimos las mismas aspiraciones y los mismos intereses de clase, muy al contrario estaremos hombro a hombro hasta la victoria del movimiento, hasta la construcción del socialismo».

A final de cuentas, llamaba la atención que entre algunos miembros de la coalición, los más radicales y por lo tanto los más cercanos a López Obrador, los militantes históricos del perredismo eran enemigos, y venezolanos (a los que por primera vez se reconocía que le «habían dado la mano» a la campaña) y oaxaqueños, la mayoría de ellos de la APPO, una organización muy lejana al PRD, los aliados.

El hecho es que, más allá de las divisiones previas a la elección, el plantón contribuyó a generar divisiones posteriores dentro de la Coalición y catalizó las diferencias dentro y fuera de ésta. Acaso la más destacada era la posición que empezaba a tomar Convergencia en cuanto comprendió que la estrategia propuesta no convencería al Tribunal (ni a la opinión pública) de que había habido un fraude.

Para los simpatizantes más radicales de López Obrador y para él mismo, la decisión era sencilla: como él había ganado, aunque las autoridades dijeran otra cosa, él mismo es el presidente. Lo que debía hacer el tribunal era reconocer el hecho y no ponerlo en duda. Si el tribunal no reconocía esa verdad, sería uno más de los traidores. Pero muchos de sus aliados, sobre todo los que tenían algo o mucho que perder, eran más moderados.

Entre los aliados moderados estaba el partido Convergencia, que había sido fundado por el veracruzano Dante Delgado, gobernador interino de Veracruz de 1988 a 1992. Encarcelado durante un tiempo por el gobierno de Ernesto Zedillo, acusado de haber malversado recursos destinados a la reconstrucción de Chiapas y durante su gestión de gobierno estatal, este político, discípulo de Fernando Gutiérrez Barrios, a quien había suplantado en el gobierno del estado, al salir libre fundó la asociación política nacional Convergencia por la Democracia, que posteriormente dará pie al partido Convergencia, que casi siempre ha participado en los diferentes comicios en alianzas con otros partidos, sobre todo el PRD. Su fuerza principal se ubica en Veracruz y en Oaxaca. En la elección de 2006 participó en la coalición por el Bien de Todos, Delgado fue postulado como senador, y obtuvo el cargo.

El 4 septiembre, un día antes del fallo del tribunal, Delgado señaló que debía buscarse un nuevo camino, porque seguir en esa situación (de mantener el plantón) «es absurdo». El 5 de septiembre declaró a *El Universal* que «será "difícil" salir de la crisis política y sólo será posible con acuerdos en el Congreso», y se declaró dispuesto al diálogo. Dijo también que su partido sería congruente con el proyecto de la Coalición Por el Bien de Todos e impulsaría su plataforma en el Congreso pero «no será "cola" del PRD ni jugará un "papel indigno" para obtener privilegios a cambio de votos».

Sin llegar a un rompimiento público, la intención de marcar cierta autonomía y distancia no fue del todo bien recibida. Para Andrés Manuel colaborar con el gobierno «espurio» era inaceptable. Prefería dejar que sus ideas no se aplicarán antes que ver que las utilizara su rival. A partir del fallo del tribunal, fue notorio un discreto distanciamiento de la dirigencia de Convergencia y Andrés Manuel. Discreto, porque no se hizo con una declaración en medios; notorio porque Dante redujo la frecuencia de sus apariciones públicas a favor del plantón, aunque nunca llegó a hablar mal de él. Se puede considerar que fue una de las voces que llamó a no violar la legalidad ni mantener la protesta.

A final de cuentas, como en otras ocasiones, Convergencia jugó nuevamente a quedar bien con todos: aceptó el resultado, negociará con el gobierno de Calderón y con los demás legisladores de las otras fuerzas, pero se mantiene como parte de la coalición y firma la convocatoria a la Convención Nacional Democrática que desconoce al gobierno.

LA OTRA FRACTURA: LOS ELECTOS

El 31 de julio, Ricardo Monreal, senador electo por Zacatecas, declaró que no se presentaría a recoger su constancia de mayoría ni a tomar el cargo de senador, y pedía a los demás candidatos electos hacer lo mismo. Afirmó en diversas entrevistas que la finalidad de esta medida era presionar a que se limpiara la elección. El día de su anuncio reconoció que era una propuesta que no tenía el consenso total ni siquiera dentro el propio PRD. Sin embargo, fue inmediatamente secundado por Graco Ramírez, senador electo por Morelos. Tiempo después, Monreal aceptaría que la propuesta la había presentado por recomendación del propio López Obrador.

El debate en torno a esta propuesta fue intenso; para algunos, la idea no generaba la presión suficiente, puesto que, aunque todos los diputados y senadores electos a propuesta de la coalición no se presentarán, ni siquiera se forzaría la ausencia de quórum; lo que sí era verdad es que perderían una tribuna importante y la capacidad de impulsar las propuestas de su partido. Para otros, hacer eso implicaba que tampoco su elección era correcta, era «fallarle a sus electores», era un absurdo jurídico.

Había un componente legal importante: si un funcionario electo no se presenta a tomar su cargo, se debía llamar a su suplente; si éste tampoco concurre, era necesario convocar a una elección extraordinaria. Este escenario, muy poco frecuente en elecciones, podía lo mismo hacer que algunas elecciones distritales ya ganadas se perdieran, que dañar aún más la imagen de los miembros de la coalición ante la opinión pública.

Pero el componente sin duda más importante para tomar la decisión era la pérdida de las dietas. El riesgo de que se declara los partidos en rebeldía, y consecuentemente perdieran su registro y prerrogativas, era relativamente menor; lo cierto es que el diputado o senador que no se presentara perdería los beneficios de trabajo seguro por tres o seis años, bien pagado, con capacidad de influir en decisiones importantes, formar leyes, y tener acceso a información privilegiada.

Esta propuesta, la de no presentarse a tomar posesión, fue una de las mayores divisiones que se observó entre los distintos miembros del movimiento de resistencia. Al final de cuentas, tanto los promotores de la idea como sus detractores se presentaron a asumir sus funciones. En ese sentido, el gran derrotado fue Ricardo Monreal, proponente original de la idea y que aspiraba a ser coordinador de la fracción del PRD en el Senado. Perdió la elección interna, y el costo político que pagó fue alto.

Mientras tanto, había pasado la calificación electoral y Calderón ya trabajaba en la toma de posesión y en los amarres necesarios para ello. Desde el mismo primero de septiembre cuando observó cómo el presidente Fox no había podido ofrecer su último informe de gobierno y no había llegado siquiera al salón de plenos para entregar el documento, comprendió que tendría que tomar posesión en San Lázaro, ante el pleno. Ése era un paso fundamental de cara al futuro, para validar su mandato. Si el 1° de diciembre no podía tomar protesta en San Lázaro, estaría, como él mismo decía ante su equipo más cercano, a salto de mata todo el sexenio. Desde ese mismo 1° de septiembre se decidieron dos vías de operación: por una parte, el presidente electo mantuvo una reunión diaria con un pequeño equipo que incluía en esta ocasión a los responsables de su seguridad en el estado Mayor Presidencial y funcionarios del área de seguridad, como Miguel Ángel Yunes, para analizar todas las variables posibles que garantizaran la toma de posesión en términos legales. Se llegó incluso a contruir una réplica de la tribuna de la cámara baja para estudiar todos los movimientos posibles. Por otra parte, comenzó a trabajar en un discurso político que reforzara su legitimidad pero que le diera, también, contenido a la propuesta de gobierno, asumiendo los resultados electorales, pero explotando también, las alianzas con la mayoría de los que habían sido sus adversarios y las divergencias internas que ya se advertían en la coalición.

En su primer mensaje como presidente electo, Calderón había sido transparente: convergencia con otras fuerzas políticas, un llamado reiterado a la unidad nacional, y sobre todo había puesto sobre la mesa tres temas para comenzar a negociar y llegar a acuerdos en el periodo de transición: pobreza y desigualdad, empleo y seguridad pública (al tomar posesión mantuvo esas tres prioridades, pero colocó en primer lugar la seguridad). El primer punto había sido puesto más que de manifiesto con los resultados electorales. El segundo era su principal oferta de campaña y quizá la mayor carencia en el plano social del foxismo. La inseguridad, precisamente en esos días, era un mal que parecía estar rebasando a las instituciones y cuyas carencias ya no pueden seguir ocultándose debajo de la alfombra: los cinco decapitados en Michoacán y el asesinato del director de la Agencia Estatal de Investigación de Nuevo León (la principal fuerza de seguridad del estado), acababan de poner de manifiesto, una vez más, que el crimen organizado también había jugado sus cartas en el proceso electoral y político, había perdido y quería revancha. En el equipo del ya presidente electo y éste personalmente consideraban que si se daba un verdadero movimiento desestabilizador no sería por operaciones políticas de sus adversarios (que creían que estaban, todas ellas, en capacidad de controlar) sino por un estallido de violencia provocado por el crimen organizado. Internamente ya habían colocado a éste como el principal enemigo.

Se criticó en aquel discurso la ausencia de los «cómos». Se trata-

ba de una verdad parcial, porque los cómo avanzar en esos temas se
suponía que tendrían que ser parte de los acuerdos que debían alcanzar las distintas fuerzas políticas con la próxima administración. Si
Calderón propusiera ahora esos cómo públicamente, según lo hizo
una y otra vez la administración de Fox, aunque fueran propuestas
acertadas, estarían muertas de origen. Los acuerdos debían ser los
que permitieran avanzar en ésos y otros temas, desde la reforma de
pensiones hasta los cambios políticos, energéticos y fiscales necesarios, hasta llegar, si era posible, a un verdadero gobierno de coalición, aunque para esa fecha, ya todo indicaba que los acuerdos con
el priísmo no alcanzaría para ello. Los cómo, en todo caso, tendrían
que colocarse en la política, en las formas. El fallecido director de la
revista *Cambio 16*, José Luis Salas, clave en la transición española,
decía, cuando se le preguntaba cómo definiría a los arquitectos de
esa transición, que habían sido unos «buscadores de formas» para
llegar a los objetivos que la mayoría compartía. La administración de
Calderón se quería convertir en una «buscadora de formas», para
definir cómo arribar a programas concretos que permitieran avanzar
al país y que le serviría para diferenciarse de un foxismo que había
vulnerado la mayoría de las formas a la hora de entender y ejercer el
poder. Ello era importante también porque las diferencias con la
dirigencia de su propio partido, encabezado por Manuel Espino, eran
ya inocultables y éste estaba presionando para integrar un gobierno
de base partidaria estrecha. Era la hora, por lo tanto, de una política
seria y de abandonar los histrionismos efectistas, pero vacíos.

En este sentido, el contraste ideológico, pero también buscado,
con el discurso de López Obrador y sus seguidores más fieles, era
evidente. Ante un puñado de militantes, la mayoría de grupos como
los Francisco Villa, y acompañado por Rosario Ibarra (con la ausencia de la mayoría de los dirigentes perredistas), el tabasqueño sólo

parecía dudar en aquellos días entre lanzar «su gobierno» el 16 de septiembre, el 20 de noviembre o el 1° de diciembre. A esa se sumaba la presión de las fuerzas armadas que ya habían anunciado que realizarían el desfile militar del 16 de septiembre por su ruta tradicional, que era precisamente la ocupada por el abandonado plantón. Demostrando la magnitud de la incomprensión política del momento, el vocero del PRD, Gerardo Fernández Noroña, como único argumento para rechazar el retiro de los campamentos de Reforma y el Zócalo, ante el inminente desfile militar, había dicho que simplemente el Ejército mexicano se debía ir a desfilar «a otro lado», porque «nosotros llegamos primero» (¿realmente pensaba este hombre que tanto daño le ha hecho a la causa de la izquierda, que el lopezobradorismo «llegó primero» que el Ejército mexicano?).

López Obrador no tomaba decisiones y se está quedando cada vez más solo. El respaldo a sus protestas había disminuido al nivel histórico del PRD, de aproximadamente 20 por ciento, pero si no modificaba su actitud, incluso el partido del sol azteca podría terminar fracturándose, pero él lo ignoraba entonces y lo siguió ignorando después. López Obrador ha seguido los mismos pasos que Marcos: éste declaró la «guerra» al Estado mexicano y desconoció a sus instituciones, López las mandó «al diablo» y tampoco reconocía al gobierno; ambos, formados en un historicismo de libro de texto gratuito, soñaron con convertirse en una suerte de Zapata revivido, elaborando sus planes de Ayala respectivos y convocando a sus convenciones, sus «Aguascalientes»; ambos tuvieron un momento de popularidad y ante la falta de propuestas se han ido quedando progresivamente solos: Marcos deambula sin generar siquiera atención mediática, mientras López Obrador estaba acompañado por un puñado de fieles en el Zócalo al tiempo que, como sucedió con Marcos, muchos de quienes fueron sus aliados sólo estaban pensando cuál sería la hora idónea para abandonarlo.

Y es que había en todo ello una cierta esquizofrenia: López Obrador decía que lanzaría su propio gobierno, llamaba a una ignota revolución y rechazaba las instituciones, pero todos sus legisladores asumían sus cargos y cobraban sus dietas. Marcelo Ebrard teníamos noticias, dado su casamiento con la actriz Mariagna Prats, por las revistas del corazón, pero estaba preparando su futura administración en la capital y como ocurrió no contaban con la mayoría de los lopezobradoristas «duros». Los demás gobernadores perredistas, Lázaro Cárdenas Batel, Amalia García, Zeferino Torreblanca y Narciso Agúndez, habían reconocido ya el resultado electoral comenzando por el gobernador electo de Chiapas, Juan Sabines, quien reconoció, sin dudarlo, al Presidente electo.

Pero el problema mayor de López Obrador no era la esquizofrenia política que había sembrado en su gente. El mayor problema se llamaba Cuauhtémoc Cárdenas. El fundador del PRD más temprano que tarde asumiría su responsabilidad de rescatar a su partido, regresándolo a la senda de la izquierda. Ésa será la hora de la verdad para el lopezobradorismo. Pero para ello aún faltaba tiempo.

LA EVALUACIÓN DEL FRACASO

Muchos todavía se preguntan si las protesta de López Obrador tuvieron o no éxito. Eso depende de que debemos entender por «tener éxito». Logró, no cabe duda, grandes movilizaciones, pero estas fueron perdiendo sentido y capacidad de convocatoria porque el propio ex candidato no les dio una salida política viable.

Mantener bloqueado durante 48 días la ruta turística, empresarial y comercial más importante de la ciudad, el Corredor Reforma y el Centro Histórico no era un «logro» menor. Más significativo era que el gobierno del Distrito Federal hubiera decidido apoyar a su antiguo titular, al permitirle realzar el plantón, violando las leyes que había decretado el propio López Obrador, negándose a utilizar la fuerza pública; mediante una protección policíaca que en lugar de apoyar a la ciudadanía apoyaba a los manifestantes y permitía los cortes a la circulación en las vías primarias. También con un apoyo logístico que incluía la entrega de agua potable, servicios sanitarios, luz eléctrica, alimentos y otro tipo de respaldos a los participantes en el plantón, según reconoció el propio GDF. En un documento oficial el GDF sostuvo que era necesario brindar ese apoyo por «la ilegitimidad de las instituciones así como por la poca vigencia del sistema democrático». Poco después se sabría que ese apoyo, según las cifras oficiales del GDF había sido de casi dos millones de pesos. En realidad se había tratado de mucho más, sobre todo si contamos, las desgravaciones fiscales que se le hicieron a los comercios ubicados en la zona del plantón, que sumaron millones.

En el discurso ante la Asamblea Legislativa del Distrito Federal el domingo 17 de septiembre, cuando presentó su sexto informe de gobierno, el entonces jefe de Gobierno, Alejandro Encinas, afirmó, abandonando toda su historia en una izquierda seria y comprometida que el resultado de los comicios había traído, «más allá del encono electoral, un clima de polarización política y crispación social que ha sacado a relucir los valores más negativos de nuestra sociedad: «el racismo, la discriminación, el desprecio social y la intolerancia, lo que presenta el riesgo y las intentonas de una regresión autoritaria que olvida el recurso de la política y pretende privilegiar el falso camino de la fuerza en asuntos estrictamente de índole social o política». En este contexto, agregó, «los campamentos que se instalaron en el Paseo de la Reforma y en el Centro Histórico de la capital representaron la inconformidad de muchos mexicanos derivada de la falta de equidad en la contienda electoral y la falta de certeza y legitimidad en los resultados de las elecciones federales. Ante esta situación y en estricto apego a mis responsabilidades como jefe de Gobierno y a *mis convicciones políticas personales* el gobierno mantuvo una actitud de prudencia y tolerancia, respetando el derecho a la manifestación pacífica de las ideas y al mismo tiempo garantizando la gobernabilidad de la ciudad».

Era una forma de justificar una derrota imposible. Si se esperaba que el plantón fuera equivalente a la Revolución Naranja de Ucrania, era evidente el fracaso. Pasada la sorpresa inicial, la cobertura de los medios internacionales fue cambiando de sentido, de una modesta simpatía a favor del movimiento hacia una crítica abierta por su rechazo a las vías democráticas. Incluso, *The New York Times* de Estados Unidos y *El País* de España, quienes durante la campaña habían publicado editoriales comentando que la posibilidad del triunfo de Andrés Manuel era alta y conveniente para México, pasaron al extremo opuesto, considerando que su rechazo al resultado de las elecciones y al uso de las vías democráticas era un mucho más que error, una mala señal de falta de compromiso con la democracia.

Por lo que respeta a las simpatías de los ciudadanos mexicanos, se llegó, según encuesta de Ulises Beltrán y asociados, que aunque 30% de la población creía que podía haber ocurrido algún tipo de fraude, menos de 5% estaba de acuerdo en que el bloqueo de avenidas era una solución adecuada. Un fuerte derrumbe de simpatía para quien empezó la campaña con 80 por ciento de aprobación y obtuvo casi un tercio del voto.

La ciudad de México perdió casi diez mil empleos en esos 50 días, de plantón en el corredor turístico, y ello afectó los resultados de muchas empresas, sobre todo las dedicadas al turismo. La ciudad tardó en recuperarse como destino de interés para los turistas extranjeros casi tres meses. La calidad de vida de los capitalinos se deterioró gravemente sobre todo durante las tres primeras semanas, del 30 de julio al 21 de agosto, periodo en el que Reforma sólo tenía cuatro cruces viales, lo que causó enormes congestionamientos. En ocasión del reinicio de clases, el 21 agosto, se decidió levantar parcialmente el bloqueo y permitir cruces por más puntos; pero el tránsito se regularizó totalmente hasta el 15 de septiembre cuando se levantaron los campamentos.

El sexto informe de la Secretaría de Turismo del Gobierno del Distrito Federal, señalaba que uno de los planes prioritarios de la administración 2000-2006 fue «[...] el impulso de las actividades económicas en el Corredor Reforma-Centro Histórico. Para ello el Gobierno del Distrito Federal aplicó una política de incentivo a las inversiones privadas mediante estímulos fiscales, facilidades administrativas y reglas claras a la inversión, lo que ha permitido que a la fecha el Corredor contabilice 1,616 millones de dólares en proyectos privados de desarrollo inmobiliario. De éstos, 657.9 millones corresponden a proyectos concluidos y 957.7 millones a proyectos en construcción en el Paseo de la Reforma.» Pero el mismo documento afirmaba más adelante, que debía destacarse «que al finalizar el mes de septiembre 2006 se lanzó una campaña de promoción «emergente", para reposicionar a la ciudad de México en el mercado nacional después del bloqueo sobre Paseo de la Reforma y partes del Centro Histórico.»

Al final de cuentas el plantón fue la tumba del movimiento lopezobradorista. La presión fue insuficiente para lograr la anulación de la elección, para obtener un fallo favorable del tribunal electoral, y mucho menos, para lo que en repetidas ocasiones, y señaladamente en una entrevista concedida al *Financial Times*, y publicada el 20 de agosto, decía López Obrador: «Los cambios más importantes en México nunca se han producido a través de la política convencional, sino en las calles. México necesita una revolución».

Felipe Calderón y Margarita Zavala sufragaron en la casilla correspondiente a su domicilio, ubicado al sur de la ciudad de México. Foto: Salomón Ramírez

Andrés Manuel López Obrador votó en la zona de Copilco, desde donde se trasladó al Hotel Marquis Reforma. Foto: Alejandro Meléndez

Vicente Fox sufragó en la escuela El Pípila, en la ciudad de México. Foto: Nacho Galar

Imagen del Conteo Distrital, acaecido el 5 de julio de 2006. Foto: Alejandro Meléndez

Luis Carlos Ugalde hace públicos los resultados del Conteo Distrital. Sesión del IFE, 5 de julio de 2006.
Foto: Abdel Meza

Legisladores del PRD, PT y Convergencia toman la máxima tribuna de la nación, 1 de septiembre de 2006. Foto: Erik Meza

El entonces presidente Vicente Fox entrega el Sexto Informe de Gobierno en el recibidor del Palacio Legislativo de San Lázaro, 1 de septiembre de 2006. Foto: Héctor López

Sesión pública del Tribunal Electoral del Poder Judicial de la Federación, 5 de septiembre de 2006 (TRIFE). Foto: Javier Otaola

Felipe Calderón muestra la Constancia de Mayoría, que le entregara el TRIFE el 5 de septiembre de 2006. Foto: Erik Meza

Manuel Espino levantó la mano de Felipe Calderón tras el Conteo Distrital, la noche del 5 de julio de 2006.
Foto: Ernesto Muñiz

Felipe Calderón y Manuel Espino durante una reunión con legisladores de Acción Nacional, 6 de agosto de 2006.
Foto: Erik Meza

Vicente Fox recibió en Los Pinos a
Felipe Calderón el 6 de septiembre
de 2006. Un día después de haber
sido entregada la Constancia de
Mayoría. Foto: Héctor López

Felipe Calderón y Elba Esther
Gordillo se reunieron el 25 de julio
de 2006. Foto: Ernesto Muñiz

Toma de posesión del Presidente Constitucional de los Estados Unidos Mexicanos, Congreso de la Unión, 1 de diciembre de 2006. Foto: Erik Meza

Toma de posesión de Andrés Manuel López Obrador como Presidente Legítimo, Zócalo capitalino, 20 de noviembre de 2006. Foto: Javier Otaola

8

El informe, la calificación
y la visita de la señorita Chávez

> Las teorías delirantes del poder como ocultismo
> generalizado y conspiración permanente y al otro
> extremo de la cadena, las obras informadas sobre la
> parte de sombra de un régimen (red tenebrosa, servi-
> cios de información, misiones ultrasecretas y relevos
> de desinformación) paradójicamente consolidan la
> apología del régimen en cuestión. Mantienen el ima-
> ginario ancestral de la sombra, el mito monárquico
> de una omnipresencia escondida tras la apariencia
> anodina, el largo brazo teledirigiendo a los inocentes
> sin que lo sepan.
>
> RÉGIS DEBRAY

La información nunca fue pública, ni ha sido confirmada, en forma
oficial, por fuentes gubernamentales, aunque la versión proviene de
fuentes extremadamente confiables. El hecho es que el 5 de septiembre, unas horas antes de que ese mismo día, el Tribunal Electoral del
Poder Judicial de la Federación declaraba formalmente presidente
electo a Felipe Calderón, una joven llegaba al aeropuerto de la ciudad de México con un pasaporte venezolano. Las autoridades de

migración y de la PFP en el aeropuerto capitalino la detuvieron porque no tenía datos de ingresos anteriores y porque presumían que
podía transportar drogas o ser contacto de algún grupo de la delincuencia organizada. Era una detención de rutina, que se da, por unas
horas, varias veces al día en el aeropuerto de la ciudad de México y
en muchos otros del mundo, ante la suma de las amenazas terroristas y del crimen organizado. Pero la joven en cuestión no era un caso
de rutina: se puso muy nerviosa, exigió que no la escularan, ni se
revisara su equipaje alegando inmunidad diplomática y finalmente
terminó pidiendo la intervención de la embajada de su país,
Venezuela. Hasta allí todo era relativamente normal, lo que hizo el
caso diferente fue que la joven aseguró que era María Gabriela
Chávez, hija del primer matrimonio del presidente Hugo Chávez
Frías (la otra hija de ese matrimonio es Rosa Virginia) y una joven
de todas las confianzas políticas de su padre (ella fue, por ejemplo, la
única que habló con su padre durante su corta reclusión postgolpe y
quien organizó la resistencia del chavismo ante el golpe que lo había
derrocado en el 2001), quien viajaba con documentos a nombre de
otra persona. Aseguró que venía en una visita privada y que viajaba
de esa forma por cuestiones de seguridad. Llegaron las autoridades
venezolanas y después de las consultas pertinentes en Caracas, María
Gabriela Chávez fue dejada en libertad. Estuvo en México menos de
una semana y según la información disponible, insistimos, sin con-
firmación oficial, viajó a un par de puntos en la república mexicana y
se reunió con varios operadores de la Coalición por el Bien de
Todos. El hecho fue entendido, desde el poder, como la búsqueda de
una comunicación directa del presidente Chávez con López
Obrador, siendo Chávez, además, el único mandatario que no había
reconocido oficialmente el triunfo de Felipe Calderón. No era precisamente la clase trabajadora venezolana, pero resultaba evidente

que, como decía aquel periódico del PT, el gobierno de Chávez intentaba, por lo menos, tenderle, una vez más, en el momento de la derrota, una mano a López Obrador. Nunca se divulgó oficialmente la información para no tensar más, en aquellos días la situación política y la relación bilateral con el gobierno de Venezuela, ya sumamente deteriorada. Pero era una demostración de que la batalla política que se había entablado en México trascendía, incluso, las fronteras. Pero ese cinco de septiembre concluiría una etapa fundamental del proceso: el tribunal electoral anunciaría la calificación del mismo y expediría la declaratoria de presidente electo para Felipe Calderón. Toda una etapa se cerraría en ese momento.

PLANTÓN *VERSUS* POLÍTICA: PRESIONES CONTRA LEYES

Contra la hipótesis del fraude que sostenía López Obrador avalado por su plantón, era necesario contrastar el soporte legal del triunfo de Felipe Calderón. Éste pasó por tres momentos: la victoria en las urnas, el reconocimiento del IFE de esa victoria, y la calificación de la elección por el tribunal electoral, quien la validó legalmente.

El 2 de julio, las casas encuestadoras no pudieron definir un ganador claro; la mayoría coincidió en que los resultados daban un empate virtual, o en términos técnicos, que ambos se mantenían dentro del margen de error, aunque la enorme mayoría de ellas signaban una mínima ventaja para Calderón. Esto es, que la distancia entre el primer y el segundo lugar era menor que la incertidumbre de las propias encuestas, típicamente calculada en dos por ciento. El conteo rápido del IFE coincidía con los encuestadores al no poder diferenciar a quién obtuvo la victoria, ya que registraba una diferencia, a favor de Calderón de medio punto, menor al margen de certidumbre que requerían los especialistas. Un dato que avala la labor de las autoridades electorales y los mecanismos puestos en marcha aquel domingo es que, finalmente, el resultado electoral, el PREP, el conteo rápido, el conteo distrital y el conteo parcial ordenado por el TRIFE dieron prácticamente el mismo resultado.

El proceso electoral estuvo en manos de un millón de ciudadanos insaculados. El conteo de las boletas en las casillas se hizo frente a los ojos de los medios, los vecinos, y los funcionarios de casilla, la gran mayoría, ciudadanos iguales que sus vecinos, sin preferencia partidista alguna. Asumir que se pudo hacer un fraude masivo en tales condiciones es, por lo menos, fantasioso y una agresión a todos los voluntarios que participaron de la organización electoral.

El Consejo General y el sistema de funcionarios de carrera del IFE es un cuerpo de profesionales técnicos, plural, nombrado por la mayoría del Congreso, con trayectorias profesionales amplias, formados en buenas escuelas y con conocimiento previo del tema. Asumir que fueron parciales o sesgados es pensar que estaban dispuestos a apostar su prestigio pasado y el futuro de sus vidas por un beneficio, monetario o de otro tipo, de corto plazo. Esta posibilidad existe, pero es difícil pensar que se equivoquen concientemente en la que será, probablemente, la decisión profesional más importante de su vida: actuar con honradez o no hacerlo en el momento en que el futuro del país depende de ellos. Y el 2 de julio hubo errores, pero el IFE actuó con corrección y conforme a los elementos que tenían. Y nadie, palabrería aparte, ha podido comprobar lo contrario.

El proceso de validación de la elección por parte del Consejo General del IFE ocupó 25 días. Iniciado el 2 de julio, día de las elecciones, continúa los días 5 y 6 en que se realizó el cómputo distrital en cada uno de las 300 juntas del país, con representantes de todos los partidos, con presencia de medios y en sesiones abiertas. En aquellos casos en que las actas en poder de los partidos no coincidieron, o en los que había errores evidentes en las mismas, los paquetes se abrieron y los votos se contaron nuevamente. Esa es la primera instancia de validación oficial de la elección. El resultado del conteo distrital fue el mismo que en las urnas: había ganado Felipe Calderón por medio punto porcentual, poco menos de 500 000 votos.

El 27 de julio, la sesión de Consejo General del IFE declara válido el conteo distrital, avaló la limpieza de la elección, y dio como ganador a Felipe Calderón. Entre otras cosas, el documento afirma que «se llevó a cabo una jornada electoral limpia, apegada a la ley y bien organizada, en un ambiente de tranquilidad y confianza». Se habían instalado instaló la totalidad de las casillas (sólo siete en todos el país no se instalaron), y los incidentes observados en ella fueron relativamente menores: casillas que no abrieron a tiempo, sustitución de funcionarios ausentes con ciudadanos que estaban en las filas, en unos pocos casos, personas que llegaban a alterar el orden. Como en otras ocasiones, el mayor obstáculo se observó en las casillas especiales, en donde votan los electores en tránsito y cuyo número de boletas era insuficiente ante la demanda. Pero esa había sido una decisión de los partidos: un porcentaje menor de casillas especiales para evitar irregularidades y sesgos en la votación. Pero 750 o 1 500 boletas por distrito resultan insuficientes para atender la gran movilidad ciudadana. Sólo el aeropuerto de la ciudad de México atiende a cien mil visitantes cada día; si muchos electores en tránsito, fuera de sus distritos, de sus estados, y de camino al extranjero tratarán de votar ahí, apenas se podría atender la demanda de una hora y se dejaría, a los demás, con la sensación de que se les negó el derecho voto. Eso ocurrió el dos de julio con las casillas electorales. Pero la disposición de cuántas casillas especiales y cuántas boletas se enviaban a cada una no era del IFE, había sido adoptada tiempo atrás por los partidos e incorporada a la ley electoral. El gran impulsor de esa medida fue el PRD.

El informe leído por Teresa González, consejera del IFE, también señala que «los errores fueron mínimos [...]. Hablar de irregularidades generalizadas o peor aún, tan siquiera sugerir, insinuar la organización de un operativo de fraude electoral implica desconocer lo que se vivió el día de la jornada». Como se analizó después, y como ocurre en todas y cada una de las elecciones federales desde 1994, errores a la hora de llenar las actas de escrutinio, que se deben más a fallas en la educación y en la capacitación de los funcionarios de casilla, a dificultades técnicas como lo es escribir en un documento de papel autocopiante con casi doce fojas por llenar, y esperar que todas se vean con nitidez y claridad, que a cualquier operativo conciente. Lo importante es que los votos que estaban en los paquetes electorales coincidían con los resultados.

También es posible que los errores de captura en los datos del programa de resultados electorales preliminares se deban a la fatiga: repetir el procedimiento de captura, para tres o hasta seis elecciones el mismo día, ante más de 130 000 entradas con ocho campos (5 para los partidos, uno para votos nulos, uno para boletas no utilizadas y uno para el total) es equivalente a considerar que se capturaron más de tres millones 100 000 datos en doce horas, aunque divididos en 300 distritos, implica que cada capturista incorporó más de 10 400 datos a la base, un poco menos de mil datos por hora. Asumir que se hizo de manera impecable es demasiado; asumir que se hizo con errores dolorosos, de manera consistente, y sin que nadie lo detecte, es un exceso.

No lo veía así Horacio Duarte, representante de la Coalición por el Bien de Todos, que se había ganado ese cargo pese a no ser especialista electoral, por haber sido el defensor de López Obrador en el proceso de desafuero, pero en el ámbito electoral mostró notables inconsistencias. Duarte dijo, para ellos, «el día de la jornada electoral sigue siendo tema en revisión, y nosotros nos atenemos a lo que hará el Tribunal» y posteriormente añadió que «cualquier otra evaluación será sólo de carácter político o de carácter estadístico». Lo cierto es que durante la jornada electoral Duarte y su partido no habían presentado impugnaciones.

Entre los documentos que empezaron a circular tan pronto terminó el cómputo, algunos matemáticos de la UNAM, pese a que especialistas de la UNAM eran los que habían diseñado tanto el PREP como el sistema de conteo rápido, señalaron que no era posible que en el PREP las tendencias nunca se cruzaron. Aunque su argumento técnico podía ser impecable en el análisis de un fenómeno natural, no es aplicable a un fenómeno social. En la naturaleza, las fuerzas se presentan a medida que se causan, y se observan conforme se presentan; en la sociedad, la propia acción de los individuos va modelando la conducta global.

Imaginemos que en la noche de la jornada electoral, durante el conteo en algunas casillas, se está escuchando radio o viendo televisión. Ahí, los primeros reportes de la prensa, es de una elección sin incidentes y sin novedades. A las ocho de la noche, hora del Centro, 6 de la tarde hora del Pacífico, en que cierran todas las casillas del país y por tanto se pueden hacer públicas las primeras encuestas de salida y resultados de conteos rápidos, el resultado es que no hay resultado. Los medios informan que la moneda sigue en el aire. En ese momento, los representantes de partidos y candidatos saben que su trabajo en la casilla en que están destacados es más importante de lo previsto. Los funcionarios de casilla asumen su responsabilidad con mayor ahínco y cuidado. No porque no le hicieran con anterioridad, sino porque están más concientes que los resultados a su cargo sí pueden influir en el resultado final. Si la votación está clara a favor de uno u otro candidato, el resultado del cómputo saldrá rápidamente. Pero si la diferencia es pequeña, se hará necesario contar y recontar varias veces los votos. A pesar del cuidado puesto durante la jornada, seguramente muchos ciudadanos depositaron votos en las urnas que no correspondían a cada elección (había casillas hasta con ocho urnas diferentes para distintas elecciones, desde presidente hasta edil), por lo que la apertura de las demás urnas también tendrá efectos sobre las elecciones previamente computadas. Y mientras siguen con un proceso lento, en ocasiones tedioso, llegará el reporte de las once de la noche que afirma que no hay ganador. Esto aumentará la tensión y la atención en las casillas. En la medida en que concluye la labor van llegando los resultados y llegaron primero los que daban ventaja a Calderón. Por eso los modelos matemáticos no necesariamente coincidan con la realidad. A pesar de que incluso el propio principio de incertidumbre de Heisemberg señale que no es posible saber de manera simultánea la ubicación, la velocidad y dirección de una partícula subatómica porque «el mismo hecho de observar modifica lo observado", sobre todo cuando para observar es necesario alterar el objeto a observar, sea una partícula subatómica o la conducta de un grupo social.

De manera análoga, días después, durante el conteo distrital, en las casillas en que ganó Felipe Calderón o López Obrador de manera clara, con amplias ventajas, los resultados se transmitieron rápidamente; en aquellas en que hubo dudas, los conteos tardaron más. Particularmente lentas fueron las casillas ganadas por Calderón: la coalición sabía que se juega la victoria y pretendía regatear cada voto y cada casilla ganada por su oponente. Sorprende que el penúltimo estado en entregar resultados haya sido Colima, que por su tamaño y número de electores se esperaba entregará entre los primeros. Por ello, durante el conteo distrital López Obrador mantuvo la delantera durante todo el día y parte de la noche, pero la perderá al filo de las cuatro de la mañana: las casillas más cerradas ganadas por Calderón tardaron en llegar, pero sumaron cada vez más votos a la diferencia, hasta convertirse en una constante irreversible.

El Instituto Federal Electoral concluyó que la elección había sido limpia, apegada a la ley y bien organizada, y que ganó Felipe Calderón. Semanas después, como hemos analizado el tribunal electoral ordenó un nuevo conteo parcial del diez por ciento de las casillas, para desahogar las impugnaciones presentadas. El resultado volvió a ser el mismo. Sólo faltaba un paso para concluir el proceso antes del siete de septiembre, pero antes era el sexto informe de gobierno de Vicente Fox.

EL INFORME QUE NO FUE

Con una campaña basada en la idea del cambio, Vicente Fox había logrado lo que parecía imposible seis años atrás, haciendo volar el imaginario popular con la idea de «sacar al PRI de Los Pinos", logró realizar una campaña ganadora, a pesar de los reverses o la bisoñes política que reflejó en varios momentos. Pero todo los transformaba en un triunfo en su favor, incluyendo aquel «hoy, hoy, hoy» que hizo pensar a muchos que sería su hundimiento final y resultó su lema de campaña. Así, en la noche del 2 de julio del 2000, una multitud festejaba al todavía incrédulo ganador de la elección, reconocido tanto por el Presidente Zedillo como por el Instituto Federal Electoral en apenas unas horas.

Pero el poder desgasta y con Fox lo hizo prematuramente. Durante el 2004 la confrontación del presidente con el jefe de gobierno capitalino era evidente. Habían pasado los famosos videoescándalos de los que aún trataba de recuperarse López Obrador, cuando basado en un caso jurídicamente correcto, aunque políticamente cuestionable, se acusó a López Obrador de desacato a una orden judicial, lo que era rigurosamente cierto, para lograr el desafuero y juicio político del jefe de gobierno. La historia, es muy conocida: el centenario Hospital ABC (American British Codway) construyó una nueva sede en la zona de Santa Fe. Sin embargo, a pesar de estar en línea recta con el eje de desarrollo, al ubicarse entre la autopista México-Toluca y la avenida Vasco de Quiroga, los accesos al mismo debían efectuarse por las calles de viejos pueblos de Cuajimalpa. Las autoridades del centro hospitalario pidieron que se construyera una vía de acceso al centro médico que fuera más directa y accesible. El gobierno de la ciudad aceptó la idea y la llevó a la práctica. El hospital está situado en la parte superior de un talud, por lo que las vías de acceso a construir debían devastar parte de la montaña. Ésta podía desviarse unos metros, hacer una curva y llegar sin problemas al hospital. Pero se decidió no cambiar el trazo original que pasaba por en medio de un terreno de propiedad privada, el predio El Encino. Inconformes con la obra realizada sin consultarlos y sin pagarles compensación alguna por ella, los propietarios de El Encino promovieron un amparo, y lo obtuvieron. La orden del juez era suspender de inmediato los trabajos, dejar las cosas como estaban, en espera de reconocer si la expropiación del predio había sido correcta o no. Sin embargo, la Secretaría de Obras del Gobierno del Distrito Federal no obedeció el mandato judicial. Pretendía terminar los trabajos con el fin de presentar hechos consumados y forzar una negociación favorable a su proyecto. Ante el desacato a la orden del juez, los abogados de los dueños promovieron un recurso de queja, y pidieron sanción de las autoridades responsables, incluyendo el superior jerárquico del secretario de Obras, esto es, el jefe de Gobierno que había sido informado del amparo y lo había ignorado personalmente. En el sentido estricto, la sanción procede: es decir, el desacato a una orden de la Suprema Corte debe sancionarse con la pérdida del cargo.

Lo notable del caso es que, al ser el perjudicado el posible candidato opositor que llevaba, pese a los videoescándalos, ventaja las encuestas, las sanción incluiría la inhabilitación de sus derechos político, al menos mientras se resolvía el caso. Para alguno de sus hipotéticos y futuros adversarios la oportunidad era especial: podían retirarlo de las contienda, alegando el estricto respeto de la ley y demostrando que era un hombre que no estaba dispuesto a cumplir con ella. Para sus seguidores, era un abuso enorme: «quieren descalificarlo por abrir una calle hacia un hospital, porque es bueno y se preocupa por los pobres", repetía la versión del GDF y muchos la asumían como propia. Aunque la frase correcta era que «los sancionarán por incumplir una orden de la Suprema Corte que le prohíbe continuar abriendo una calle en un predio particular que quedará permanentemente dañado, y que lleva a uno de los hospitales más famosos y caros del país, por así convenir a sus intereses políticos".

Pero el cumplimiento de las leyes nunca ha sido uno de los fuertes del país y López Obrador logra capitalizar en forma notable el descontento, «victimizándose", convirtiéndose en un héroe perseguido no por violar la ley sino para impedirle ganar la elección. Pareciera que el tema, así presentado se simplifica demasiado, pero estrictamente eso es lo que sucedió. El PAN, con todo, logra un acuerdo con el PRI y en la cámara de diputados se vota el desafuero. Una manifestación realmente masiva y la sensación de que el malestar general lo hará mártir y dará impulso para que, aunque no participe López Obrador en la elección, el candidato a su partido arrase en 2006, hace que el presidente Vicente Fox cambie de estrategia.

No procede con la inhabilitación pública y cambia al procurador Macedo de la Concha. Fue el momento de mayor popularidad de López Obrador desde que había iniciado su gobierno en el DF. Nunca volvería a alcanzar esa cima, aunque mantuvo altos índices de aceptación. Extrañamente, el suceso también generó otro fenómeno: las posibilidades de los candidatos impulsados por Los Pinos, Santiago Creel y de Marta Sahagún de Fox se esfumaron, luego de que el presidente Fox logró, con la operación previa y su decisión postrera, quedar literalmente mal con todos y mostrar debilidad y falta de rumbo. En el PAN había un precandidato que estaba, como él ha dicho, en el lado oscuro de la Luna, pero que vio que si seguía la tradición de su partido y no la impuesta por el presidente en turno, tendría posibilidades, era Felipe Calderón que precisamente ante el fracaso del desafuero comenzó a operar seriamente su campaña. Con todo, el que parecía que había ganado en el proceso a pesar de que había votado a favor del desafuero, era el PRI porque el presidente había quedado seriamente debilitado, el PAN tenía el rumbo perdido y el PRD aún no estaba consolidado en muchos puntos del país donde el priismo mantenía una sólida estructura: vendrían una sucesión de victorias locales, la más importante la de Enrique Peña en el estado de México que hacían presagiar su victoria un año después, o que lo colocaban en línea directa de confrontación sobre todo con el PRD. Pero hasta allí había llegado el priismo: las divisiones, las malas decisiones, la ruptura total de Madrazo con Elba Esther, el golpe, no por merecido menos directo del madracismo contra Arturo Montiel, hicieron que el PRI retrocediera en semanas lo que había construido en los últimos años.

En ese contexto, y subestimando constantemente las posibilidades de Calderón, Andrés Manuel, confiado en la victoria, decidió no competir con sus adversarios y concentrar la campaña en contra del presidente Fox. Así, elevando constantemente su discurso llegó al extremo de ordenarle «Cállese, Chachalaca Mayor, Cállese". La chachalaca es un ave del sur del país, conocida por sus graznidos constantes y disonantes. En la opinión de López Obrador, los discursos en su contra eran graznidos. Fue un grave error que se sumó a los muchos que cometió López Obrador durante la campaña. La gente no veía bien que atacara al presidente de la República que seguía gozando del respeto y simpatía de muchos ciudadanos (casi 65 por ciento, según las encuestas) y que además, por su investidura tiene acceso constante y preferencial a los medios. En adición, aunque la frase hubiera gustado a sus simpatizantes y despertaba carcajadas cada vez que la enuncia, para el resto de la gente sonaba intolerante, irresponsable, irrespetuosa y censora. Y coincidía con una declaración de Hugo Chávez, con quien López Obrador había querido diferenciarse, también contra el presidente Fox. Cuando el equipo de Calderón la utiliza en un spot en que lo equipara a Chávez, y lo presenta como un peligro para México, está dando un golpe decisivo en la campaña. Según el propio Calderón, más que ese spot el que terminó de equilibrar e incluso voltear las tendencias fue el de que mostraba cómo López Obrador endeudaría a México como lo había hecho con la ciudad y sostenía que acabaría con la estabilidad económica que era el mayor logro de los tres últimos años de Zedillo y los seis de Fox. Pero lo cierto es que cada vez que se repitía en la pantalla el «cállese, chachalaca» con una imagen desencajada del candidato, se reforzaba la idea de que era un peligro para la libertad de expresión. «Si se atreve a callar al presidente, ¿qué no hará con los demás?». Las consecuencias fueron demoledoras, pero según integrantes de primer nivel del equipo de López Obrador, éste nunca lo aceptó, ni siquiera cuando sus propias encuestas comenzaron a mostrarle, en abril, que la distancia con Calderón había desaparecido.

Todavía Manuel Camacho y Jesús Ortega, entre otros, trataron de convencerlo de que fuera al primer debate. Los ignoró, Nico Mollinedo le decía que no se preocupara, que todo iba bien y es a él a quien escuchaba el candidato.

Sin embargo, y pese a la oportunidad con la que actuó el equipo de Calderón, parecía que el presidente Fox quería su parte de protagonismo y no lo dejó seguir en el error, recomendaba la célebre frase de Napoleón: «si tu enemigo se está equivocando, no lo distraigas y déjalo que siga". Así que, con inusitada frecuencia, empiezó a dedicar sus discursos a señalar una amenaza populista, mentirosa, que pretendía desviar a México de su verdadero camino, y que, aunque nunca mencionaba el nombre de la amenaza, correspondía a los dichos y hechos del candidato perredista.

Las alusiones presidencial eran tan obvias que incluso el tribunal electoral llegó a considerarlas en su fallo sobre la validez de la elección como un acto de interferencia en la campaña; aunque estableció que no alcanzó para desviar el resultado de la elección. En los Considerandos de la Declaratoria de Presidente Electo, dice el tribunal: «En la etapa de preparación de la elección, el presidente de los Estados Unidos Mexicanos realizó manifestaciones con cierta incidencia en el proceso electoral para la renovación de ese cargo, las cuales, incluso, fueron motivo de queja por parte de la Coalición Por el Bien de Todos, quien las califica a favor del candidato del Partido Acción Nacional y en detrimento del candidato de esa coalición. Esta Sala Superior tiene establecido el criterio de que la validez de una elección puede afectarse por la realización de actos que atenten contra la libertad del sufragio y la equidad en la contienda, aunque es necesario que esas conductas sean de tal gravedad que resulten determinantes para el desarrollo o el resultado del proceso electoral. En ese sentido, es importante que las autoridades de cualquier nivel se mantengan al margen del proceso electoral, con el objeto de impedir el uso del poder político que ejercen, y de los recursos y facultades que están a su disposición, para favorecer a uno de los partidos o candidatos contendientes, en detrimento de la equidad e imparcialidad que debe haber en los comicios». Y tras casi 50 páginas de análisis de los casos puntuales y transcripciones de las declaraciones, contexto y circunstancias de los dichos presidenciales, el Tribunal concluye: «Es importante destacar, que el hecho de que el Presidente de la República haya emitido las manifestaciones precisadas, resultaría insuficiente para considerar, a plenitud, que éstas tuvieron una influencia decisiva en las campañas políticas o en el ejercicio del sufragio de los ciudadanos en determinado sentido, pues como ya se dijo, tales manifestaciones no se encuentran aisladas, sino que están directamente relacionadas con las reacciones sucesivas de diversas autoridades, tendentes a encauzar debidamente el proceso electoral. El contexto en el cual fueron emitidas las opiniones, asociado del carácter genérico con que se expusieron, permite concluir que en la medida que el carácter indirecto o metafórico de las expresiones insertas en los contextos, requiere de una asociación mayor con otros acontecimientos o expresiones, se reduce considerablemente la posibilidad de su influencia en la intención del voto del electorado. Sin embargo, esta Sala Superior no pasa por alto que las declaraciones analizadas del Presidente de la República Vicente Fox Quesada, se constituyeron en un riesgo para la validez de los comicios que se califican en esta determinación que, de no haberse debilitado su posible influencia con los diversos actos y circunstancias concurrentes examinados detenidamente, podrían haber representado un elemento mayor para considerarlas determinantes para en el resultado final, de haber concurrido otras irregularidades de importancia que quedaran acreditadas». En otras palabras, el que estuvo a punto de hacer fracasar la elección de Calderón no fue López Obrador, sino Vicente Fox, cuya relación con el candidato panista era compleja, más aún desde que fuera elegido, previo a la selección de candidatos, Manuel Espino en la presidencia del PAN, con el respaldo del presidente Fox, de su influyente asesor Ramón Muñoz y de sólo uno de los precandidatos, Santiago Creel.

Por estos episodios, la ira del candidato derrotado se volcó, más que sobre el vencedor, sobre Vicente Fox, al que consideraba públicamente el verdadero autor y causante de su derrota. Además, publicitariamente era mejor expresarlo así para la causa del «fraude» y para presentarlo, como lo venía haciendo incluso antes de la elección a Calderón como un «pelele» (lo que tampoco le había ganado, ni antes ni después, simpatías). Así pues, era importante cobrarse la afrenta humillándolo y ridiculizándolo lo más que se pudiera. Y a eso se dedicaría los últimos días de agosto: si era posible ganar el conteo de votos, se debía forzar la nulidad ante el tribunal, evitando que Vicente Fox rindiera su Sexto Informe ante el Congreso.

El domingo 13 de agosto, durante su sesión informativa en el plantón del Zócalo, Andrés Manuel anunció que la resistencia civil duraría un mes más, que sería hasta las últimas consecuencias, y de ninguna manera se iba a permitir ni el informe del Presidente Fox, ni la entrega de constancia de mayoría a Felipe Calderón, ni el grito en palacio nacional ni el tradicional desfile militar del dieciséis de septiembre. Afirmó que él daría el grito la noche del 15, y que el 16 organizaría allí mismo una Convención Nacional Democrática, que decidiría qué hacer con la resistencia civil, que ya perfilaba como su autoproclamación como presidente «legítimo». Podemos decir, agregó, «que estamos preparados para resistir el tiempo que sea necesario, que podríamos estar aquí por años». Esa presión tenía que tener un punto culminante el primero de septiembre.

Ese mismo día, la Policía Federal Preventiva instaló un cerco de seguridad en torno al Palacio Legislativo de San Lázaro. Este incluiría vallas metálicas de tres metros de alto, efectivos suficientes para aislar en dos perímetros el Palacio, y la instalación de retenes de seguridad que pedían que verificaba la identidad de todo el que lo atravesara.

Ese mismo día la tarde, bajo la conducción de Dolores Padierna, todavía diputada federal, anteriormente delegada en Cuauhtémoc, y esposa de René Bejarano, acompañada por varios diputados electos de la corriente Izquierda Democrática Nacional, trata de romper el cerco federal y tomar las puertas del Palacio Legislativo. ¿Era ése su objetivo? En el equipo de Calderón y en el gabinete de seguridad pensaban que no, que lo que buscaban era dos cosas, provocar un golpe mediático que hiciera levantar el cerco y «calar» a las policías federales y las autoridades para saber hasta dónde podían llegar dos semanas después No lograron romper el cerco pero la PFP decidió aumentar el número de efectivos.

En esos momentos, la intención de López Obrador no parecía pasar, siquiera, por la anulación de las elecciones: sabía que eso era ya imposible, que como el nuevo conteo, el tercero, había confirmado los resultados, que no se podía demostrar el fraude y que no tenía pruebas para sostener su discurso. Que el plantón, para esa fecha, era ya un fracaso donde cada vez menos quienes permanecían en él (incluyendo el propio López Obrador que se iba todos los días a dormir rigurosamente bajo techo). El primero de septiembre se instalaría el congreso y los diputados y senadores del PRD habían decidido asumir sus cargos.

De la misma manera que muchos pensaban luego de la campaña electoral el candidato se atemperaría (lo que se demostró falso e incluso como él declaró se había guardado en la campaña de expre-

sar opiniones para evitar rechazos), algunos hoy piensan que terminado el proceso electoral en sí, con la constancia para Calderón,
López Obrador dejará paulatinamente las protestas para permitir
que su partido y sus aliados se dediquen a hacer política y a aprovechar el capital acumulado. No era ni sería así. López Obrador ya
había anunciado que pediría, en el momento en que se entregara la
constancia de presidente electo a Calderón, que su gente se manifestara «donde sea y como sea»; había anunció que se quedará en el
plantón «varios meses"; que «contestaría» desde el Zócalo el informe presidencial, y «ordena» a sus seguidores a «estar presentes» en
el centro de la ciudad; que el 15 en la noche él daría el grito; que el
16, el día de la parada militar, convocaría en el mismo lugar y a la
misma hora que el desfile, a una «asamblea extraordinaria».

El ex candidato ya no le apostaba por su partido. Sabía que, por
el contrario, le restaba pero en su diseño estratégico eso era necesario, porque el partido, tarde o temprano lo traicionaría. Cuando el 12
de agosto fue a Chiapas enarboló un discurso sobre el fraude y la
elección de estado que en Chiapas era el que utiliza la coalición opositora PRI-PAN-Verde-Nueva Alianza en contra del gobierno y el
candidato perredista local. Juan Sabines tuvo que deslindarse de
López Obrador y ello casi le hace perder las elecciones, ya que, además, fortaleció la idea de que se quería establecer una suerte de cerco
en el sur controlando Chiapas, Oaxaca y Tabasco. Por lo pronto, el
proselitismo de López Obrador ha logrado, una alianza de facto PRI-
PAN en Chiapas y el distanciamiento de su propio candidato; en
Tabasco, donde habría elecciones en octubre, César Ojeda ya había
visto desaparecer su ventaja ante el priísta Andrés Granier y como
ocurrió ganó las elecciones locales con amplitud. En Oaxaca, el endurecimiento de López Obrador y de la APPO lo único que hacía era
debilitar al PRD y a Convergencia y consolidar a Ulises Ruiz.

Pero López Obrador no sólo estaba dañando a sus compañeros de ruta en el sur, sino también en el DF. El perredismo ganó con amplitud las elecciones en la capital pero su respaldo cae y le dificulta las cosas a su sucesor, Marcelo Ebrard, con sus propias ambiciones políticas. La administración del GDF estaba paralizada por el plantón, por el cerco a San Lázaro y por la amenaza de su candidato de impedir el grito y el desfile militar. y a las órdenes del ex candidato. Alejandro Encinas incluso prometió que no habría problemas en septiembre con el plantón y las fiestas nacionales porque para esos días, había dicho el jefe de gobierno, la elección ya estaría calificada, el congreso instalado y desaparecerían las causas del conflicto. Aseguró, incluso, que el desfile militar se haría por su recorrido habitual que es precisamente donde estaba colocado el plantón, desde el Zócalo hasta el Auditorio. Para fortalecer la idea, el propio presidente nacional del PRD, Leonel Cota Montaño, dijo al llegar el sábado 12 de agosto a Chiapas que se estaba analizando levantar el plantón y continuar «la resistencia civil» por otras vías. Pero ese mismo sábado, López Obrador desmintió al presidente de su partido y al jefe de gobierno capitalino: dijo que el plantón continuaría durante «varios meses más» y enumeró las actividades que tiene programadas para las siguientes semanas, desde impedir el informe y el grito hasta obstaculizar el desfile militar. Encinas no volvió a declarar en esos días sobre el tema.

El duelo de protestas contra propuestas seguiría los siguientes 15 días: el 15, el cerco de la policía federal es completo y que podía contener el avance del frustrado plantón perredista; voceros del PRI y del PRD consideraban que la «torpeza» de Fox al pretender dar el informe, que es una obligación constitucional, ahonda la crispación, al tiempo que Calderón declara que no le preocupaba ser un Presidente sitiado. El día 16, la presidencia anunció que tenía un «diálogo sostenido» con la coalición. La coalición desmiente al vocero Rubén Aguilar, al tiempo que trasciende que había sido Marcelo Ebrard quien había ordenado la frustrada toma del Palacio. También se afirmaba que, dada la «tibieza» de las demás corrientes, serán los bejaranistas de Izquierda Democrática Nacional quienes encabezarían las protestas, con lo que se le volvía a dar juego político a esa corriente hasta entonces relativamente desplazada. Para el 17, Presidencia confirma que está dispuesta al dialogo en tanto que en las filas perredistas dicen que, si su enlace es Encinas, el presidente Fox «está jodido». López Obrador pide que el Ejército no se usa para reprimir al pueblo, en tanto que Cuauhtémoc Cárdenas se pronuncia por respetar el fallo del Tribunal Electoral. Se anuncia que el gobierno del Distrito Federal y la Secretaría de Gobernación llegaron a una acuerdo para dar garantías al acto del Informe. La autoridad local se encargará de la seguridad perimetral y de garantizar las vías de acceso, en tanto que la autoridad federal será responsable de la seguridad del inmueble federal.

El viernes 18 de agosto se hace público en el video grabado en Cuba sobre Carlos Ahumada. El día 20, en tanto que en Chiapas se celebraran elecciones locales con un resultado favorable al candidato del PRD, simpatizantes de López Obrador entran a la catedral metropolitana durante la misa que oficia el cardenal Norberto Rivera Carrera, e interrumpen su homilía con pancartas, gritos y conatos de bronca. Eran gente de Fernández Noroña. El 21 trasciende que, para evitar que se castigue a los responsables de la intromisión en Catedral y para mantener un control estricto, se instalan «puestos de revisión» en la entrada al Zócalo por parte de los lopezobradoristas, en tanto que el cardenal se queja «eso no se le hace a un amigo» y advierte de que puede ordenar suspender los oficios religiosos en protesta por lo ocurrido.

El 22, el presidente Fox dice que Felipe Calderón era «el claro ganador», Dante Delgado pide reconocer el fallo del IFE cuando ocurra, y el secretario de la Defensa Nacional, el general Gerardo Clemente Vega García, dice que sin lugar a dudas «habrá desfile y será por la misma ruta de siempre». Un día después, el 23, Andrés Manuel declara que «en 24 días podría haber dos presidentes» y dice que no dejará pasar al Ejército. Calderón, por su parte, sigue operando con los nuevos congresistas y con sus abogados en el tribunal electoral, conciente de que los más importante es lograr la calificación de las elecciones y que, a partir de ese momento, todo cambiará. Pero no está de acuerdo con la decisión que comienza a perfilarse en Los Pinos, de no dar el informe y tampoco, pese a las declaraciones oficiales, dar el grito en el Zócalo. Mientras el presidente sigue subestimando el tema Oaxaca, y está dispuesto, paradójicamente, a bajar su perfil político pero aumentar el declarativo (exactamente lo contrario de lo que piensa Calderón que se debe hacer), el inminente presidente electo está preocupado por la seguridad y comienza a procesar la integración de su gabinete.

El 24 de agosto el presidente Fox envía la primera señal de que cederá, dice que «actuará con firmeza, pero con prudencia» y que los miembros de plantón estaban invitados al grito en el Zócalo la noche del 15. Ese mismo día se deja entrever, por primera vez con claridad, que López Obrador considera autoproclamarse el 16 de septiembre, «presidente de México». Un día después, Fox insiste en que dará el grito en el Zócalo, en tanto que López dice que «sabe y le consta» que Calderón preparaba ya «varios *quinazos* para legitimarse», lo que extrañamente reconocía que sería el próximo presidente.

El domingo 27, en su sesión por la mañana, el tribunal electoral afirma que no hay bases para un nuevo recuento, y con ello descarta definitivamente el «voto por voto». La respuesta de López Obrador en la asamblea informativa es fulminante: «Ya no nos importa lo que hagan, no tenemos ningún respeto por sus instituciones porque no son las del pueblo; nosotros vamos a crear nuestras instituciones de acuerdo con lo establecido en el artículo 39 de la Constitución». Revive la tesis de que ratificar el triunfo de Calderón es equivalente a dar un golpe del Estado.

El lunes 29 el tribunal ratifica la ventaja de Felipe Calderón. Se da un acuerdo entre el PRI y el PAN para la instalación de la Cámara de Diputados, acuerdo que margina al PRD del lugar que le correspondería como segunda fuerza. Alejandro Encinas sugiere una salida negociada a la crisis del informe y un día después, Manlio Fabio Beltrones sugiere al presidente Fox que sólo entregue su Informe y se vaya.

El 31 la elección todavía no está calificada, porque el Tribunal no quiere tomar una decisión con el informe enfrente. El presidente Fox anuncia que irá al Congreso y leerá su informe. El PRD que lo evitará de cualquier forma. «Callaremos a Fox» afirman, en tanto que el PAN promete defenderlo. Ese día, los coordinadores legislativos del Pan se comunican con Calderón y le dicen que harán lo que sea necesario para garantizar que, por lo menos, el presidente llegue al salón de sesiones a entregar el documento. Esa misma noche, el secretario de Gobernación, Carlos Abascal, habla con los legisladores y les pide que no hagan nada. Estos vuelven a hablar con Calderón y éste, desconcertado, les dice que acepten las órdenes del titular de Gobernación.

El primero de septiembre, hace años que ya no es «el día del presidente». Desde el último informe de Miguel de la Madrid, en que fue interpelado por Porfirio Muñoz Ledo, los informes presidenciales fueron perdiendo cada vez más esa solemnidad para irse convirtiendo en el escenario para que algunos legisladores ofendan al presidente y las instituciones o para desatar todo tipo de protagonismos. Ernesto Zedillo, eliminó la salutación presidencial al final de informe en palacio. Y el ahora perredista, pero antes priísta, Arturo Núñez había marcado un récord en su respuesta al informe al hablar aproximadamente un minuto y dar por concluida la ceremonia en el 98. Pero el sexto informe de Vicente Fox marcaría un nuevo hito: sería el informe que no fue.

Durante los discursos de posicionamiento de los partidos previo al informe, tocó el turno al senador Carlos Navarrete de hablar a nombre del PRD. Reprochó que para todo efecto práctico el jefe del Ejecutivo Federal había sitiado al Congreso y suspendido de facto las garantías individuales de libre tránsito y libre manifestación, violando con ello el artículo 29 de la Constitución. Afirmó: «¿En qué momento, ciudadanos legisladores y legisladoras, cuándo este Congreso aprobó la suspensión de garantías contemplada en el artículo 29 constitucional? ¿Por qué a las afueras de este Palacio Legislativo y a varios kilómetros a la redonda se han suspendido *de facto* las garantías que establece nuestra Constitución? Un impresionante e indignante operativo de las fuerzas de seguridad, dijo, tiene cercada la casa del Congreso por tierra y aire, con lo que se agrede a los representantes de la nación y se impide el ejercicio de las libertades. Está violación está a la vista del país». Dicho lo cual, un grupo doce diputados y senadores del PRD y del Partido del Trabajo se pusieron de pie y, seguidos cada uno por bloques de diez, avanzaron hacia la tribuna. Lo representantes de Convergencia se quedaron en su curul. Para las 18: 50, la Tribuna había sido tomada por los opositores, sin que el presidente de la mesa directiva del Congreso, Jorge Zermeño, pudiera imponer orden. «Solicito… señores legisladores, les pido que vuelvan a sus curules para que podamos continuar esta sesión en orden», era la constante petición que caía en oídos sordos.

El PAN ya no pudo sentar posición, eventualmente, tuvo que declarar un receso.

A las 19:01 llegó a palacio el presidente Fox, y aunque dos helicópteros Super Puma sobrevolaron el recinto, en lo que se suponían era la llegada aérea del Presidente, éste entró por la puerta principal y a pie. Zermeño ya sabía lo que debía hacer: en lugar de tratar de forzar la situación, declaró: «Y en virtud de que no existen condiciones para el uso de la tribuna, solicito a la Secretaría reciba en el recinto de este Palacio Legislativo, el Informe por escrito que presenta el presidente de la República, Vicente Fox». Éste entregó el documento sin ingresar al salón de sesiones y salió por donde entró. La ocupación de la Tribuna continuaría hasta pasadas las nueve de la noche.

En cadena nacional de televisión, Vicente Fox leyó el mensaje político que había preparado para supuestamente leer ante el Congreso. El PRD había logrado un triunfo pírrico: había cobrado venganza de la presunta afrenta del robo de la elección; había dañado la institucionalidad y había ofreciera su informe. Pero pagó el costo de mostrarse otra vez como intolerante y ello provocó otra brusca caída en las encuestas. Al mismo tiempo, al presentarse en televisión y radio, en cadena nacional, un par de horas más tarde, el presidente Fox tuvo más auditorio del que había tenido nunca antes en un informe.

El perredismo, que aún tenía posibilidades de rescatar algo del naufragio, decidió quemar sus naves. Al tomar la tribuna de la Cámara de Diputados, al impedirle a los demás legisladores continuar con la sesión y al presidente Fox dirigir su sexto informe de gobierno sellaron la derrota del dos de julio.

La toma de la tribuna en San Lázaro admitía una comparación histórica: aquella de las Cortes españolas, también cuando estaba en ciernes un cambio de gobierno en la entonces todavía frágil democracia española, por el teniente coronel Antonio Tejero. Aquel 23 de febrero del 81, casi a la misma hora en que Carlos Navarrete daba la orden para tomar la tribuna, Tejero llegó con sus hombres, ocupó el congreso español y argumentando que las instituciones democráticas se habían pervertido, anunció que llegaría una autoridad «de mayor grado» para hacerse cargo del poder: crearían su propio gobierno. Quienes esperaban una reacción violenta de los legisladores vieron como éstos no caían en la provocación y Tejero, junto con su jefe, el general Jaime Millán de Bosch, un día después estaban detenidos. Aquel disparo de Tejero al techo de la Corte española, fue remplazado en nuestro caso por el grito de López Obrador enviando «al diablo sus instituciones» y su amenaza, la misma del coronel Tejero, de que iba «a crear su propio gobierno». Un golpista, se diga de derecha o de izquierda, siempre es igual a otro golpista.

Lo del viernes en la cámara había sido similar a aquel golpe del 23 de febrero en España y sus resultados también serían, con las diferencias del caso, los mismos. El perredismo, una vez más, había tomado la tribuna para exigir sus derechos y tratar de imponer su visión de las cosas pero lo hacía conculcando el derecho de los demás y la propia legalidad. Argumentó una suspensión de garantías individuales inexistente, olvidando, incluso, que sus militantes habían conculcado las garantías de buena parte de la población impidiendo el tránsito a las zonas de Paseo de la Reforma y del Zócalo. Pero más grave que eso, la actitud golpista demostró su vulnerabilidad, la debilidad argumental de sus posiciones, la incapacidad de ejercer una crítica fundamentada al poder político. Incluso, la falta de comprensión respecto a su propia realidad: ni el PRD representaba a la mayoría de los legisladores del congreso (su fuerza legislativa equivale a dos quintas partes del congreso) ni mucho menos a todos los mexicanos.

La de ese del viernes primero fue una pésima estrategia política, típica de lo que nada menos que el propio Lenin llamaba «la enfermedad infantil del izquierdismo». La imagen de los perredistas tomando la tribuna fue lo u?nico que quedó en la enorme mayoría de la población. Al mismo tiempo, se vio a un Vicente Fox tranquilo, que simplemente entregó su informe destacando que no podía hablar porque un grupo de diputados se lo impedía, mientras que dentro del recinto legislativo todos los legisladores de todas las demás fracciones parlamentarias, incluyendo los de Convergencia, simplemente observaban cómo el perredismo se suicidaba.

La acción no impidió, además, que el presidente Fox, pronunciara en cadena nacional y dirigiéndose directamente a la ciudadanía, el que probablemente haya sido el mejor informe, de sus seis años. Quizá porque no tenía la presión que impone el pleno del Congreso, hizo un discurso corto, conceptual, tolerante, contraponiendo esa actitud con la que había visto horas antes. Porque además, el lopezobradorismo siguía sin saber leer las encuestas: el índice de aceptación presidencial estaba el primero de septiembre en 70 por ciento, el de López Obrador en menos de 25 por ciento. Lo ocurrido no podía haber cambiado, a favor del PRD, esa tendencia.

Lo ocurrido, además, como aquel 23 de febrero del 81 en España, exigía de los actores políticos (y también de los medios) una definición: se estaba con las instituciones democráticas, con los procesos pacíficos de lucha por el poder, por la construcción de acuerdos y agendas comunes buscando un mismo proyecto de país o se estaba por la ruptura, por la destrucción («purificación» diría López Obrador) de las instituciones, por el golpismo que significa crear un gobierno a la medida de un político que rechaza la democracia. En un espléndido ensayo de Michelangelo Bovero, que publicó *Excélsior* el viernes 8 de septiembre (y que publicamos completo al final de este capítulo), el teórico italiano decía que la llamada democracia directa que pregonaba López Obrador no era tal, que las plazas con activistas que levantan la mano aprobando cualquier ocurrencia del caudillo populista lo llenaba de «recuerdos del pasado».

Sin embargo, el peligro era otro. En el equipo de Calderón veían el primero de septiembre como el ensayo general para impedir que tomara posesión 90 días después. Y desde entonces comenzó a trabajar, cotidianamente en ese objetivo: Calderón rendiría protesta en San Lázaro. Lo había asumido, ya, como una decisión política que lo diferenciaría del foxismo.

«EL DESFILE SE REALIZARÁ COMO SIEMPRE»: VEGA GARCÍA

Pasado el difícil expediente del informe, el siguiente punto de conflicto era el momento en que ocurriría el levantamiento del plantón, cuya inviabilidad se había demostrado el propio primero de septiembre, cuando no se habían juntado más de dos mil personas en el Zócalo y, a regañadientes, López Obrador tuvo que suspender la marcha hacia San Lázaro: había más policías que manifestantes. Pero más allá de los efectos del bloqueo, el punto era si la plancha del Zócalo estaría disponible para la ceremonia del grito de Independencia, la noche del día 15 de septiembre y para el tradicional desfile militar del día 16. Y si bien la dinámica de la disputa para noche del día 15 era política, la discusión en torno al día 16 era de índole institucional y castrense. El Ejército mexicano no estaba dispuesto a no cumplir con una tradición en que refrendaba su institucionalidad y su voluntad de servicio al pueblo. Ello era, simplemente, inaceptable. Un gran error de la coalición fue ignorar que el Ejército, visto por ellos como simplemente una parte más del Estado, en realidad tiene una mística, una filosofía y una visión que tras-cienden un rol simplista. El Ejército mexicano se asume como un cuerpo con una filosofía de servicio, con amor a México, y como un cuerpo con 200 años de tradición ininterrumpida, emanados del ejercito insurgente. En realidad, es un pilar del Estado mexicano: la institución militar junto con el ejecutivo es prácticamente la única que ha estado presente en forma permanente en nuestra casi bicen-tenaria independencia. Era difícil que un partido con apenas 18 años de existencia, pudiera impedir una tradición centenaria: el desfile militar del 16 de septiembre. Y a pesar de ello, lo intentaron.

Durante la asamblea informativa del 17 de agosto, Andrés Manuel anunció que sabía que el siguiente sábado, 19 de agosto, la Policía Federal Preventiva estaría lista para desalojarlos, usando las tanquetas y la fuerza pública. En esa ocasión, afirmó que Fox y sus cómplices creían que «iban a sentar en la Presidencia de la República a un pelele con la ayuda del Ejército, se equivocaban». El Ejército mexicano, agregó, no puede ser utilizado para suplir la incapacidad de los gobiernos civiles, y mucho menos para reprimir al pueblo ni al movimiento de resistencia civil pacífica». Y agregó: «quieren qui-tarnos de aquí, quieren sacarse la máscara y actuar de manera auto-ritaria para seguir los pasos de Díaz Ordaz y de Huerta, adelante, ciudadano Fox, ¡aquí estamos!». Y aunque afirmó que sentía «un profundo respeto por la institución militar, por el Ejército mexica-no, que es una institución fundamental para la defensa de la sobera-nía nacional», también insistió en que realizaría su Convención Na-cional Democrática el 16 de septiembre allí mismo, en el Zócalo e impediría el desfile. Ni el 19 de agosto, ni el 1 de septiembre, ni el 16, ni en ningún otro momento se usó la «fuerza bruta» para repri-mirlos y menos para levantar el plantón.

El 2 de septiembre, el coordinador de la campaña Andrés Manuel, Jesús Ortega, comentó, mostró las cartas: «así puede ser el uno de diciembre; aprendan que ni con las tanquetas ni con el uso de la fuerza podrán detenernos». Ese mismo día, Martí Batres, presidente del PRD en el DF, anunció que la resistencia estaba preparando un plan de acción para los siguientes cien días, que incluirían bloquear el desfile militar. En la asamblea informativa de esa noche, el ex candidato López Obrador denunció que personas del gobierno estaban tratando de llegar a una acuerdo negociado con sus aliados, dijo textualmente: «Cuando no le pueden agarrar la pierna, políticamente hablando, a nuestros dirigentes, no saben qué hacer nuestros adversarios. Aquí están acostumbrados a la cooptación, por decirlo amablemente, a la compra de conciencias, a la compra de lealtades». Y afirmó que de ninguna manera aceptaría negociación alguna para retirarse antes de que se «limpie la elección» y se reconociera su triunfo.

La respuesta, aunque indirecta, llegó el día de la apertura de clases en los planteles militares, el 5 de septiembre. Ese día, como tradicionalmente ocurre, el Presidente asiste al Colegio Militar a pasar revista a los alumnos que inician clases, acompañado por los altos mandos militares. En esta ocasión, el general secretario, Gerardo Clemente Vega García afirmó en su discurso: «Estamos próximos a cumplir el bicentenario que conmemora al grupo de valientes que iniciaron nuestra Independencia, son nuestro ejemplo. No olvidarlo, hace bien recordar. Aquellos hombres que con su vida edificaron la Patria que hoy protege a todos los mexicanos. Con ilusión esos héroes soñaron que algún día alcanzaríamos la madurez para ejercer la libertad. Por ello, no debemos permitir que nos dividan, no debemos permitir que nos separen. Hoy más que nunca, debemos mantenernos unidos por la tranquilidad de la Patria y su futuro; a nadie ofende, es cuestión de valores. El 16 de septiembre, las Fuerzas Armadas desfilarán como siempre ante la sociedad y los poderes de la Federación, rindiendo así honores a los héroes que han forjado esta gran Nación. Esto no debe olvidarlo todo mexicano. Las tropas marchan por calles, cuyos nombres se identifican con el pasado de México. De esta manera, parten de la Plaza de la Constitución, la que nos rige y manda, corazón histórico de la Patria; continúan por la calle 5 de Mayo, hecho en que las armas mexicanas se cubrieron de gloria y, paralelamente, lo hacen por la de Francisco I. Madero, paladín de la democracia. El desfile, desemboca en la Avenida Juárez, apellido del principal prócer mexicano de la Reforma, don Benito Juárez, conocido como el Benemérito de las Américas; y continúa el desfile por la Avenida Reforma, que aglutina a los principales hombres de la Reforma. Esto nunca debe olvidarse, por tanto, el desfile es una página histórica.» Y remató su discurso: «Señor Presidente: Los soldados de México estamos orgullosos de nuestra tradición histórica. Quienes vestimos el uniforme, la insignia, o cualquier emblema de las Fuerzas Armadas, valoramos el compromiso que ello implica y lo aceptamos con responsabilidad. Para nosotros es un honor el mandato que la Patria nos ha establecido. Aprendemos a respetar y a practicar los valores que les dan hidalguía al hombre y a la mujer, siendo la obediencia, por convicción, la virtud que observamos permanentemente. El respeto y la obediencia al mando supremo de las Fuerzas Armadas es un ordenamiento legal e insoslayable. El Ejército y Fuerza Aérea Mexicanos reiteran su compromiso de servicio con la Nación, con la paz, con la Patria, con México y con sus instituciones».

No podían existir dudas y, además, en ese punto, la relación del presidente electo (esa tarde sería declarado oficialmente como tal) con el general Vega García estaba en uno de los momentos más altos. Incluso en privado, Felipe Calderón había dicho que si pudiera hacer repetir al secretario de la Defensa, lo haría y llegó a pedir a alguno de sus asesores que viera las posibilidades legales y políticas de ello. Estas no existían y con el paso de las semanas, ya con más información, el presidente electo tomaría otras decisiones en ese ámbito. Pero en ese momento, quedó claro que la relación de Calderón con las fuerzas armadas sería diferente a la establecida por Vicente Fox, con demasiados claroscuros. El general Vega García dejó clara su posición: El desfile se haría, y se haría por su ruta histórica; la lealtad del Ejército al Presidente y a las Instituciones era firme y clara. El Ejército no reprimiría, pero tampoco cedería. El guante estaba puesto en el campo del honor, correspondía a la contraparte aceptar el reto y ser el responsable de la confrontación, o aceptar una negociación pacífica. La decisión era entonces perredista.

Torpemente, el vocero del PRD, Gerardo Fernández Noroña respondió a ese mensaje de forma torpe y absurda: «no nos quitaremos, pues llegamos primero. Que el Ejército busque otro lado para desfilar». Alejandro Encinas, que comprendía la magnitud del desafío, incluso en el plano institucional, informó tras el discurso del general secretario, que esa misma semana se pondría en contacto con la Secretaría de Gobernación para acordar el operativo de seguridad para el desfile militar del día dieciséis.

En la Asamblea Informativa del 10 septiembre, López Obrador informó del acuerdo alcanzado: el plantón se retirarían la noche del sábado 15, tras concluir el grito, para permitir el desfile militar del día 16, y al concluir el mismo, darían inicio los preparativos de la Convención Nacional Democrática a celebrarse ahí, en el Zócalo. Y preguntó, fiel a su estilo de manos alzadas: «¿Cómo ven el planteamiento? El 15 lo celebramos por la noche, y a las 2 ó 3 de la madrugada (del sábado) buscamos la manera de hacernos a un lado para que lleven a cabo el desfile y a las 3 de la tarde estamos de nuevo en el Zócalo, con la convención ¿Están de acuerdo? A ver, levanten la mano». A final de cuentas, el aviso se entendió como que el Ejército se había impuesto, y que lo que quedaba en duda era si habría un grito oficial con Fox en el balcón y uno en «resistencia» con López Obrador en la plancha del Zócalo. Eso de hacerse a un lado para que pasara el desfile y luego volver a instalarse nadie lo compró. Era obvio que el plantón, en toda su extensión, se tendría que levantar desde el día 15 en la tarde. El acuerdo repitió casi el mismo operativo del informe con motivo del grito: a última hora, el presidente Fox decidió trasladar la ceremonia a Dolores Hidalgo y el grito en el Zócalo, desde el edificio del DF, lo dio Encinas, acompañado del secretario de Gobernación, Carlos Abascal. López Obrador observó todo desde la plancha del Zócalo y no intervino, fue un espectador más. En términos mediáticos, mientras la ceremonia del DF pasó sin pena ni gloria, la ceremonia en Dolores Hidalgo se trasmitió con un gran despliegue técnico en cadena nacional.

EL FALLO DEL TRIBUNAL ELECTORAL

Diez días antes de que se levantara en plantón, se había calificado la elección y se había cerrado el ciclo electoral. Después de todo lo sucedido quedaba en manos del Tribunal Electoral de la Federación, calificar la elección, decir si había sido válida, declarar que el ganador cumplía los requisitos legales y el proceso había sido legal y justo. En esos magistrados, que se retirarían, además, luego de tomar esa decisión, quedaba la responsabilidad final de evaluar el proceso electoral del 2006.

La tarea aparentemente es simple y trivial: se toman los informes del IFE, y se contrastan con la norma; si lo que hizo el instituto corresponde a lo que la ley prevé, la elección se irá validando en cada uno de sus pasos. Si algún paso no es preciso conforme a la letra de la ley, toca al tribunal evaluar si esa falla puede afectar el proceso. En caso de que no, declara la elección válida; en caso de duda pide a las partes, los candidatos y partidos, que aporten elementos adicionales para la adecuada interpretación de la realidad. Si bastantes pasos no cumplieron los requisitos legales, o si se presentaron hechos que la ley no prevé pero que pueden alterar el resultado de la elección, ésta se declara nula y se convoca a una elección extraordinaria. La tarea es simple porque se toma una regla precisa, la ley, y se mide con ella. La tarea es trivial, porque los magistrados no están obligados a considerar la verdad de los hechos, sino la versión jurídica y documental de la verdad de los hechos. Idealmente, no pueden hacer una interpretación libre, sino que ésta debe atenerse a la letra de la ley.

Leonel Castillo González, magistrado presidente; Eloy Fuentes Cerda, José Alejandro Luna Ramos, Alfonsina Berta Navarro Hidalgo, José Fernando Ojesto Martínez Porcado, José de Jesús Orozco Henríquez y Mauro Miguel Reyes Zapata, magistrados, y Flavio Galván Rivera, secretario general de Acuerdos, estuvieron sometidos a una terrible presión política para que interpretaran la ley.

El TRIFE funciona como tribunal de última instancia, que revisa los fallos de sus sala regionales en caso de disputas, pero que no tiene un superior que le revise a él. Por tanto, su palabra es la última palabra al juzgar una elección presidencial; si el expediente no se integra adecuadamente o la interpretación no fue correcta, el caso está cerrado y los errores prevalecen.

El fallo del tribunal consideraba que luego de los recuentos distritales fue necesario adecuar algunas actas, por presentar errores o inconsistencias; incluidas tres en Aguascalientes, nueve en Baja California, dos en Baja California Sur, dos en Campeche, siete en Coahuila, dos en Colima, 11 en Chiapas, 9 en Chihuahua, 27 en el Distrito Federal, cuatro en Durango, 14 en Guanajuato, 9 en Guerrero, siete en Hidalgo, 19 en Jalisco, 40 del Estado de México, 12 en Michoacán, cinco en Morelos, 3 en Nayarit, 12 en Nuevo León, 11 en Oaxaca, dieciséis en Puebla, cuatro en Querétaro, 13 en Quintana Roo, siete en San Luis Potosí, 8 en Sinaloa, 7 en Sonora, 6 en Tabasco, 8 en Tamaulipas, 3 de Tlaxcala, 21 en Veracruz, 31 en Yucatán y cuatro en Zacatecas. Es decir, todos los Estados tuvieron modificaciones en sus resultados, aunque éstos fueron menores. En algunos crecía la votación de Calderón, en otros de López Obrador pero no había cambios significativos.

En el mismo documento se establecía que Felipe Calderón había obtenido 14 millones 916 mil 927 votos totales, con lo que tendría, al final del recuento, mayor número de votos que antes.

Acto seguido, procedió a revisar los actos previas al inicio del proceso electoral, para verificar si estaban legalmente fundados y si su ejecución había sido correcta. El PRD, denunció que se habían realizado actos anticipados de campaña del PAN, el PRI y el Partido Verde. Pero una serie de vaguedades e imprecisiones en el alegato perredista provocó que el tribunal desechara tal objeción.

Sobre el polémico tema de la publicidad negativa, el tribunal afirmó que «cuando el mensaje implica el demérito de la estima o imagen de algún otro partido o coalición, de sus candidatos, de las instituciones públicas o de los ciudadanos en general, como consecuencia de la utilización de diatriba, calumnia, injuria o difamación, por la expresión de calificativos o frases intrínsecamente vejatorias, deshonrosas u oprobiosas, que, apreciadas en su significado usual y en su contexto, nada aportan a la formación de una opinión pública libre, a la consolidación del sistema de partidos y al fomento de una auténtica cultura democrática entre los afiliados o militantes partidarios y la ciudadanía en general; si no que el contenido del mensaje es la simple exteriorización de sentimientos o posturas personales, subjetivas de menosprecio y animosidad que no se encuentran al amparo de la libertad de expresión ni contribuyen al correcto funcionamiento armónico de la vida democrática».

Los alegatos de anulación fueron todos desechados, giraban en torno a los spots, la intervención de terceros en la propaganda (incluyendo al Consejo Coordinador Empresarial y otros), la propaganda negativa en forma de impresos, la propaganda negativa en lonas, la medición de los efectos de todas ellas, incluso la participación de Víctor González Torres y la de Demetrio Sodi de la Tijera, candidato del PAN al GDF; la intervención de otros terceros (típicamente, programas de televisión como «Muévete» y «La fea más bella»); el rebase del tope de gastos de campañas; las llamadas telefónicas de *call centers* y *push pools*; el delicado tema de la intervención del Ejecutivo Federal, violando las treguas y restricciones que, aunque no eran legales, eran señal de «falta de voluntad» respeto al proceso; el uso de programas sociales; la intervención de autoridades locales; el uso indebido del padrón electoral; omisiones del IFE y de la Fiscalía Especializada para la Atención de Delitos Electorales; la parcialidad del Presidente del Consejo General del IFE; y la participación de Elba Esther Gordillo. A final de cuentas, todas las quejas fueron integradas tan mal —incidentalmente querían forzar causalidades inexistentes; buscaban relaciones en dónde no existían, o sus pruebas pedían a la autoridad que consiguiera los datos faltantes— que era imposible procesarlas.

Un ejemplo que muestra el tipo de argumentos: se acusó a la empresa Jumex, envasadora de jugos y néctares, de hacer campaña subliminal a favor del PAN. Éste es el comentario del tribunal sobre el alegato: «En el video de referencia, contenido en un DVD, aparece una imagen en fondo azul y un texto con letras blancas: "JUMEX, toma jugo de frutas"; al tiempo que una voz masculina en off dice: "Este 2 de julio sólo queremos que hagas una cosa"; en la siguiente toma entra a cuadro la parte inferior de un popote que succiona del nombre de la marca mencionada las letras J, U, M y E, dejando sólo la letra X, al tiempo que la voz en off dice "vota". Al final del corto sólo queda la letra X y debajo la palabra vota, todo en caracteres de color blanco sobre un fondo azul. En el u?ltimo cuadro se aprecia la leyenda JUMEX, por calidad el jugo de toda la vida, en letras blancas sobre el mismo fondo azul.

»Del análisis del material videográfico reseñado, se concluye que no existe una relación lógica, evidente o necesaria entre el video promocional de la marca JUMEX y la propaganda electoral del Partido Acción Nacional. Si bien existen elementos similares tales como los colores empleados en la realización de ambos promocionales (las letras blancas en fondo azul) lo cierto es que de ello no puede derivarse lógica y exclusivamente que hay identidad entre el promocional comercial y la campaña política de dicho instituto; en cualquier caso es un hecho notorio que los colores que ordinariamente caracterizan a la marca en cuestión son el blanco y el azul; además, dicho promocional, contiene otros elementos (auditivos y gráficos) que actúan como diferenciadores y también deben ser valorados (la propia marca comercial), y en los cuales no puede apreciarse una referencia directa o velada al instituto político mencionado». En resumen, de haber sido aceptado el alegato, durante la duración de una campaña electoral quedaría totalmente prohibido utilizar en productos comerciales colores que ya utilicen los partidos políticos, so pena de ser acusados de tratar de influir al electorado, subliminalmente, por supuesto...

No había elementos para la anulación de la elección y los abogados de Calderón, coordinados por César Nava, trabajaron sobre todas y cada una de los alegatos de sus adversarios para demostrar sus insuficiencias, al tiempo que en la propia coalición no sólo López Obrador no había querido dar su testimonio al tribunal sino que las pruebas faltantes, los demandantes pedían que fuera el propio tribunal el que las buscara. Todas las tesis eran casi insostenible: la «campaña negativa» se caía por su propio peso. López Obrador recibió apoyos y tuvo adversarios, como todos los candidatos. El candidato de la Coalición por el Bien de Todos fue calificado como un peligro para México pero él construyó grandes mentiras, sin sustento, como que Felipe Calderón había apoyado el Fobaproa o una mentira aún mayor, el famoso caso Hildebrando. La publicidad gubernamental se retiró 40 días antes de la elección. Fue López Obrador el que no quiso ir a reunión alguna con los empresarios, a los que acusó de defraudadores fiscales en forma generalizada, el tampoco aceptó ir al primer debate. Se ha dicho que Calderón se benefició de los programas sociales del gobierno, pero resulta que encuestas como la de Parametría demuestran que aproximadamente 70 por ciento de los beneficiarios de Oportunidades votaron por otros partidos. Se ha dicho que López Obrador sufrió un «cerco informativo» y resultó que nadie gastó más que él en medios, y tuvo tantos spots durante la campaña, ningún otro candidato tuvo, además, tanto tiempo de cobertura. Incluso después del dos de julio, ni remotamente Calderón había tenido en los medios los espacios de López Obrador: si cometía errores en sus declaraciones no era responsabilidad de los medios.

Si el tribunal era coherente con todas las resoluciones que había adoptado no había dudas sobre la legitimidad de los comicios. Con ello se cerraría una etapa y se abrirá otra en la vida política nacional. El fallo definitivo consideró que las objeciones no fueron definitivamente demostradas. En la parte final del dictamen, el tribunal afirmó:

«PRIMERO. De acuerdo con el cómputo final de la elección, el candidato que obtuvo más votos en la elección de Presidente de los Estados Unidos Mexicanos fue el ciudadano Felipe de Jesús Calderón Hinojosa.

»SEGUNDO. Es válida la elección de Presidente de los Estados Unidos Mexicanos.

»TERCERO. El ciudadano Felipe de Jesús Calderón Hinojosa satisface los requisitos de elegibilidad establecidos en el artículo 82 de la Constitución Política de los Estados Unidos Mexicanos.

»CUARTO. Se declara al ciudadano Felipe de Jesús Calderón Hinojosa Presidente Electo de los Estados Unidos Mexicanos, para el período comprendido del primero de diciembre del año dos mil seis al treinta de noviembre del año dos mil doce; en consecuencia, entréguesele la constancia de mayoría y validez correspondiente.

»… Así por unanimidad de votos lo resolvieron los magistrados que integran la Sala Superior del Poder Judicial de la Federación, ante el Secretario General de Acuerdos, que autoriza y da fe».

Con ello, el fallo del tribunal el 5 de septiembre, declaraba que, sin lugar a dudas y sin opción a revisión, el ganador de la elección presidencial era Felipe de Jesús Calderón Hinojosa.

Pero convivirían aún, durante tres meses, un gobierno saliente y uno entrante que tendrían por forma, por fondo y por la personalidad tan diferente de Fox y Calderón, una distancia que sería difícil de superar en muchos momentos. Las transiciones, sobre todo cuando son de un mismo partido, han sido difíciles, complejas, por razones políticas y humanas, y a ello se sumaba, ahora, la presión del candidato derrotado.

Esa situación tan especial debía ser la que le permitierá a Calderón establecer, si tenía el talento y la voluntad para hacerlo, un gobierno diferente. Si el gobierno del presidente Fox fue el de la alternancia en el poder (y poco más), el de Calderón debía ser el sexenio de la verdadera transición del sistema, del cambio político, económico y social. La alternancia sin un rumbo claro había dejado seis años de estabilidad económica pero también de estancamiento, con un costo social alto, que era lo que había permitido el surgimiento de opciones populistas de las que parecíamos vacunados luego de los sexenios de Echeverría y López Portillo. En lo político durante el foxismo no se habían podido construir acuerdos ni lograr mayorías claras: por supuesto que no todo era responsabilidad gubernamental, los partidos y el congreso habían sido corresponsables de ello. Pero el dato duro es que crecieron los disensos y la crispación.

Había un pecado político de origen en la administración foxista que no podía repetir Calderón. El presidente Fox ganó la presidencia por una diferencia más amplia que la que obtuvo Calderón, pero no tuvo, en los seis años de su mandato, mayoría parlamentaria. Y de inicio simplemente ignoró ese hecho: pensó que presionando desde la opinión pública al congreso iba a obtener sus objetivos. No fue así porque además esa estrategia estuvo totalmente desarticulada. La transición y los primeros cien días son los que marcan a un gobierno y el equipo de Vicente Fox desaprovechó una y otro: la transición articulando equipos que no rindieron frutos y desechando el ofrecimiento del presidente Zedillo de realizar los cambios estructurales necesarios antes de dejar el poder. Los cien días optando por colocar en la cima de la agenda el inútil zapatour (cuando el propio triunfo electoral del Fox era la mayor derrota política de Marcos y el EZLN), en lugar de buscar un acuerdo multipartidario que le diera una mayoría estable en el congreso. Cuando quiso alcanzarla, en la segunda mitad de su mandato, las rupturas internas en el PRI y el obstáculo insalvable de tener en la Secretaría de Gobernación al que era evidentemente el precandidato preferido del presidente, lo impidieron. Y a eso se sumó todo el proceso del desafuero, justificado en términos legales pero efectuado con una pésima operación política.

En ese diagnóstico estaba la agenda futura, que asumiría Calderón. En la transición debía buscar cerrar la mayor cantidad de heridas posibles, marginando las posiciones de máxima confrontación, buscar el diálogo y llegar a acuerdos desde antes de asumir el poder. Se argumentaría que, por ejemplo, el diálogo con López Obrador era imposible: y era verdad, el ex candidato no estaba ni está dispuesto a dialogar. No se puede hacerlo con un hombre que decide enviar «al diablo» las instituciones del país, que dice que formará su propio gobierno, que arremete contra el ejército, que desprecia a los empresarios y que asegura que lo que quiere, en realidad, es una revolución. López Obrador no es un adversario con comprensibles diferencias políticas con el régimen: era y es un factor de desestabilización aunque estuviera cada día más aislado.

En este sentido, siguiendo a López Obrador, el perredismo había caído a su momento más bajo en años. Las encuestas deberían llevarlos a reflexionar: la toma de la tribuna el viernes primero de septiembre, recibió el rechazo del 87 por ciento de la población, la mayoría no cree que hubiera fraude y considera que la actitud de López Obrador está equivocada. Pero la gente también quería acuerdos y diálogo. Felipe Calderón tendría que realizarlo con los dirigentes y sectores perredistas que, sin arriar sus banderas, apostaran a la defensa y fortalecimiento de las instituciones y no a su derribo. Esa debía ser la única condición, en ello estaba trabajando el candidato y su equipo.

Con el PRI y con los demás partidos, el escenario era complejo pero estaba puesto para poder llegar a acuerdos basados en la búsqueda de objetivos comunes. El PRI, en lo particular, no se conformaría con el rol de partido bisagra y el equipo de Calderón debería comprender que no puede reducirlo a ese papel. Al priismo se le deberá exigir coherencia y una agenda clara, que no la tuvo en los seis años anteriores y no parece tenerla definida hoy tampoco, pero cuando la presente, sobre todo ahora después de la renovación de su dirigencia, que ganó Beatriz Paredes, que compartió el mando del congreso en el primer periodo legislativo de Fox con el propio Calderón, deberá asumirla con seriedad, sin jugar a apostar en las internas del partido, como ocurrió en el pasado inmediato sin resultados tangibles. Tampoco, obviamente, podía aceptar chantajes. El PAN y el PRI deben comprender que necesitan llegar a acuerdos porque sólo así ganan ambos. Debería ser el suyo un matrimonio de conveniencia, es verdad, pero los resultados políticos del mismo pueden ser benéficos para ellos y para el país.

Por eso, el perredismo comenzó, pasada la calificación, a revisar su estrategia: en la Cámara de Diputados, Javier González Garza aceptó que dialogarían con Calderón pero sólo después de que tomara posesión como presidente, mientras que la orden de López Obrador era que se le impidiera a Calderón tomar posesión; los gobernadores Lázaro Cárdenas Batel, Amalia García, Zeferino Torreblanca, participaban en las reuniones de la Conago y se encontraron con el presidente electo. Los mismos gobernadores en un comunicado explicaban que no renunciarían a ningún espacio institucional; Alejandro Encinas, mientras tanto se quedaba en el DF, inmovilizado en la trampa política que le tendió López Obrador con el plantón y en la que él, dócilmente, se había encerrado solo. Parecía un adiós a las aspiraciones de Encinas de presidir el PRD ante el retiro de Leonel Cota Montaño. Entre sus aliados la confusión es brutal: el coordinador de los diputados de Convergencia, Alejandro Chanona, en una misma frase aseguró que reconocían a Calderón como presidente electo y que dialogarán y negociarán con él, pero que seguían apoyando a López Obrador y que participarán en una Convención Nacional Democrática que buscaba desconocer al mismo presidente que ellos dicen reconocer.

Y todavía faltaba la Convención Nacional Democrática con la decisión de López Obrador de asumir la «presidencia legítima» del país.

La llamada Convención Nacional Democrática, en principio de cuentas no era ninguna de las tres cosas: no era una convención porque no había delegados representativos: cualquiera que se presentara como delegado, aunque fuera de sí mismo, era inmediatamente registrado y ahí quedaron en la portada de los periódicos los payasos con sus gafetes de delegados; no era nacional, porque en el resto del país, fuera de la ciudad de México, la CND y el lopezobradorismo simplemente era ya una historia lejana e incomprensible. Y tampoco era democrática: en realidad, fue un acto de corte, diseño y concepto fascistoide, donde no se permitió a nadie discutir nada; donde las resoluciones fueron entregadas a los asistentes antes de que comenzara el mitin; en el cual en apenas 28 minutos se aprobó todo lo que propuso López Obrador, incluyendo el autonombramiento de «presidente legítimo»; incluso los pocos que se atrevieron a intentar votar a mano alzada en contra de esa designación, fueron intimidados para que olvidaran esa pretensión; se montó una campaña de insultos para Cuauhtémoc Cárdenas y para cualquier disidente.

López Obrador no recuerdaba a ningún líder de izquierda, pero sí a viejos y nuevos líderes autoritarios. A Michelangelo Bovero, por ejemplo, en ensayo que citamos, le recordaba a Silvio Berlusconi. Agregaba Bovero que «no siempre, aun cuando sea formalmente legítima, una protesta tiene motivaciones y fines aceptables desde un punto de vista democrático. A veces puede representar un peligro para la salud de la democracia[...]la decisión de una multitud que responde a las preguntas del líder con un sí o un no, que aprueba levantando la mano, no es una decisión democrática. Es más bien equiparable a la aclamación, que constituye (según decía Bobbio) precisamente la antítesis de la democracia[...]a quien conoce la historia del siglo XX italiano la imagen de una multitud que responde "¡¡¡sí!!!" a la pregunta del líder, evoca terribles recuerdos». En otras palabras: a Bovero la forma de hacer política de López Obrador le recordaba también a Mussolini y cuando se veía en la CND a Elena Poniatowska llamando «líder» a López Obrador la escena recordaba a un Charles Maurras tropicalizado.

El fascismo, dice el maestro de Bovero, Norberto Bobbio, en su *Diccionario de política* «es una ideología de crisis» y nace como respuesta a «la falta de integración, bajo diversos aspectos, entre muchos individuos y los modelos institucionales constituidos». Cuando nos preguntamos cuál es el sentido de esta movilización post 2 de julio del lopezobradorismo, de las asambleas informativas, los plantones, la CND, la autodesignación como «presidente legítimo», la respuesta que tenemos de algunos dirigentes del movimiento es que si no realizaban esas acciones desaparecerían de la opinión publicada, lo cual era falso: si López Obrador hubiera aceptado el resultado electoral pero hubiera exigido toda una agenda de reformas políticas y sociales al próximo gobierno, sin duda, estaría en los medios, hubiera mantenido o aumentado su popularidad y hubiera contribuido a la consolidación democrática. Hizo todo lo contrario y perdió presencia y popularidad. Pero la respuesta está en el propio Mussolini que estaba convencido de que «la primacía le corresponde a la acción, aún cuando esté equivocada. Lo negativo, el eterno inmóvil es condenación. Yo estoy de parte del movimiento. Yo soy un marchista». ¿Estaba la acción por encima de la razón?

El concepto de movimiento es clave para estas formas políticas que en América latina han tenido exponentes tan destacados como Juan Perón o Getulio Vargas en la posguerra o Hugo Chávez en la actualidad. Por eso el partido del que surge el líder, debe disolverse en el movimiento. Por eso el frente amplio creado en la CND, tiene como objetivo diluir en él al PRD, porque el partido se convierte en un estorbo para el liderazgo unipersonal: así ocurrió con todos esos movimientos similares del pasado o del presente. Giran política e ideológicamente sólo en torno al líder, no admiten disidencias ni debates. Perón, Vargas, Chávez, Castro, desaparecieron o se enfrentaron a los grupos o partidos políticos organizados que los llevaron al poder y crearon su propio movimiento, con indefiniciones tan grandes, tan amplias, que permiten cualquier maroma política del líder. Decía el propio Mussolini: «los prejuicios son mallas de hierro o de oropel. No tenemos el prejuicio republicano ni el monárquico, no tenemos el prejuicio católico, socialista o antisocialista. Somos cuestionadores, activistas, realizadores».

Calderón, 25 de septiembre de 2006: «el gabinete: honestidad, capacidad, lealtad y también sensibilidad social y política»

Señor presidente, el tema en lo inmediato, en la coyuntura, que más atención concentra, es lo que está sucediendo en el estado de Oaxaca, no es un tema que tenga que administrar el presidente electo ni que se tenga que administrar en el proceso de transición, pero afecta en ese proceso y cada día se acerca más el 1° de diciembre.

Sí, es un asunto muy delicado, desde luego, que preocupa a todos los mexicanos y desde luego a mí. Yo hago votos para que se encuentre pronto una solución y que el 1° de diciembre, con el cambio de gobierno, no esté entre los temas pendientes el conflicto de Oaxaca, por lo menos en el grado de intensidad que ahora tiene. Pienso que para encontrar una solución debe haber un equilibrio en las alternativas. Hay temas pendientes en la agenda pública de Oaxaca que tienen que ver con la transparencia, con la apertura, con la pluralidad, con la tolerancia, con las transformaciones que ese estado requiere y, al propio tiempo, del fortalecimiento de los canales institucionales pacíficos y dentro del marco de la legalidad que requieren ser establecidos para una vida ordenada. Yo estoy pendiente de la evolución de este tema. Seguro que en el gobierno estatal y en el federal habrá en este momento una búsqueda intensa de los mecanismos de solución que permitan resolver esta compleja problemática en el estado.

Hace tres semanas que recibió ya la declaratoria de presidente electo. Después de estas tres semanas de observar cuál es la situación del país con una visión ya diferente, incluso con una información diferente, ¿cómo percibe la gobernabilidad en estos momentos?

Por supuesto que tiene una caracterización delicada, primero en los temas de seguridad. A mí me parece que la ola de ejecuciones vinculadas al crimen organizado y al narcotráfico en el país no sólo no tiene precedentes sino que no se vislumbra una solución sencilla. Me parece que es el fruto de una larga descomposición de la vida privada y pública en amplias regiones del país y que requerirá por lo mismo de un largo proceso de reconstrucción de la vida institucional, de los cuerpos policiacos, del poder público y del orden público y que habrá que intentarlo por parte de todos los actores políticos sin excepción. No puede decirse que sea un problema que haya rebasado al gobierno del PAN o a los gobiernos del PRI o a los gobiernos del PRD. La verdad es que ha rebasado a todos. Lo mismo estados como Baja California, que Sinaloa, Tamaulipas o Michoacán o Guerrero... o sin ir más lejos el propio Distrito Federal, y que tiene que enfrentarse con una perspectiva distinta.

En segundo lugar, siendo plenamente consciente de la tensión que se generó con enorme intensidad en los días posteriores a la elección, también veo que las discrepancias y las inconformidades tienden a llevarse a un nivel institucional. Habrá desde luego turbulencias pero me parece que por ejemplo la decisión que tomó la Coalición por el Bien de Todos y su candidato de levantar los plantones y los campamentos en Paseo de la Reforma y en el Zócalo ha sido un gesto de sensatez que estoy seguro de que la ciudadanía apreciará y que va marcando el camino por el cual todos debemos conducirnos. Sé que el ambiente aún es frágil, pero me parece que con voluntad y con disposición, si no de todos, la mayoría de los actores políticos y desde luego con la enorme exigencia que en este punto tienen los mexicanos habremos de completar esta transición de manera exitosa e iniciar el próximo gobierno con la fortaleza que requiere la llegada de una nueva administración.

En este proceso de transición se ha reunido prácticamente con los dirigentes de todos los partidos, con excepción del PRD, de los partidos integrantes de la Coalición por el Bien de Todo antes, durante la campaña electoral y después de la campaña electoral ha hablado de la necesidad de una agenda legislativa común, se ha hablado incluso de la posibilidad de conformar un gobierno, un gabinete de coalición de amplio espectro. ¿Se ha avanzado en ese sentido?

Hemos dialogado con una enorme apertura por parte de los partidos políticos y la mayoría de sus grupos parlamentarios, desafortunadamente no con la Coalición por el Bien de Todos, pero yo no descarto que en el futuro, en el ámbito del Congreso, se llegue al ámbito de la responsabilidad, el diálogo y la negociación política y ahora precisamente estamos en el proceso de formular y entregar a cada uno de los partidos una propuesta de agenda legislativa o bien dicho una agenda nacional en la parte que tiene que ver con los temas necesariamente legislativos, aquellos que requieren el consenso o la opinión favorable de dos o más partidos políticos y mi idea es entregar esta semana a todos los partidos, incluso a los que forman la Coalición por el Bien de Todos, una propuesta de agenda legislativa, con el solo propósito de conocer cuáles son las prioridades de ellos y estar abierto a las alternativas, a las preocupaciones, a las soluciones que proponen los partidos y construir a partir de ahí, a partir de las opiniones de otros partidos políticos, una agenda común si ello es posible o en todo caso regir el criterio del próximo gobierno por el fruto de la reflexión que emane de este ejercicio.

Estoy optimista, moderadamente optimista debo decir, sé que hay un entorno difícil, una gran tensión política que aunque vaya a la baja de todos modos dificulta la operación y el trabajo político y legislativo, pero a final de cuentas observo, y ésta es la buena noticia, una disposición muy seria, muy responsable por parte del PRI, del Partido Verde, del Partido de Nueva Alianza y del Partido de Alternativa Social Democrática, además de legisladores incluso de otros partidos, de Convergencia por ejemplo, con los cuales, estoy seguro, podremos arribar a puntos de entendimiento que resulten en bien del país. De eso se trata y estamos trabajando en ello.

En cualquier caso, hay mucho que hacer en el próximo gobierno, hay mucho que hacer en materia administrativa, hay mucho que hacer en materia de infraestructura, hay mucho que hacer en materia de procuración de justicia, en materia de seguridad, que no necesariamente reclama pasar por el Congreso de la Unión y en ello habrá un compromiso muy claro de mi parte para avanzar en los temas que tienen que ver con el interés del país.

En este sentido un punto fundamental, precisamente porque hay mucho que hacer y hay muchos pendientes que se pueden realizar desde el gobierno sin que necesariamente involucren la labor del Congreso, se ha hablado mucho de cómo es o cómo debe ser el próximo gabinete. A estas alturas, cuando faltan tantos días aún para la toma de posesión no creo haya definido un gabinete, pero ¿cómo se imagina usted al próximo?

Primero, tiene que ser una combinación de mujeres y de hombres que reúnan varias características. Obviamente, lo primero es la honestidad a carta cabal y una honestidad, además, que se perciba por los ciudadanos, que no haya tacha en los miembros del gabinete. Segundo, una capacidad probada, un conocimiento de los temas que son de su ámbito. Tercero, una lealtad al proyecto. Y cuarto, yo enfatizaría en este punto, sensibilidad política. Me parece que los mayores obstáculos que han tenido los gobiernos de México han sido por la no concurrencia de dos características medulares que deben ir a la par: la capacidad y el liderazgo técnico y el liderazgo adaptativo o el liderazgo político. Hemos tenido desde luego personas muy brillantes que sin embargo tienen capacidad técnica pero no sensibilidad política y en consecuencia eso lleva al fracaso de los programas de gobierno, o bien, que tienen una gran capacidad política pero con un absoluto desconocimiento técnico y las medidas que se toman también llevan al fracaso al país. Creo que esta premisa ha estado atrás de muchos de los problemas y crisis económicas que México ha sufrido, de manera tal que así es como estoy perfilando el nuevo gabinete: honestidad, capacidad, lealtad probada y también sensibilidad social y política.

Por lo que usted mismo dice, no implica que vaya a ser un gabinete monocolor…

No, tengo que ser claramente un presidente para todos los mexicanos sin distingos más que un presidente partidista y eso implica que incluso yo dé una señal muy clara de este compromiso de pluralidad en la propia integración del gabinete. Habrá desde luego panistas, por supuesto, pero habrá también no panistas y no descarto la integración de miembros de otros partidos políticos, sí advierto que me gustaría mucho que si éste es el caso, esa integración derivara de acuerdos políticos tangibles, que me diera mayor fuerza para gobernar, mayor gobernabilidad y mayor capacidad de interlocución y acuerdo con el Congreso. Dicho en otras palabras, que la integración del gabinete también sirva, que se vale, para ganar fuerza parlamentaria con compromisos sobre la mesa y de cara a los ciudadanos para contar con mayoría en los asuntos cruciales que deberemos enfrentar desde el próximo gobierno.

¿Aunque ello implique un rediseño institucional del próximo gabinete?

Eso también creo que tarde o temprano se tendrá que dar. Yo he estado estudiando con cuidado la estructura del gobierno mexicano, de su administración pública y una de las cosas que he observado es que el presidente tiene un tramo de control absolutamente amplísimo, es decir tiene interlocución directa con casi veinticinco funcionarios, lo cual no necesariamente es un esquema funcional o muy funcional con respecto al gobierno. Me parece que... no me atrevería a sugerir que lo haría ahora, no quiero distraer la energía, el tiempo, la atención del próximo gobierno y de la sociedad respecto del próximo gobierno en temas de la reorganización sino centrarme en los temas básicos que he señalado: pobreza, seguridad y generación de empleo; pero sí pienso que tarde o temprano habrá que plantearse un rediseño de la propia administración pública para hacerla más compacta, mucho más funcional y mucho más orientada a la jerarquía de problemas que enfrenta el gobierno mexicano. Pero quizá eso será más tarde, veremos si las condiciones lo permiten, por lo pronto sí estoy adentrándome, no a detalle pero sí profundamente, en los desafíos que tiene cada dependencia; he contado con la colaboración de los secretarios y subsecretarios, les he pedido, además de la exposición tradicional que han hecho, que me señalen cuáles son sus principales logros, los tres principales logros, los tres errores que me sugerirían en que no incurriera o repitiera y también en aquellos temas que representan los puntos de coyuntura mucho más delicados y que no debo perder de vista. De forma tal que vamos de manera muy paciente, trabajando en esta tarea que a veces es un poco... a mí me parece fascinante, no faltará quien diga que es tediosa, que está carente de nota, digámoslo así, pero me parece que así se deben hacer las cosas.

La semana próxima comienza la primera gira internacional como presidente electo por Centroamérica, Guatemala y Costa Rica, se reunirá con todos los presidentes de Centroamérica e irá después a Sudamérica, ¿por qué empezar por América Latina y por qué estos encuentros?

Porque para mí debe ser un área prioritaria en la política exterior de México. Guatemala en primer lugar, porque quiero subrayar la importancia que para mí representa la vecindad con este país centroamericano, la atención que debemos dar ambos gobiernos a nuestra frontera común, que tiene terribles problemas de violencia, de narcotráfico, de tráfico de personas y que tendremos que enfrentar con una mirada puesta en el futuro y de una relación de prosperidad para ambos; Centroamérica y particularmente Costa Rica por el liderazgo que Óscar Arias, su presidente, tiene respecto de algunos organismos centroamericanos y que le permite convocar en este país a los presidentes de aquella región con quienes quiero establecer un compromiso de trabajo cercano y cercanía y atención de México. Con Colombia porque me parece que ese país y en concreto el presidente Uribe tiene experiencias por lo menos muy interesantes en materia del combate al narcotráfico y a la delincuencia organizada. Yo recuerdo cuando decíamos todavía que había que cuidar que México no se colombianizara y la verdad es que ahora hay muchísimas más ejecuciones vinculadas a la violencia de la delincuencia y más secuestros, por ejemplo, que los que se registran en Colombia como efecto de dos realidades, que Colombia ha tenido un éxito relativo, han bajado, y en nuestro caso se han incrementado casi exponencialmente, quiero conocer la experiencia colombiana. Con Chile porque representa el caso más exitoso de crecimiento económico, de desarrollo y a la par de reducción de la pobreza extrema en toda América Latina y aparejado obviamente con un proceso de transición democrática, me interesa estrechar los vínculos con Chile. Y finalmente con Brasil, que es el país con la población más importante por su número en América Latina y cuya economía por su tamaño es semejante a la de México, lo cual hace de Brasil un interlocutor indiscutible en las relaciones exteriores de nuestro país. Así que será un viaje intenso, viajaremos prácticamente de noche, estaremos por todos estos países y desde luego iniciando con América Latina lo que debe ser una relación de respeto recíproco de México con todos los países del mundo.

Y con Estados Unidos ¿para cuándo y cómo?

Habré de hacerlo antes de tomar posesión. No quiero hacerlo ahora, además de que Estados Unidos está inmerso en una elección de Congreso en noviembre, sobre todo porque se han utilizado temas importantes para la relación bilateral con un propósito netamente electoral y eso lastimaría los intereses de México si hay una intervención mía ahí que provoque reacciones al calor de la motivación electoral que tanto demócratas como republicanos tienen ahora. Voy a esperar a que ellos resuelvan la integración de su Congreso, la parte que se renueva en noviembre, y espero hacer una visita a ese país, especialmente a los mexicanos radicados en Estados Unidos tanto como a las autoridades ejecutivas y legislativas, y plantear los temas que serán la preocupación del próximo gobierno mexicano.

9

El equipo: no se contrata por seis años

> Los príncipes deben huir de los aduladores como de
> la peste; para defenderse de ellos, elijan hombres
> sabios: no deberán más que concederles libre albe-
> drío y decirles la verdad.
>
> NICOLÁS MAQUIAVELO

Pasada la calificación presidencial, el equipo de Felipe Calderón y el propio presidente elécto, se concentró, casi con exclusividad a tres objetivos: primero, garantizar la toma de protesta en San Lázaro el primero de diciembre; segundo, el establecer un detallado programa para los cien primeros días de gobierno; tercero, elegir el equipo con el que gobernaría Felipe Calderón, un equipo que tendría, necesariamente que trascender al compacto que lo había acompañado desde los primeros días de la precampaña y lo había llevado a la presidencia de la república. El presidente electo asumió directamente el control de los tres ámbitos. En el caso del gabinete esa fue una tarea incluso mucho más personal que cualquier otra. Si bien encargó a distintos miembros de su equipo y a personas externas la elaboración de fichas, consultó nombres, pidió recomendaciones, el hecho es que, finalmente, tomó, en casi todos los casos, una decisión personalísima sobre la integración de su gabinete, donde sólo, en la etapa final, Juan Camilo Mouriño tuvo participación. Y si eso fue evidente en todos los casos, lo fue mucho más en la confección del gabinete de seguridad y en la designación de los mandos militares.

Por eso, cuando se comenzó a hablar sobre el tema, apenas pasada la calificación presidencial, en pláticas privadas, el presidente electo confesaba que, aún, no tenía absolutamente nada definido. Y era verdad. Pero desde esa fechas, como nos dijo en septiembre, tenía claro qué tipo de gabinete quería. Y el eje se concentraba en una palabra: lealtad. Sobre todo porque para fines de septiembre ya sabía que la aspiración de contar con un gabinete de coalición, salvo los acuerdos con corrientes como la representada por Elba Esther Gordillo y Nueva Alianza u otros grupos menores, no sería posible: el PRI ya le había informado que buscaría con el nuevo gobierno acuerdos legislativos si éstos eran posibles pero que no quería ser parte del gobierno. En ese capítulo, la participación de Manlio Fabio Beltrones fue decisiva. El sonorense, líder de los senadores de su partido, quería sacar adelante una reforma de Estado que incluyera la posibilidad de la designación de una suerte de primer ministro o jefe de gabinete, que fuera ratificado por el senado. La apuesta de Manlio (y eso lo compartieron la mayoría de los priístas de primer nivel) era de más largo plazo. Y Calderón comenzó a trabajar entonces con otros nombres, con una combinación, como él decía, de externos e internos, sabiendo, además, de la distancia que existía con algunos de los miembros del gabinete en funciones y, sobre todo, con la dirigencia de su propio partido, encabezada por Manuel Espino.

Lo cierto es que, con la tradición futurista de nuestra política se había puesto de moda descubrir cómo se conformaría el gabinete de Felipe Calderón. Incluso, en un conocido sitio de apuestas por internet en Estados Unidos, se aceptaban posturas respecto a quiénes ocuparán los principales cargos en el mismo, particularmente en la secretaría de Gobernación (por cierto, ninguno de los que aparecieron allí como favoritos ganaron). Adivinar el futuro gabinete es una suerte de deporte nacional que se despierta con el final de cada sexenio y se va alimentando, aunque sea ya un ejercicio inútil, con el siguiente deporte que es descubrir, desde antes de que el próximo presidente asuma el poder, quién será su sucesor, como si todavía viviéramos en tiempos en los cuales un mandatario en funciones pudiera decidir quién se quedará en su lugar.

En realidad, como no había habido contactos formales para la transición hasta septiembre, el presidente electo, en esas primeras semanas después de la calificación, apenas estaba descubriendo la magnitud del aparato estatal y los retos que éste implica a la hora de equilibrarlo y controlarlo. Calderón era un hombre con amplia experiencia política y legislativa pero con relativamente poca experiencia en el manejo público del poder, pero al que le gusta controlar el proceso de toma de decisiones y que sabía, además, que no podía confiar plenamente ni en varios de los integrantes de la administración Fox ni en buena parte de la cúpula de su partido. Por eso lo primero fue construir su propio esquema de gobernabilidad, el andamiaje institucional de poder, incluyendo un esfuerzo por lograr, simultáneamente, una agenda legislativa común, que le permita contar con una mayoría estable en el congreso.

Existían diferencias notables en la manera en que el presidente Fox y el presidente electo Calderón, asumieron sus periodos de transición hasta llegar al primero de diciembre. Vicente Fox ganó las elecciones por un margen considerable pero olvidó que perdió los comicios en el ámbito legislativo y no actuó en consecuencia. El presidente Fox no tenía experiencia real en el manejo del poder público pero tampoco experiencia política y partidaria. Pensó que con su popularidad y sus buenas intenciones podría hacer aplicar su programa y que las demás fuerzas políticas lo iban a seguir. Cometió muchos errores en el periodo de transición que fue virtualmente desaprovechado: se establecieron equipos que parecían la insinuación de un gabinete conformado por muchos hombres y mujeres casi tan inexpertos como el propio presidente que, en pocas semanas habían sufrido tal desgaste que pocos de ellos terminaron en los primeros puestos del gabinete y tuvieron que abandonarlo mucho antes de los seis años que Fox había prometido contratarlos. Tampoco existió claridad sobre cómo llevar las cosas e incluso, los anuncios por adelantado de algunas medidas, dándolas por hechas antes de siquiera presentarlas al congreso, terminó impidiendo que la administración pudiera establecer una agenda legislativa viable.

El diseño institucional que se adoptó, con aquellas comisiones que se superponían al gabinete; las diferencias de criterios internos en éste y la falta de mediación presidencial; la contratación de head hunters para seleccionar funcionarios; aquella ocurrencia de que el crimen organizado era un problema policial y no de seguridad nacional; la decisión de retirar las áreas de seguridad de gobernación; la colocación en el gabinete, en tareas claves, de funcionarios que, desde un primer momento, estaban jugando ya a la sucesión; todo ello afectó, entre muchas otras cosas, el desempeño de la administración Fox hasta hacerla un galimatías de difícil comprensión para sus propios integrantes.

Para formar un gabinete y antes establecer el diseño institucional del gobierno, se debe saber cómo y con qué objetivos se va a gobernar y, además, asumir que no se trata de un solo momento, sino un periodo de seis años con diversas etapas a cumplir. Felipe

Calderón estaba sopesando nombres, pero sobre todo cómo querría y podría gobernar, para a partir de allí decidir con quiénes lo hará. La mejor demostración de ello era su propio equipo de transición. Era el mismo equipo pequeño, joven, relativamente cerrado, con el que ganó la campaña interna en el PAN y luego la elección presidencial: Juan Camilo Mouriño, César Nava, Josefina Vázquez Mota, Javier Lozano, Ernesto Cordero, Arturo Sarukhán, Germán Martínez, Juan Molinar Horcasitas, Eduardo Sojo (ya no estaba Juan Ignacio Zavala, un hombre cercanísimo al presidente, por una decisión familiar), Alejandra Sota y algunos pocos más conforman el equipo de Calderón. Era un equipo muy joven, con poca experiencia en el poder real pero muy talentoso, que sabía ya que en muchos casos no ocuparían, por lo menos en la primera etapa, las principales carteras del futuro equipo de gobierno, aunque seguirían siendo el motor interno, la bujía del felipismo y estarían tomando experiencia para consolidarse en la segunda etapa de la administración. Porque la clave, en todo ello estaba en un concepto: el presidente Calderón, y esa era una diferencia fundamental con el presidente Fox, no contraría «por seis años». El equipo y sus integrantes durarían lo que tuvieran que dudar, e incluso, el sexenio estaba contemplado como etapas que se tendrían que cumplir y de acuerdo a los resultados y necesidades el gabinete se iría modificando. Si la contratación por seis años que planteaba Fox concebía al gabinete casi como un espacio alterno al propio presidente, Felipe Calderón desde antes de la elección sabía que el gabinete era, es, simplemente un instrumento del presidente para cumplir con sus objetivos gubernamentales. Si alguna pieza no sirve se remplaza, pero las piezas trabajan para un mismo fin y con un mismo objetivo, bajo un solo mando. Los resultados, obviamente, dependerán de quien tenga la dirección del proceso, que no es otro que el propio presidente.

Calderón, buscaría integrar, nos decía en esos días, un gabinete relativamente joven pero de gente honesta, con amplia experiencia y capacidad operativa, que sepa de su labor y que provendría de distintos orígenes políticos y profesionales. A Calderón le gusta la pluralidad y la eficiencia, sabe escuchar y eso lo quería reflejar en su equipo.

¿QUÉ CAMBIAR? ¿QUÉ MANTENER?

Mientras que en el terreno eminentemente político es prácticamente una regla que a la hora de cambiar el gobierno, debe cambiar el andamiaje de funcionarios del área, en el económico, sobre todo cuando se vive una situación de estabilidad prolongada, las dudas sobre qué y cuánto cambiar suelen atenazar a los nuevos mandatarios. En los hechos, un fantasma recorre a los mercados en los momentos de transición entre gobiernos: es la duda de cuánto cambiará una administración sus políticas sin perder la previsibilidad. Los mercados suelen querer, al mismo tiempo, cambios y estabilidad, o parafraseando al Gatopardo, que todo cambie para que todo siga igual.

Es un fantasma con causa justificada para existir: en diciembre del 2006 se cumplirían doce años de un hecho traumático. En la noche del 20 de noviembre del 94, cuando la vida política nacional no terminaba de recuperarse del levantamiento en Chiapas, de los asesinatos de Colosio y de Ruiz Massieu, cuando la mayoría de los mexicanos no sabíamos que la economía estaba «prendida con alfileres», se reunieron para analizar la situación económica del país el presidente saliente, Carlos Salinas y el entrante, Ernesto Zedillo, acompañados de un par de sus principales colaboradores, Pedro Aspe y Jaime Serra Puche, respectivamente. Zedillo le pidió a Salinas que devaluara el peso (el término fue que moviera la banda de deslizamiento) para evitar presiones y que el presidente saliente asumiera los costos de esa medida, antes que fuera inmanejable. Salinas le contestó que eso ya se estaba haciendo y que podría continuarse con un deslizamiento suave que evitara cualquier percepción de una devaluación. Sostuvo que Aspe había mantenido la economía estable a pesar del año políticamente caótico, pero que en febrero del 95, como ya lo sabía Zedillo, venía un momento clave, el vencimiento de 60 mil millones de dólares en bonos del Estado (los famosos Tesobonos). Si no eran renovados por falta de confianza entre los inversionistas, sobrevendría una crisis. Salinas y Aspe ofrecieron al presidente entrante que el entonces secretario de Hacienda se quedara en su puesto por lo menos un año más, para sortear el momento y no generar desconfianza en los mercados. Zedillo no tenía, ya entonces, confianza ni en Salinas ni en Aspe con quien había tenido fuertes diferencias en el pasado y ya tenía un candidato para Hacienda: Serra Puche, con la convicción de que la política económica la manejaría él mismo, desde Los Pinos. Le ofreció a Aspe quedarse en el gabinete pero como secretario de Comunicaciones y Transportes, Aspe no aceptó y a esa posición llegaría Guillermo Ortiz, el actual gobernador del Banco de México y a quien tuvo que recurrir Zedillo cuando un mes después sobrevino la crisis, cuando «se quitaron los alfileres», sobre todo por la falta de pericia de Serra Puche para manejar, en el ámbito financiero, la decisión de ampliar el «deslizamiento» que terminó convirtiéndose en la mayor devaluación contemporánea de México.

¿Era Aspe mucho mejor economista que Serra, sabía más de economía Salinas que Zedillo, el error fue de noviembre o de diciembre?. Para ello puede haber muchas respuestas y la mayoría de los involucrados ya han dado su opinión, pero el tema es que la economía y sobre todos los mercados financieros se mueven por datos duros pero sobre todo por expectativas y lo que menos quieren es la sensación de impericia o las sorpresas que no se sabe hacia dónde se dirigirán. El hecho concreto es que la crisis del 94 se podría haber evitado tomando en cuenta esas variables. No fue así y el costo resultó muy alto. Paradójicamente, pudo terminar cerrándose la brecha (y modificando muchos de los problemas estructurales que propiciaron aquella crisis) cuando regresó a Hacienda un economista con amplia experiencia en los mercados y con la confianza de éstos: Guillermo Ortiz.

Felipe Calderón decidió adelantarse a esas presiones y designar «coordinador de sus políticas económicas» a Agustín Carstens, mucho antes de tener claro el resto de su gabinete. La designación lo convertía, ya desde octubre, en el virtual sucesor de Francisco Gil Díaz en la secretaría de Hacienda y, desde el punto de vista de los mercados, era un acierto en muchos sentidos: primero, porque cortaba las especulaciones que ya habían comenzado sobre quién manejaría esa cartera vital para el mantenimiento de la estabilidad económica, pero también porque nadie, en esos momentos, podría generar mayor confiabilidad en los mercados que Carstens. No era una frase más, se trataba de un dato objetivo: el ex segundo de a bordo del FMI, tenía experiencia en el sector financiero nacional e internacional y era, es, de los pocos economistas de primer nivel que no estaba «contaminado» o con un sello como «heredero» de algunos de los hombres que manejaron la economía en las dos últimas décadas. Trabajó y conoce a todos ellos pero los años en el FMI le permitieron tomar una distancia con las luchas políticas internas en México que se constituía en un capital político invaluable.

Existía un factor adicional: Carstens fue un factor decisivo para el cambio de orientación que tuvo el FMI en los últimos años y que pasó de ser una institución que se centraba casi exclusivamente en exigir que las cuentas públicas de los países en desarrollo estuvieran equilibradas y en orden, a impulsar una serie de políticas que, manteniendo la estabilidad financiera, permitieran e impulsaran programas de desarrollo integral en esas mismas economías. No lo hemos aquilatado en México por diversas razones, entre ellas que no hemos tenido ni desequilibrios financieros ni problemas de endeudamiento. Pero en el ámbito financiero internacional ha significado un cambio profundo. Y Carstens había sido un protagonista central en esa historia.

Además, su designación enviaba otra señal que debía tomarse en cuenta respecto al futuro gabinete de Calderón: el gabinete buscaría tener gente con experiencia pero en la mayoría de los casos sin «sellos» marcados, con poca «contaminación» política e incluso partidaria, un equipo experimentado pero heterodoxo dentro de la ortodoxia política y económica que trataría de imponer la próxima administración. Con concentración del control en el propio presidente, sin las fallidas coordinaciones que implementó Fox y con una fuerte operación de las secretarías cabeza de sector coordinadas con Los Pinos.

Por eso cuando el 21 de noviembre, el presidente electo anuncio el equipo económico no hubo sorpresas. Calderón tenía definido desde tiempo atrás, por su propia formación y porque la estrategia era muy clara desde los tiempos de la precampaña, que era lo que buscaría en el equipo económico. El objetivo era trabajar para la creación de empleos permanentes, para garantizar ese millón de puestos de trabajo anuales que la sociedad demandaba y sin los cuales, la situación social se tornaría, más temprano que tarde, insostenible.

El empleo es la mejor de las políticas para combatir la pobreza, la mejor de las estrategias de política social porque es la única que genera riqueza y otorga dignidad a quienes lo reciben. Nadie sale de la pobreza real con base en programas asistenciales por más necesarios que sean. El punto es cómo se crean empleos permanentes y bien remunerados. Y para eso se requiere, en México, de inversiones privadas y públicas muy fuertes y de un audaz programa de infraestructura.

Carstens, como dijimos, era muy probablemente, el funcionario financiero con mejor imagen internacional y concitaba confianza en el sector y los inversionistas. No se apartaba de la ortodoxia, aunque buscaría algunos cambios importantes en el manejo fiscal y el gasto público. Tendría que aumentar la recaudación en forma significativa, sabiendo que, de inicio, una reforma fiscal de fondo estaba fuera de la agenda legislativa. En Comunicaciones y Transportes, había sido designado Luis Téllez, un funcionario con amplia experiencia en el sector financiero y los gabinetes económicos. No es un especialista en el sector pero sí en la que será su principal responsabilidad en la secretaría de Comunicaciones y Transportes: desmonopolizar el sector sin que pierda competitividad y sin caer en enfrentamientos inútiles y atraer inversiones. Si éste sería, como prometía Calderón, el sexenio de la infraestructura, ella deberá pasar, sobre todo en una primera etapa, mientras maduran las propuestas de reformas energéticas, por esas manos. Precisamente en Energía, se designó a quien es la funcionaria menos conocida del grupo: Georgina Kessler, es una mujer con mucha experiencia administrativa y financiera pero no así en el ámbito político. Es muy cercana a Calderón y al equipo de Guillermo Ortiz, gobernador del Banco de México, y su designación hacía suponer que, como se dijo en alguna oportunidad, se buscaría en el futuro transformar a Energía en una instancia reguladora o que la misma se podría incorporar a la Secretaría de Economía, mientras se potencia la autonomía de PEMEX y la Comisión Federal de Electricidad. Posteriormente allí quedaron dos funcionarios de primer nivel: en la paraestatal petrolera, Jesús Reyes Heroles, que regresaba así al escritorio que había ocupado su padre casi tres décadas atrás, y que había sido, además de embajador en Washington, quien había propuesto una reforma energética durante la administración Zedillo muy similar a la que ahora buscaría Calderón. Y en la CFE repetía Alfredo Elías Ayub, un hombre que había realizado un trabajo notable en esa empresa durante dos sexenios.

En Economía, la responsabilidad de Eduardo Sojo sería muy alta. Sojo, que fue de los primeros, y de los únicos, miembros del equipo de Los Pinos, que apoyó explícitamente la precandidatura de Calderón, regresaba a la labor que cumplió en Guanajuato y que había dejado para ocuparse, sobre todo, de lo que es su especialidad: las políticas públicas. Es un hombre concertador y que no busca los reflectores, pero le tocaría, al mismo tiempo que impulsa las inversiones, negociar y poner presión, cuando sea necesario, en sectores económicos muy poderosos. Se buscaría establecer, entonces, una liga entre el sector privado y las políticas públicas, para que el objetivo del millón de empleos pueda cumplirse. Ya iniciado el gobierno, en enero, el tradicional bajo perfil mediático del que siempre hizo gala le pasó factura y una declaración, aparentemente anodina, cuando lo interrogaron sobre el aumento de los precios del maíz y constestó que seguirían aumentnado y que ello podría llevar el costo de la tortilla hasta los 16 pesos por kilo, generó la primera crisis en el gobierno Calderón. Pero eso ocurriría más adelante.

La designación más sorpresiva, para él mismo, fue la de Javier Lozano (quien se esperaba que estuviera en Los Pinos o en otro tipo de responsabilidad) en la secretaría del Trabajo. Un día antes de su designación, Javier, un hombre muy cercano a Calderón, que renunció al PRI, del que ya se había distanciado para acompañar a su antiguo amigo de la Libre de Derecho, en los primeros tiempos de la precampaña, recibió un llamado por un Nextel del presidente electo, con algo que era más una orden que una propuesta: que se presentara al día siguiente porque iba a ser el secretario del Trabajo. Lozano es un buen político y un buen especialista, con amplia experiencia en la administración pública. Ahora tendría que hacer un ejercicio diferente: promover las reformas necesarias en el sector y establecer una buena relación con el mundo sindical y hacerlo desde una óptica renovadora. La STyPS debería pasar, entonces, de ser una suerte de administradora de conflictos a ser un catalizador de la inversión y las reformas laborales e incluso sindicales. No era, no es, de ninguna manera, un desafío menor.

Finalmente, se anunció que Rodolfo Elizondo seguiría en Turismo y tampoco era una sorpresa. Había hecho una gran labor en los últimos años y si fuera sólo por lo realizado con la reconstrucción de Cancún y la Riviera Maya, se hubiera merecido repetir en esa responsabilidad. Fue otro político que, desde el principio, apostó por Calderón y lo convenció de que, a su vez, como presidente apostara por el turismo como generador de recursos, inversiones y empleos. El turismo puede y debe convertirse en un factor decisivo para la creación de empleos y la inversión. Claro, para ello se necesitaba, entre muchas otras cosas, impedir que la inseguridad hiciera mella en la confianza de los grandes operadores. Pero el equipo de seguridad pública y los nombramientos respectivos aún no estaban listos. El presidente los anunciaría prácticamente en la víspera de la toma de posesión. Y marcarían, en buena medida, el futuro de la gestión de Felipe Calderón. Existían especialistas y también operadores muy eficientes. El secreto era combinarlos y adoptar una estrategia correcta, coherente y homogénea, de Estado, en lugar de continuar con esfuerzos individuales muy valiosos, pero dispersos. Pero encontrar esa combinación se tornó una de las tareas más difíciles, más arduas para el presidente electo en la transición, sobre todo en la Defensa y la Marina.

Lo que será más difícil sería transformar la impartición de justicia. De la misma manera que, como el propio Calderón había dicho, no se podía enfrentar la delincuencia organizada con un Estado desorganizado, tampoco se podía combatir a esas organizaciones con un poder judicial que está construido para combatir a la delincuencia común, con jueces que no terminan de comprender la profundidad del problema y con un sistema penal que no está actuando para cohibir ese tipo de delincuencia sino, conciente o inconscientemente para fomentarla. Nuestro sistema judicial no está preparado para enfrentar el crimen organizado.

Había casos notables. Uno de ellos es, por ejemplo, el de Jesús Chuy Labra, quien fuera el principal operador de los Arellano Félix y hasta detenido desde 1997 sin que aún no tenga en su contra una sentencia en firme. Las reformas que se deben realizar en el sistema judicial para enfrentar al crimen organizado son numerosas y van desde el establecimiento de tribunal y jueces especiales para atender esos casos, hasta la instauración de juicios orales para hacer mucho más expedita la justicia, pasando por una participación mucho más intensa de la Suprema Corte y del Consejo de la Judicatura en el control sobre el desempeño de los jueces, porque en ocasiones por el miedo y en otra por la corrupción, se cometen demasiado errores a la hora de hacer justicia.

Apenas el siete de noviembre del 2006, se había presentado una queja en la Judicatura contra el magistrado Jesús Guadalupe Luna Altamirano, del tercer tribunal unitario en materia penal del primer circuito, porque él sí había dictado una sentencia en firme pero con ella había dejado en libertad, de un plumazo, a 20 personas acusadas, y condenadas en primera instancia, el 31 de mayor del 2006, por la operación con recursos de procedencia ilícita. Los acusados habían sido detenidos en una bodega en Boca del Río, Veracruz, cuando custodiaban tres millones 150 mil dólares, ocultos en un camión que llevaba el logotipo de Praxair, destinado aparentemente para el transporte de gas pero adaptado para el traslado de droga y dinero. Ello a pesar de que la detención fue parte de una larga labor de inteligencia y derivó de la detención previa, en la carretera Sonoita-San Luis Río Colorado de un trailer similar, con el mismo logotipo, en el que se transportaban poco más de 1 700 paquetes de marihuana, con un peso superior a las cinco toneladas de esa droga. Todas las pruebas documentales del caso, incluyendo la relación entre la detención en Sonora y la forma en que se llegó al almacén y el transporte con dinero en Veracruz, le fueron entregadas al juez Luna Altamirano, pero éste, en su sentencia, sostuvo que la única prueba que obraba en contra de los detenidos era el parte informativo del policía que encabezó el arresto. Por lo tanto, el citado juez consideró que no se podía demostrar que los detenidos supieran de la existencia de los más de tres millones de dólares ocultos en el camión que protegían y que, además, de saberlo, no se comprobaba que supieran que procedían de una fuente ilegal.

El caso recordaba el tristemente célebre de un juez oaxaqueño que hace una década, absolvió a una mujer que traída pegado al vientre más de tres kilos de heroína pura, que al ser detenida alegó que estaba embarazada y cuando se comprobó que transportaba drogas fue dejada en libertad porque aquel juez consideró que no sabía que lo que traía pegado al cuerpo era heroína. Por cierto, un par de años después el citado juez apareció muerto. Según las autoridades locales, se había suicidado de una puñalada en el cuello.

Pero ese caso, que demostraba uno de los capítulos centrales que estaban fallando en el esquema de seguridad y procuración de justicia y que estuvo en el escritorio del presidente electo, era más absurdo aún. Una operación realizada por el ejército logra la detención de un trailer con cinco toneladas de marihuana en Sonora. Se realiza toda una operación de inteligencia a lo largo del territorio nacional. Se llega al depósito de Veracruz donde se encuentra otro trailer igual con más de tres millones de dólares y para el juez que dictamina el caso no hay nada extraño, los detenidos con el dinero pueden regresar a su casa porque «no sabían que estaba allí y no eran concientes que se trataba de recursos ilícitos»...seguramente porque todo el mundo guarda millones de dólares en trailers camuflados. Más grave aún, el juez dictó la sentencia y liberó a los acusados y posteriormente avisó a la PGR de ello. Veinte acusados de narcotráfico regresaron sin problemas a la calle. El caso del juez Luna Altamirano ya estaba en manos de la Judicatura, pero, como en muchos otros, si no se comprueba un acto específico de corrupción no pasaría nada.

Se requiere de una cirugía mayor en el sistema de justicia para atacar el crimen organizado. Y los primeros que deben entenderlo, para poder operar ese cambio, son los miembros de la propia Suprema Corte y del Consejo de la Judicatura. Si el cambio no comienza por allí, de nada servirá cambiar policías y sistemas de seguridad. Por eso, el equipo de seguridad que designara Calderón tendría que trabajar, además de en la operación, en la construcción de un nuevo diseño de combate al crimen organizado que incluyera una profunda reforma de la procuraduría y de la relación con el propio poder judicial. Eso hacía aún más difíciles las cosas.

La política se hace en Los Pinos

Fue apenas con la designación del gabinete político, como la clase política comenzó a comprender con claridad cómo entendía el ejercicio del poder el presidente Calderón. Si el gabinete económico se había constituido por profesionales con experiencia y de un perfil técnico alto, y el gabinete social por operadores en general discretos políticamente, con la excepción de Josefina Vázquez Mota, que tendrá que lidiar con una fuerza tan poderosa como el SNTE, y Alberto Cárdenas, que tendría la nada fácil tarea de hacer viable al campo mexicano, en el gabinete político se conjugó lo que quería el presidente: tener cerca a sus más cercanos colaboradores, lo que le garantizaba lealtad, en un contexto de trabajo muy controlado y centralizado.

¿Por qué le preocupaba tanto la lealtad a Calderón? Primero porque, evidentemente, sabía que comenzaba su gestión bajo una ruda oposición política. Pero también porque en la administración saliente hubo demasiados funcionarios que llegaron sin una relación política con el presidente, hubo demasiadas deslealtades, muy poco control y la centralización brilló por su ausencia. Por esas razones la presidencia perdió, en buena medida, el poder real: Calderón quería recuperarlo. Quería llevar nuevamente la presidencia de la república a Los Pinos.

En Gobernación no hubo sorpresas: Francisco Ramírez Acuña, un hombre cercanísimo al presidente, llegaba con un encargo directo, restablecer el estado de derecho y el respeto a la ley. El propio Calderón abordó, al anunciar su nombramiento, el punto más débil del ex gobernador de Jalisco, al indicarle que ello se debía realizar actuando con pleno respeto a los derechos humanos. Evidentemente se habló también de la relación con los gobernadores y con el congreso, pero el encargo para Ramírez Acuña era el orden y ayudar al control que extendería al gabinete de seguridad. Nadie dudaba de la cercanía y la confianza del próximo secretario con el presidente Calderón, y cuando tuve oportunidad de platicar con él, luego de la designación, dos cosas en lo personal me quedaron claras: llegaba a esa posición por la confianza presidencial, pero el presidente electo no le debía nada a Ramírez Acuña. No le estaba pagando ninguna deuda añeja. Y el propio ex gobernador se encargó de decir que tampoco llega a esa cartera con apuestas futuras.

Pero si para saber cómo funcionaría Gobernación teníamos, todavía a 72 horas del inicio de la administración no se había designado a los responsables de esa área, otro engranaje central del poder quedó definido con la creación de la oficina de la presidencia y la designación de otro cercanísimo colaborador de Calderón, Juan Camilo Mouriño, al frente de la misma. No había duda alguna de que Mouriño trabajaría junto al presidente en Los Pinos. Lo que sí fue novedad es que se reafirmara tanto esa posición como para institucionalizarla y darle un rango público. En los hechos, las responsabilidades de esa oficina serán muy semejantes a las de su similar en la Casa Blanca. Entre las atribuciones que Mouriño desempeñaría se encontraban la de «asegurar» el cumplimiento de las metas y objetivos fijados por el presidente a las distintas secretarías; «coordinar» las labores presidenciales; «evaluar» el desempeño de las distintas carteras pero, sobre todo «establecer la relación directa» del presidente con los partidos políticos, el congreso y los gobernadores. En otras palabras: la operación política continuaría en Gobernación pero parte de la relación de los poderes y los partidos con el Ejecutivo sería directa, se iría a Los Pinos. La operaría Mouriño en relación directa con Felipe Calderón. No era un cambio menor.

Como tampoco lo serían las funciones que cumpliría Germán Martínez en la Función Pública. Germán es un hombre de toda la confianza y amistad del actual presidente. Ello se refleja en un punto: lo que anunció Germán que haría la SFP excedía las atribuciones tradicionales de la propia secretaría. Función Pública (y antes la Contraloría) se creó, efectivamente, para combatir la corrupción pero siempre fue una suerte de supervisora de cuentas y un instrumento para revisar el pasado. Martínez se plantea, ni más ni menos, recuperar ese 11 por ciento del PIB que se pierde en las redes de la corrupción. Sólo ese capítulo es una tarea titánica y bastante difícil de lograr. Se propone también controlar el gasto gubernamental, hacerlo más eficiente y agilizar la relación de la ciudadanía con todos los ámbitos de la administración, tareas que hasta entonces tenía la llamada oficina de innovación gubernamental de Ramón Muñoz. La idea no es repetir la obsesiva mirada hacia atrás que ha caracterizado a las anteriores administraciones, sino mirar hacia delante. Una cosa no está reñida con la otra, pero no son lo mismo.

En la cancillería, el nombramiento de Patricia Espinosa era un reconocimiento al servicio exterior de carrera, una cuota de género, pero, también, una designación que permitiría consolidar al hombre de confianza de Calderón en ese ámbito que es, como lo anunció el propio presidente electo, Arturo Sarukhán, quien iría a la embajada en Washington. La embajadora Espinosa es una mujer de amplia experiencia en Europa y en los organismos internacionales que garantizaría un manejo cuidadoso y eficiente de las relaciones exteriores. Pero en su caso, quedaba claro que la relación con Estados Unidos pasaría por Sarukhán (y por ende por el propio Calderón, que de esa manera volvía a centralizar los capítulos que le interesaban particularmente, y la relación con Estados Unidos por supuesto que es uno de ellos).

SEGURIDAD, LA MADRE DE TODAS LAS BATALLAS

No merecía Vicente Fox acabar su sexenio con bajas calificaciones y en medio de una crisis política. Pero hizo todo para que las cosas concluyeran de esta manera. «¿Cuándo se jodió el Perú?», se pregunta Mario Vargas Llosa en la primera línea de una de sus mejores novelas, ¿cuándo se jodió la presidencia de Fox?, podríamos preguntarnos nosotros. ¿Qué sucedió para que un presidente que llegó a Los Pinos con un apoyo popular inédito y con la indulgencia de casi todos sus adversarios, terminara golpeado en casi todos sus frentes? Y la respuesta está en el mismo primero de diciembre en que tomó posesión del cargo.

El presidente Fox había perdido el periodo de transición y llegó a la toma de posesión con un mal diagnóstico y con una idea poco clara de la magnitud del reto al que se enfrentaba. No era un político profesional y quiso hacer de eso una virtud, cuando, a la hora de gobernar, ello se transforma en una carencia. En la propia ceremonia en el congreso comenzó a rebajar su propia investidura, saludando, como si fuera un acto escolar, primero a sus hijos y luego a los legisladores. A la gente de la calle el gesto le cayó bien, pero el congreso comprendió que las formas habían quedado atrás y se lo cobraron cotidianamente. Ese mismo día, cuando nadie se lo hubiera podido objetar, podía haber presentado, de una vez, las propuestas de reformas fiscal y energética que el país, aún hoy, exige. Ni las nombró y envió otro mensaje: no tenía claridad de sus prioridades y buscaría gobernar con base en encuestas de popularidad. Optó por ofrecerle al EZLN una paz que honraba aquello de alcanzarla en Chiapas en 15 minutos, pero regresó así, al tope de la agenda nacional, un tema que había desaparecido de ella tiempo atrás. Retiró al ejército de las posiciones que ocupaba en Chiapas desde 1995 y con ello envió, también, otro mensaje: el Estado renunciaba al uso legítimo de la fuerza a cambio de consideraciones políticas, aunque así se debilitara.

Esa combinación de mensajes negativos: abandono de las formas, falta de prioridades y renuncio al uso legítimo de la fuerza, fueron las tres variables que, acomodándose de distinta manera, fueron socavando el sexenio y la administración Fox, y se pusieron de manifiesto cada vez que había que tomar una decisión clave. Podemos hacer un recorrido por todas las carencias que presentó la administración saliente pero siempre nos vamos a encontrar, en el fondo, con las mismas tres variables: abandono de las formas y por ende degradación de la institución presidencial, ausencia de un cuadro claro de prioridades y por ende una total desorganización y dispersión a la hora de tomar decisiones, y la negativa a la utilización de la fuerza legítima del Estado, aunque con ello perdieran el estado de derecho y la gobernabilidad del país.

Si esas fueron las principales debilidades de la administración Fox deberían ser, necesariamente, los capítulos en los que tendría que hacerse fuerte Felipe Calderón. Por eso había decidido ir al Congreso a rendir protesta: porque las formas son definitivas para fortalecer la imagen de una presidencia de la república debilitada como institución. Por eso la centralización en la toma de decisiones. Por eso también el gabinete de seguridad que designó. Se trataba de un equipo operativo, cercano y que dependería en línea directa, como nunca antes, del propio presidente de la república. Incluso en las designaciones de los secretarios de la Defensa y de la Marina, prefirió optar por hombres que no estaban incluidos entre los más nombrados para ese cargo garantizando así, por sobre todas las cosas, la lealtad a quien es su comandante en jefe.

Por eso también, porque permitía fomenta la centralización y la toma estratégica de decisiones, el eje del esquema de seguridad propuesto transitaría por la reingeniería de los cuerpos policiales de todo el país pero, sobre todo, por la información y la inteligencia. Los nombres así lo mostraban: Genaro García Luna, primero en el CISEN y la naciente PFP y luego con la labor desarrollada en la AFI, estaría enfocado a fortalecer ese objetivo y crear una policía nacional, entre otras cosas, fusionando la AFI con la PFP. Eduardo Medina Mora trabajó, y muy bien, en el CISEN, reencauzó la secretaría de seguridad pública y es otro funcionario que está convencido de que son la información y la inteligencia los que deben marcar la pauta de operación de las fuerzas de seguridad. Pero además, Medina Mora mostraba el oficio político que se requería para esa posición. No en vano había sido considerado como una posibilidad para la Secretaría de Gobernación y en el ámbito privado, se había especulado que, si dejaba el sector público, Televisa tenía para él preparada una oferta para ocupar una de sus vicepresidencias. García Luna y Medina Mora habían sido designados en esas posiciones para garantizar que trabajaran juntos, que no fueran por caminos separados. Primero por compatibilidad de objetivos, y segundo porque sólo así podrán consolidarse y potenciar sus respectivas fortalezas. El área de seguridad sólo funcionaría si la coordinación con la propia secretaría de gobernación, con la defensa y la marina, entre García Luna y Medina Mora, se convertía, más allá de una instrucción presidencial, en una realidad. Mucho tendría que ver con quiénes con quiénes estarían en los puestos debajo de ambos funcionarios. Miguel Ángel Yunes que fue un excelente operador para Medina Mora en el sistema nacional de seguridad pública (y un personaje clave en la planificación de primero de diciembre en la toma de protesta en San Lázaro, uno de los que se reunió cotidianamente para establecer esa estrategia) no se quedaría allí. Se iría al ISSSTE a buscar la reforma al sistema de pensiones. En la PGR, nadie sabe más y mejor cómo combatir al crimen organizado que José Luis Santiago Vasconcelos pero ya era necesario moverlo de esa posición luego de años de desgaste en la lucha directa (y en ocasiones demasiado solitaria) contra el narcotráfico. Sería el responsable de la reforma interna de la procuraduría y de las relaciones internacionales, lo cual le permitiría potenciar su relación con los órganos de seguridad de los Estados Unidos y sacar adelante, ya iniciado el sexenio, la política de extradiciones de los principales narcotraficantes.

En la Defensa Nacional, la designación del general Guillermo Galván Galván, fue un acierto y uno de los nombramientos que más satisfacción le dio al presidente Calderón. Venía de ser subsecretario de Defensa, era reconocido por su firmeza y demostró una lealtad al presidente sin margen de duda, pero también a su propia institución. No había sido de los generales más nombrados para esa posición pero eso le permitió evitar el desgaste. Se enteró de que ocuparía ese cargo poco antes de su designación y como su segundo en la Defensa designó a uno de los hombres con mayor peso en la institución, el general Tomás Ángeles Dahuahare, ex secretario particular del general Enrique Cervantes, especialsita en inteligencia militar y con magníficas relaciones con los órganos militares de los Estados Unidos. Había tenido muchas posibilidades de ser el secretario, pero ello habría provocado rupturas con los grupos cercanos al general Vega García. El secretario de la Marina Armada de México, el almirante Mariano Francisco Sáynez Mendoza, también se enteró horas antes de su designación y, también, había sido uno de los hombres que no había sufrido el desgaste consiguiente. Era un operador nato con gran ascendiente entre los marinos.

Regreso a las formas y la fortaleza institucional, a las prioridades, al estado de derecho, serán los objetivos de la nueva administración. Si el presidente Calderón no se aparta de ellos, tendrá, en buena medida, garantizada la gobernabilidad. Y con ella, el requisito indispensable para poder cumplir con sus otros objetivos en los próximos seis años.

LA CRISIS COMO OPORTUNIDAD

El primero de diciembre, cerró todo un capítulo histórico. Ese día un grupo de diputados del PRD bloqueó los ingresos al salón de plenos de San Lázaro con porros (varias fotos de *Excélsior* demostraron claramente que ninguno de los que «custodiaba» uno de esos ingresos era legislador ni nada tenía que hacer en el salón de plenos de San Lázaro). A las ocho de la mañana en punto, habían roto la «tregua» que se había establecido con los panistas que tenían tomada parte de la tribuna, en cuanto recibieron la orden de un López Obrador que estaba de muy mal humor en un Zócalo semivacío, tanto que tuvo que cancelar las marchas que ya había planeado. Allí, a esa hora, el propio ex candidato reiteró que en San Lázaro impedirían la toma de protesta del presidente Calderón. Creían e incluso así lo publicó algún medio afín al perredismo, que la ceremonia de traspaso de poderes que se había escenificado en la medianoche del día primero, era un sucedáneo para justificar la inasistencia de Calderón (y del presidente saliente, Vicente Fox) a la ceremonia en el Congreso. Desde las ocho hasta las diez de la mañana, ese grupo repartió golpes, encadenó las puertas del pleno y armó barricadas con curules. Y se quedaron pasmados cuando el presidente Calderón cumpliendo con su obligación legal y llegó al pleno de la cámara de diputados por la llamada entrada trasbanderas.

El hecho es que, cuando aparecieron en la tribuna del salón de plenos el presidente Calderón y el ex presidente Fox, Ruth Zavaleta, que había defendido durante dos días su lugar junto al presidente de la mesa directiva de la cámara de diputados, Jorge Zermeño, se apresuró a hacerse a un lado para que se sentara el presidente del senado, el priísta Manlio Fabio Beltrones. Los más sensatos comprendieron que no sólo habían perdido una batalla que nunca deberían haber planteado, sino que allí terminaba toda una etapa, que la derrota estaba sellada. El presidente Calderón rindió protesta ante el pleno y ratificó que cumpliría con su palabra y con el estado de derecho, que no se dejaría intimidar.

Esos grupos políticos habían subestimado a Calderón desde que era precandidato: no le vieron posibilidades de derrotar en la interna de su partido a Santiago Creel; tampoco creyeron que podría ganarle la elección a López Obrador y Roberto Madrazo; aleccionados por seis años de reticencia del poder ejecutivo para no ejercer el estado de derecho, pensaron que, ante la presión, Calderón se doblaría y no iría al congreso, o que rendiría protesta, como dijo Javier González Garza, en «un baño» del Palacio Legislativo. Y Calderón les volvió a ganar la partida, en un acto que, dada, la situación que privaba en San Lázaro, superó todas las expectativas posibles y confirmó que, después de seis años, la presidencia de la república había regresado a Los Pinos.

Lo ocurrido ese día en el Congreso marcaría el futuro de la escena nacional y ello se confirmó con el discurso en el Auditorio Nacional. El presidente Calderón ratificó que piensa ejercer el poder en forma directa, centralizando la toma de decisiones de los principales aspectos de su administración (seguridad, lucha contra la pobreza, generación de empleos) e instruyendo con acciones concretas a todos y cada uno de los miembros de su gabinete. Al mismo tiempo, reiteró una serie de propuestas que ya había presentado días atrás en un carta de coincidencia con el PRD que, una vez más, los legisladores de ese partido habían desechado. Uno de los méritos de esos doce puntos que el todavía presidente electo había calificado como coincidencias sobre las cuales podían trabajar en forma conjunta con los partidos del llamado frente amplio, era que la mayoría de ellas podrían implementarse como políticas públicas, sin tener que necesariamente pasar por el congreso y que si tenían que hacerlo, sería prácticamente imposible para esos partidos oponerse, ya que eran parte de sus propias propuestas legislativas. Una vez más, el perredismo subestimó a Calderón, recibió órdenes de López Obrador y rechazó la mano tendida del próximo presidente. El día primero se sorprendieron de que el presidente las hiciera públicamente suyas. Perdieron la oportunidad y las banderas.

Pero lo más importante de lo ocurrido en San Lázaro, de lo que se vio en el Auditorio Nacional, en Campo Marte y en las reuniones posteriores, incluyendo la comida con los gobernadores el sábado, fue la recuperación de las formas presidenciales. En política, decía don Jesús Reyes Heroles, la forma es fondo. Y Calderón pareció y actuó en forma presidencial, volvió a darle su lugar a una institución que, por las razones que fuera, su antecesor había desdibujado hasta hacerla irreconocible.

ARCHIVOS RECUPERADOS SOBRE EL EQUIPO

Francisco Javier Ramírez Acuña

Es amigo de Calderón, pero por sobre todas las cosas es quien lo respaldó en un momento en el cual casi toda la estructura gubernamental decidió acabar con su precandidatura. Le garantiza lealtad, pero también operación y está enfrentado con los grupos del llamado Yunque en forma frontal. Es un escudo.

Patricia Espinosa Cantellano

Cuando la llamaron a una reunión en la ciudad de México a fines de noviembre pensaba que era algo casi burocrático ante el cambio de gobierno. Fue la primera sorprendida en que le ofrecieran la chancillería, no porque no estuviera calificada para ello, sino porque prácticamente no conocía a Felipe Calderón.

Arturo Sarukhán

Quería ser canciller, pero Calderón lo necesitaba en Washington, por lo menos hasta el cambio de poderes en Estados Unidos. También había llegado en enero del 2006 al equipo sin haber tenido casi contacto con el candidato. Lo hizo abandonando el consulado en Nueva York y con la oposición del canciller Luis Ernesto Derbez, que se opuso a ese movimiento. Se ganó la confianza de Calderón y fue clave para su reconocimiento internacional.

Agustín Carstens Carstens

Calderón siempre pensó en él como secretario de Hacienda. El venir del ITAM es un punto de contacto pero, por sobre todo, lo que le gusta al presidente de Carstens es la combinación de ortodoxia con creatividad, con la flexibilidad política para aplicarla.

General Guillermo Galván Galván

Fue una de las sorpresas del gabinete y una de las mayores satisfacciones de Calderón. Tiene cara de malo, pero aseguran que es un militar con una formación sólida y, por sobre todas las cosas, con capacidad de operación, que está empeñado en la reconstrucción de la institución armada.

Almirante Mariano Francisco Saynez Mendoza

Estaba desplazado dentro de los mandos de la marina por su antecesor, con quien evidentemente no congeniaba. Fue una sorpresa y el mensaje fue claro: hbaía que cambiar casi todo.

Eduardo Sojo

Fue de los muy pocos del equipo de Vicente Fox que apostó por Calderón desde un principio, tuvo fuertes diferencias con el equipo de Ramón Muñoz y muchas coincidencias con Josefina Vázquez Mota. Tiene una visión muy similar en la especialidad académica del presidente: las políticas públicas. Tiene que recobrarse del error de las tortillas.

Ernesto Cordero

No está en los primeros lugares del gabinete pero sin duda sí de la relación con Calderón. Su papel es clave en muchos sentidos. Es uno de los ejemplos de los miembros del equipo cercano que están esperando para otros momentos del sexenio.

María Beatriz Zavala Peniche

Cubrió la cuota de género y del PAN. Parece ser una apuesta a futuro de Calderón para Yucatán.

Eduardo Medina Mora

Quizá ningún otro funcionario que hubiera venido del equipo de Santiago Creel habría podido quedarse con una posición tan importante. Pero Medina Mora navega con banderas propias y se ganó la procuraduría, sobre todo, durante el periodo de transición. Pudo haber sido, incluso, secretario de Gobernación.

Genaro García Luna

Es el mejor policía de México. Buena parte de las dudas que existieron a la hora de integrar el equipo de seguridad se derivó de la duda sobre dónde colocar a García Luna: si conservarlo como el jefe de la policía nacional que se buscaría crear o darle la oportunidad (y el costo) de crearla desde una secretaría de estado, asumiendo que no es un político ni le interesa serlo. Se optó por lo segundo y a partir de allí se reacomodó todo el esquema de seguridad.

Germán Martínez Cázares

Es el amigo, el compañero de todas las luchas, el consejero, el operador, el hombre que, de ser posible, buscará el presidente Calderón que sea el próximo presidente nacional del PAN.

Luis Téllez Kuenzler

La primera propuesta fue que fuera a la chancillería, pero él quería Hacienda, donde el presidente ya había pensando colocar a Carstens. Pensó que había quedado fuera, hasta que horas antes de la designación del gabinete económico el presidente le ofreció Comunicaciones y Transportes.

Javier Lozano Alarcón

Amigo desde la Libre de Derecho. Nadie entendió cuando renunció al PRI para apoyar la precandidatura de un aspirante panista que no tenía ni dos por ciento de popularidad en ese momento. Estaba convencido del personaje que apoyaría y de su proyecto. Estuvo todo el tiempo en el war room y pudo ser secretario de comunicaciones. Fue el primer sorprendido cuando le ofrecieron ser secretario del trabajo horas antes de la designación.

Josefina Vázquez Mota

Estuvo desde el principio con Calderón y se especuló que podría ser secretaria de Gobernación o que podría repetir en Sedesol. En la coordinación de la campaña tuvo diferencias con Juan Camilo Mouriño. Fue a la SEP para trabajar y ponerle límites a una aliada con condiciones, Elba Esther Gordillo. Tiene aspiraciones políticas, legítimas, muy altas.

José Ángel Córdova Villalobos

Provocó el mayor problema político de Calderón con sus declaraciones más que conservadoras sobre el condón y el VIH. Le pudo costar el puesto. Tuvo otra, única, oportunidad.

Rodolfo Elizondo Torres

De los pocos miembros del gabinete que apoyó a Calderón desde el principio y de los que pudo repetir en su responsabilidad. Le tienen confianza, regresa eficiencia y lealtad.

Juan Camilo Mouriño

Si Calderón fue subestimado por sus adversarios, Mouriño lo fue más, incluso por algunos aliados de Calderón. Es, sin duda, su amigo, su operador más cercano, el de toda la confianza y el que se encarga de la coordinación de todas las labores que giran en torno a Los Pinos y su grado de eficacia ha sorprendido a muchos. Lo favorecen para ello la amistad y la lealtad, pero también el que no pueda competir en la futura carrera presidencial.

César Nava Vázquez

Iba a ser el jurídico de la Presidencia e incluso alguien pensó en él como procurador. El problema es que no cumplía con los requisitos de la edad, era demasiado joven. Es el secretario particular y Calderón deposita en él toda la confianza. Tanta que cuando hubo que defender su caso en el Trife y le recomendaron otros abogados, Calderón le dio a Nava esa responsabilidad.

Maximiliano Cortázar

Dicen que con Juan Camilo y Nava, son algo así como el Club de Toby. Lo cierto es que comparten la edad, la eficiencia y la lealtad con un Calderón con el que recorrieron todo el camino hasta llegar a Los Pinos. Dio una vuelta de tuerca completa al manejo de medios en la presidencia respecto al sexenio anterior.

Alejandra Sota

Todavía parece una estudiante universitaria (y casi lo es), pero se quedó con el manejo de imagen, del discurso, de las encuestas. Es otra de las jóvenes que apostó tiempo atrás por Calderón y creció junto con su candidatura.

Juan Molinar Horcasitas

Fue subsecretario con Creel y terminaron mal: veían las cosas en forma demasiado diferente. Pero fue en esas tareas de enlace legislativo cuando trabó relación con Calderón y terminó sumándose a su equipo. Terminó siendo clave en la operación post electoral.

Guillermo Valdez

Manejaba estudios de opinión desde la consultoría política de GEA para Calderón desde que éste era presidente del PAN. Se reunían en forma semanal. Cuando le dijeron si se quería incorporar al gobierno dijo que no, cuando Calderón le dijo que se hiciera cargo del Cisen no le creyó, cuando se lo propuso por tercera vez aceptó.

No son todos, pero el equipo allí está.

Calderón presidente, 18 de enero de 2007: «hay algo de soledad aquí»

18 de enero del 2007. Residencia Oficial de Los Pinos, doce del día.

Señor Presidente, gracias por esta plática. El 2 de julio. Coloquémonos en el día 2 de julio en la noche. ¿Cuándo supo que ganaría la elección?

Específicamente ese día en general había un elemento de tranquilidad en el equipo, que eran las encuestas que habíamos seguidos periódicamente y que aparte se respaldaban con un *tracking* diario que operó en el Comité de Campaña y que nos daba una ventaja más o menos de dos puntos, adicionalmente a que la última semana, particularmente desde el cierre de campaña en el estadio Azteca, que tuvo mucha visibilidad y que se combinó a mi juicio con un error de estrategia de Andrés Manuel que fue posponer su cierre, en lugar del domingo como lo había planeado en el Zócalo, razón por cierto por la cual nosotros tuvimos que cambiarnos al estadio Azteca. Pero él lo deja en el Zócalo hasta el miércoles, cuando ya no tenía ninguna visibilidad mediática y ya no había necesidad de hacer propaganda y aprovechar la vistosidad del acto del jueves que además no había sido tan concurrido como ellos esperaban, esos últimos tres días de campaña nos dieron una ventaja que se cerró a dos puntos hacia el final, hacia la víspera del dos de julio. Entonces, teníamos encuestas de salda y sabíamos en el equipo que las encuestas de salida relevantes deberían estar aflorando a la una de la tarde por que como empezaba a votar el sureste del país donde teníamos una clara desventaja, y la ciudad de México antes que los estados del noroeste entrarían a votar una o dos horas después, el momento en que tendríamos un reflejo real de lo que estaba pasando era más o menos a la una de la tarde. El corte de la una de la tarde nos daba ciertamente una elección muy cerrada pero a las cuatro de la tarde ya teníamos cifras que nos daban una ventaja más o menos de un punto y medio y que se estaba consolidando con otros monitoreos. En ese momento, que confirmaba la tendencia que teníamos en las encuestas previas, supe que habíamos ganado. Honestamente no pensaba, nunca pensé en ese momento, que los resultados finales fueran a cerrarse como finalmente se cerraron. Yo a esas horas de la tarde, a las cuatro de la tarde, sabía que habíamos ganado con una ventaja importante y ciertamente estrecha pero mucho mayor de la que finalmente resultó.

Cuando el IFE a las once de la noche dice que no puede dar resultados y poco antes López Obrador dice que él ganó por 500 mil votos, aunque ahora sabemos que no tenía esa información, que la presentó sin una base documental, pero ¿qué es lo que ocurre en el equipo de campaña?

Sabíamos que en el conteo rápido del IFE estábamos arriba y que el IFE iba a salir a dar los resultados, pero a final de cuentas el IFE se queda sin dar resultados, lo cual me pareció en ese momento algo verdaderamente trágico, porque abrió una noche de incertidumbre que quién sabe en qué momento se cerró. Habíamos convenido, hablado de respaldar al IFE en todo, dejar a que el IFE diera sus resultados porque era finalmente el compromiso de los partidos. Sin embargo cuando sale López Obrador provoca un… es una irresponsabilidad enorme hablar de cifras alegres que no tenían ningún respaldo, nosotros salimos esa noche a dar las cifras que teníamos que eran de varias fuentes, el *tracking* mismo que veníamos ejerciendo y además teníamos diversas fuentes de encuestas rápidas de ese día. Damos los datos del *tracking*, los datos de dos o tres encuestas de salida que se habían hecho ese día. Damos los datos iniciales de nuestro conteo rápido, que aunque se demoró en la noche, nos daba ya una muestra elemental que nos fue de mucha utilidad y que nos refrendaba en la idea de que habíamos ganado y para neutralizar esa información totalmente falsa de López Obrador, con cifras y fuentes fidedignas que habían realizado esas encuestas… eso es lo que pasa.

¿Qué pasa en la noche del 2 de julio?

De hecho la noche del dos de julio es muy importante por que permanecemos en el CEN recibiendo… siguiendo no sólo nuestro conteo de actas que teníamos respaldado en un sistema bastante competente. No sé cómo haya estado el del PRI o el del PRD pero creo que el suyo fue un desastre. El nuestro registró casi el 80 por ciento de las actas esa misma noche y seguíamos el nuestro y monitoréabamos el conteo que estaba dando el IFE.

El PREP…

Íbamos siguiendo el PREP. Por cierto, cuando Germán Martínez que estaba en el IFE me informa que el Instituto no va a dar cifras, le reclame, le dije que era un compromiso del Presidente del IFE darlas. Pero le pedí que exigiera que nos dieran a conocer, que dieran a conocer a la opinión pública, al día siguiente, el resultado real del conteo rápido, porque el conteo rápido del IFE efectivamente decía que habíamos ganado y que habíamos ganado por punto seis de diferencia. Como era menor al uno porcentual que había estimado el Presidente del IFE, por esa razón no se había dado a conocer, pero habíamos ganado por punto seis que fue muy cercano al resultado final por cierto.

Finalmente coincidieron el conteo rápido, el PREP y el resultado final, fueron prácticamente los mismos resultados...

Así fue, pero aquella noche seguimos viendo el PREP y lo primero que hicimos con el PREP fue cotejar las cifras que estaban saliendo en algunos distritos y veíamos que coincidían con los nuestros. Estábamos tratando de intuir por qué estaba tan... por qué se había cerrado el margen de diferencia hacia la media noche y empezamos a clasificar rápidamente los estados y los distritos que faltaban, muy intuitivamente, la verdad, y finalmente ahí entre Ernesto Cordero, que estaba tratando de hacer un modelo de estimación estadístico y el propio Juan Molinar, los que estábamos ahí, coincidimos en que la tendencia del PREP iba a abrirse, como ocurrió de hecho en la madrugada. Yo terminé a eso de las cinco de la mañana, cinco y media me fui a dormir a la casa, con la idea de descansar un poco pero me hablaron de que López Obrador estaría en el programa de Loret de Mola y entonces fui al programa de Loret de Mola, para esa hora ya el PREP había terminado o por lo menos ya era muy claro el resultado. Lleve las cifras del PREP, llevé las cifras de los distritos que todavía faltaban y los datos era realmente contundentes, era absurdo el planteamiento que había hecho él de que ganaría. Y bueno eso fue aquellos días ¿no? Ya luego, el miércoles nos fuimos al conteo. Hubo una discusión que tuvimos en una reunión que si mal no recuerdo fue en la parte baja del restaurante Pajares en la que yo pedí que exploráramos entonces la idea que entonces ya sugería el PRD de abrir los paquetes y la opinión rotunda de prácticamente todo el equipo, César Nava sobre todo y Germán, Molinar, que estaban encargados de la parte jurídica, era que el precedente del Tribunal colocaba la elección en un enorme riesgo de que si se abrían los paquetes fuera de los causes previstos por la ley, podrían entonces sí encontrar una causa de nulidad de la elección.

Que era lo que había ocurrido años atrás en Tabasco.

Precisamente el antecedente de Tabasco... entonces ahí se tomó la decisión de jugar con las reglas, es decir, de ir a los cómputos, que se contaran, se reabrieran los paquetes en los casos que preveía la ley, que hubiera la total disponibilidad de hacerlo en los casos que preveía la ley, pero que evitaran que casos que no tenían impugnación, o que no tenían ninguna disputa se reabrieran por que eso era, probablemente, con objeto de convocar una nulidad. Fuimos al cómputo. En la mañana del miércoles nos empezaron a reportar que el PRD estaba haciendo tácticas dilatorias en todas las casillas que habíamos ganado y la pregunta era si nosotros objetábamos también las casillas donde el PRD había ganado, la respuesta es no. Vamos contando en donde el PRD gana para poder avanzar en los cómputos, pero eso lo que provocó es una estrategia muy evidente del PRD de que al dejar de computar las casillas donde habíamos ganado, el cómputo distrital comenzó a arrojar cifras en favor de López Obrador...

Que se mantuvieron prácticamente durante todo el día...

Sí. Claro que llegó un momento en que ya era insostenible. Presionamos más para que se empezaran a contar nuestras actas y la tendencia obviamente se revirtió de manera muy consistente, muy dramática fue una noche que no sé la audiencia televisiva, pero nunca tuvo a esas horas tanto rating... Finalmente ¿que sería...? como a las cuatro de la mañana se revirtió la tendencia y aunque sabíamos que los resultados coincidían con nuestras cifras y era lo previsto, entonces yo creo que ahí fue el momento donde saborearnos la victoria.

En ese momento comienza a saborear la victoria pero también en ese momento comienza un proceso muy difícil y muy complejo, por que se habla de que no solamente se va a llegar al tribunal, que era eviden-te, sino que se comienza a hablar de un fraude cibernético, luego se habla de un fraude luego a la antigüita y hay un proceso de transición que dura hasta los primeros días de septiembre en los cuales se genera incertidumbre, incertidumbre política, y a todo eso se sumaba plantón. ¿Cómo se vivieron esos meses?. Yo recordaba en esos días, la figura que habíamos platicado alguna vez, después de la salida del gabinete, de la renuncia al gabinete, de estar en el lado oscuro de la Luna. Y como que esas fueron también unas semanas en el lado oscuro donde el presiden-te electo no puede salir plenamente a trabajar, a procesar la transición, por que hay todo un debate que tiene que concluir, toda una serie de movilizaciones que tenían que concluir, una parte legal que tiene que concluir...

Fueron semanas muy, muy difíciles. Yo había intentado hablar con López Obrador la semana previa a la elección. De hecho alguna vez, abiertamente, yo personalmente marqué a su comité de campa-ña, probablemente quien me contestó habría pensado que era una broma...

O sea que no le creyeron...

Luego mandé a varias personas, una de ellas fue Florencio Salazar, que hizo contacto con Ricardo Monreal, según me informó y habíamos hablado de la posibilidad de un encuentro, a lo que en principio yo había manifestado desacuerdo, de que podíamos haber-nos reunido la víspera de las elecciones...

O sea antes de las elecciones...

El sábado primero de julio o el propio dos, ellos me iban a avi-sar. Luego a final de cuentas no hubo ya ningún contacto. Tratamos insistentemente de tener contacto con ellos, incluso para ponernos de acuerdo acerca de la metodología. Hubo mucho diálogo incluso a nivel de los representantes del IFE, pero nada más. La prioridad desde el momento que habíamos previsto el escenario de que nunca iba a reconocer la elección, eso lo teníamos por cierto, de hecho en alguna filtración que recoge *La Jornada*, en una comida de despedida con el equipo de campaña ya en los días previos a la elección, yo dije que tendríamos que estar preparados para un proceso postelectoral muy largo y muy combativo y efectivamente así fue. Pero la prioridad, primero, fue defender el caso legal, esa fue la premisa y la condición a la cual debía someterse toda estrategia. Fue complicado y creo que se complicó innecesariamente. Por ejemplo, la decisión de parte del gobierno federal de prácticamente no hablarme hasta que se decidiera todo el proceso, era verdaderamente absurdo. No podía yo preparar bien la transición de gobierno por que no tenía contacto formal y no había operatividad de enlace con el gobierno saliente, ni podía tampoco estar activamente en los medios... anuncié un recorrido por el país, se me dijo que era imprudente, tomé nota de eso, quise cuidar perfectamente las cosas, bajamos totalmente el perfil de la gira, entonces fueron días muy, muy difíciles.

Estuvo la tentación en algún momento en esos días, de también demostrar el poder de movilización del PAN... o del calderonismo...

De hecho yo me quedé con esa idea... yo estaba con la idea de que hiciéramos una concentración en el Zócalo y de hecho lo pregunté, lo consulté, de movilizar a la gente y creo que a final de cuentas, la decisión obviamente fue que no, pero a final de cuentas tuvimos una buena decisión, no podíamos ponernos en el mismo plan: el riesgo de violencia era extremadamente alto, preferimos jugar con mayor cautela. Hubo un momento cuando Andrés Manuel convoca a resistencia civil, que evidentemente quienes estuvimos sí en movimientos de resistencia civil en los ochenta, pues teníamos las lecciones, los aciertos y los errores de aquella época, y una cosa de la que me acuerdo perfectamente es que para que un movimiento de resistencia civil tenga éxito, primero tiene que ser, como el nombre lo indica, aunque parezca obvio, de resistencia pacífica. El movimiento de Andrés Manuel no era pacífico, era terriblemente violento en las expresiones, en los insultos, en los calificativos, en los gestos. Terriblemente violento y la gente no quiere la violencia. Y la segunda premisa, yo nunca la olvidé, siempre la tuve bien presente, es que en un movimiento de resistencia civil hay dos bandos contrapuestos, pero que gana el movimiento que logra capturar al tercero en discordia que es el ciudadano, el gran público...

El que no participa en ninguno de los dos bandos...

Y por eso era importante según lo habíamos aprendido en aquel tiempo con Corella era a no dañar las preocupaciones y los intereses y los derechos de terceros ¿no?, había que ganar su confianza y Andrés Manuel lo que estaba haciendo en cada momento era finalmente fastidiar al tercero, hasta que decidió finalmente el plantón en Reforma y yo ahí entendí que eso iba a ser el fracaso de su movimiento, como de hecho finalmente lo fue, fue erosionando su base de apoyo en el Distrito Federal, fue perdiendo total credibilidad. Hubo también una estrategia muy intensa para revertir el posicionamiento que él estaba logrando a través de operadores muy hábiles en el plano internacional. Hablamos, yo personalmente hablé con varios actores, con el ex presidente Felipe González, hablé con gente de los diarios más importantes en Estados Unidos, *New York Times*, *Wall Street Journal*, del *Washington Post*, hablé con la gente de *El País*, hablé con *Los Angeles Times*, con gente de *Miami Herald*, hablé con gente desde Madeleine Albright hasta el ex presidente Clinton, hablé con... en fin... con el Presidente Lagos de Chile, busqué entrevistas con personajes muy respetados en México, hablé con Carlos Fuentes, le expliqué mi versión en fin, pues hicimos una operación muy intensa, muy compleja pero poco a fuimos marcando las cosas.

¿Y qué sucedió con los actores internos? Nos dice que buscó hablar con.. había buscado hablar antes de las elecciones con López Obrador, evidentemente no se dio esa reunión, pero ¿qué pasó con los demás actores políticos internos? Estoy pensando en los priístas hasta la gente del PRD que no tiene relación o no tenía relación directa con López Obrador como Cuauhtémoc Cárdenas.

Hablamos con ellos. De hecho yo personalmente hablé con Roberto Madrazo por teléfono, no lo hicimos en persona, pero hablé al día siguiente de la elección...

El tres de julio...

El tres o el cuatro.. hablé con los diferentes sectores del PRI, con Beltrones, que era dirigente de la CNOP, con Heladio Ramírez de la CNC, hablé con todos los gobernadores del PRI... hablé con algunos gobernadores también del PRD, tratando de establecer pues un referente claro de cómo estaban las cosas. También trabajamos mucho en dar información de lo que había pasado en el proceso. Publicamos las actas que teníamos, contratamos un galerón allá al lado del Periférico e hicimos una «Expoacta», que yo creo que fue muy poco concurrida, pero la idea original que tenía Juan Camilo y que me parecía buena era poner, cuando se anunciaba una de las grandes marchas al Zócalo de López Obrador, era poner sobre todo paseo de la Reforma y en el Zócalo mismo, en rotafolios poner copias de las miles de actas del proceso, hubiera estado muy divertido pero...

No sé cuánto hubieran durado...

Pero la idea era ganar, decir qué pasó en la elección, estábamos hablando de lo que pasó en la elección, de cuántos votos se emitieron, no cuanta gente movilizas...

Pero en medio de todo ese proceso viene un momento que quizás es el más difícil o de los más difíciles, que es el último informe del Presidente Fox cuando no puede dar el informe de gobierno.

Hay dos momentos cruciales antes...

¿Cuáles?

Uno es el conteo de las once mil casillas que ordena el tribunal, que eran muchas más de las que habíamos calculado de acuerdo a lo que preveía la ley, pero finalmente que fue bueno que se hiciera y afortunadamente despejo las dudas que quedaban. La verdad es que los paquetes coincidían con lo que estaban diciendo las actas. Y el otro momento que yo creo que fue clave para toda la etapa post electoral fue mi comparecencia, mi concurrencia al tribunal para defender mi caso, que fue una situación muy polémica, porque había opiniones divididas, pero yo lo que percibí es efectivamente un cambio de opinión en algunos magistrados del TRIFE...

¿Sintió en algún momento que los magistrados podían anular la elección?

Yo creo que estábamos incluso en la posibilidad de que la elección fuera anulada por la presión que se estaba haciendo, la fragilidad del propio tribunal electoral y las dudas que se habían sembrado y que no estaban en la opinión pública bien aclaradas. Entonces personalmente fui al TRIFE, plantee mi caso, desahogué uno por uno los argumentos que se estaban esgrimiendo, de las actas, de los votos, de la supuesta inequidad en el proceso, de los famosos programas públicos... yo pensé mucho en el caso del distrito XV, el distrito XV era el caso emblemático, el recurso madre presentado para impugnar la elección pero resulta que ahí no hay programa oportunidades ¿cómo pretenden decir que el programa oportunidades desvió la elección a mi favor si en su caso emblemático no hay inscritos en el programa?. Pedí que recontaran el distrito XV, que revisaran minuciosamente las actas que no había causas de impugnación, llevé los monitoreos que ahora por cierto se acaban de hacer públicos por el propio IFE de gastos y de monitoreo de IBOPE, llevé un monitoreo de IBOPE no sólo sobre la presencia de comerciales sino sobre todo por el número de puntos de audiencia que tenía cada partido, que revelaba lo que ahora se está conociendo, que la nuestra no fue ni siquiera la campaña que tuvo mayor cobertura...

En realidad, la que tuvo una mayor cobertura fue la de Andrés Manuel...

Tanto en noticieros como en spots de televisión fue la de Andrés Manuel, la más intensa... en fin todo lo que pudimos hacer. Yo salí muy satisfecho de esa entrevista y pienso que ese fue un momento que cambió el ánimo y despejó las dudas de los magistrados... por ejemplo, veía como asentían algunos magistrados, como tomaban nota. Yo decía que el PRD nunca había impugnado en el IFE los monitoreos del propio IFE, entonces eran perfectamente válidos, yo recuerdo magistrados tomaban nota de esos detalles que luego fueron relevantes...

Pero regresamos al primero... viene el primero de septiembre, un día muy difícil porque además fue una presión muy fuerte en un doble sentido, primero para la calificación de la elección que era inmediatamente posterior y luego en caso de que se calificara la elección como se calificó el desafío para tomar posesión...

Sí, fue terrible estábamos viendo precisamente el informe ese día y habíamos hablado con algunos diputados, con los coordinadores ante la idea de que había de que el PRD evitaría el informe del Presidente Fox, de que evitaran que eso ocurriera y de hecho defendieran la tribuna como de hecho finalmente ocurrió el primero de diciembre, por que iba a ser un pésimo precedente para mí, para tratar de tomar protesta ante una intentona exitosa de evitarle al

Presidente Fox llegar a tribuna. Finalmente, para sorpresa nuestra ocurre que el PRD toma la tribuna sin que nadie oponga resistencia y cuando yo les señalé a los coordinadores, a Santiago Creel me dijo que el propio Abascal... bueno, primero me había dicho Gerardo Buganza que ellos sí estaban preparados, un grupo de diputados para evitar que el PRD tomara la tribuna y segundo me dijo Santiago Creel que el propio Carlos Abascal les había pedido minutos antes del posicionamiento de los partidos, que si el PRD intentaba algo que lo dejaran hacerlo, que no intervinieran.

Fue una estrategia que no fue con acuerdo del entonces presidente electo...

Al contrario, nos habíamos reunido en Los Pinos unos días antes y habíamos acordado que el Presidente fuera hasta la tribuna, que entregara el informe ahí y se retirara, pero que era un precedente que no podíamos admitir, que se le impidiera pasar a tribuna y luego esa decisión se cambió el propio día primero, según la versión de Santiago Creel.

¿Qué sentimiento genera eso?

Eso fue realmente muy duro, un elemento de preocupación que duró del primero de septiembre al primero de diciembre, pero también es cierto que desde ese momento empezamos a diseñar la estrategia del primero de diciembre, empezamos a tener reuniones todos los días para revisar la estrategia del primero de diciembre.

Ya la calificación de la elección había concluido...

Todo... ya cuando volvimos otra vez... cuando recogí la constancia, cuando había pasado todo eso, entonces volvimos a plantearnos el primero de diciembre; entonces hicimos reuniones periódicas casi diarias y diarias por lo menos los dos últimos meses, para revisar el escenario del primero de diciembre.

¿Qué se revisaba?

Era una reunión que tenía yo en la casa de transición donde estaba Juan Camilo Mouriño, estaba Max, estaba la gente del equipo digamos, estaba también algún funcionario de Seguridad Pública, la gente del Estado Mayor, estaban los coordinadores o algún representante. Se revisaba primero como iban las discusiones en el Congreso respecto del primero de diciembre; en principio yo diría que en los meses de octubre y primera quincena de noviembre había la idea de que no había problema y de que el PRD ya estaba más o menos asintiendo la posibilidad de que se diera lo del día primero, bueno revisamos cómo iba el diálogo político respecto de ese tema. Revisamos también los escenarios que nos hicimos para el día primero. El primer escenario era en un escenario de tersura y de seriedad política, el día que tomaría protesta; otro escenario era de protestas como ocurrió en otras ocasiones, y así sucesivamente eran cinco o seis escenarios los que revisábamos, y unos de ellos era ciertamente llegar a la tribuna por el pasillo central con defensa de los diputados, otro llegar a la tribuna por un pasillo lateral o llegar a la tribuna por un pasillo... por cualquiera de las dos entradas tras banderas, una abierta y otra oculta, que quienes hemos estado en la Cámara, por lo menos en la mesa directiva, o en funciones de responsabilidad en la Cámara sabemos que existe ¿no?...

¿Nunca estuvo vigente la opción de no rendir protesta en San Lázaro?

Se planteó... honestamente se planteó varias veces, pero a medida que iba avanzando el escenario... primero, déjame reconocerte que esa opción nunca la iban a aceptar. La primera... pues iba a ser un escenario el propio Auditorio Nacional con gente nuestra... pero luego se evidenció que la estrategia del PRD era marcarme con una duda de ilegitimidad durante seis años, el hecho de no tomar protesta en el Congreso, en primer lugar según la disposición constitucional, el no presentarse ante el Congreso es una causal para llamar a un Presidente sustituto. No había oportunidad de jugar con eso y luego seis años de ser Presidente impedido de asistir al congreso, un Presidente como fue la idea que se quiso formular también como una estrategia del PRD, según supimos, un Presidente a salto de mata, un Presidente en fuga, un Presidente pues ilegítimo como lo han planteado, que se reforzaría nuevamente con un Presidente que ni siquiera pudo tomar posesión donde debiera hacerlo. Entonces, el PRD elevó significativamente la apuesta y nosotros categóricamente tomamos la decisión de preparar el escenario para que se diera en San Lázaro como finalmente ocurrió ¿no?

¿Qué se siente al rendir protesta en ese escenario, en esas condiciones, en ese momento? ¿Qué sintió el Presidente Calderón?

Bueno, fueron varias fases. Siempre supimos que para que cualquier estrategia de defensa de la tribuna tuviera éxito, deberíamos llegar al primero de diciembre sin que el PRD tomara la tribuna. Siempre se estuvo planteando diversos escenarios, cuando se toma la tribuna desde el martes, yo pensé que era muy anticipado. Mi duda era que aguantáramos ¿no?, entonces yo en las noches les hablaba a los diputados que estaban en tribuna para alentarlos, para reforzarlos, para estar ahí con ellos, en fin, y finalmente pudieron aguantar hasta el viernes. Cuando llegó el momento, yo había hablado con Jorge Zermeño todavía la víspera dos días antes y revisamos el orden del día y le dije: «mira lo de la lectura del bando solemne quítalo, lo de los honores al Presidente Fox quítalo porque quien sabe si vaya a poder y segundo ahí se va a hacer el caos y vamos a tomar protesta que es a lo que vamos, no voy a poder dar un mensaje, sería absurdo»… todavía esa mañana hablé con él y le digo: «estoy listo, Jorge». Mira yo a las nueve y media arranco la sesión me dijo… ¿nueve y media, no?…

Sí, nueve y media...

Y ahí quiero que estés a las nueve y media. Íbamos a llegar sincronizadamente con el Presidente Fox pero nos dice su equipo que él estaba todavía retrasado, que planeaba llegar a las 9:55... total llegamos 9:47, pero ya con la certeza de que estaba la tribuna dispuesta y la entrada asegurada. La responsabilidad que le había pedido al Estado Mayor era que por ningún motivo...

Que ese camino estuviera asegurado...

Totalmente y que lo defendieran con todo, cosa que ocurrió... eso ya me daba una satisfacción. Sabía que las cosas iban a salir bien. A la hora de protestar... los gritos... me distraje ciertamente en un momento de la protesta por algún... algo pasaba ahí...

Bueno, pasaban mil cosas... lo único que no había era tranquilidad...

Pero finalmente pude protestar y había una enorme satisfacción. Creo que el júbilo que se sentía en ese momento y que externaron además los diputados fue realmente indescriptible, extraordinario.

Otro Presidente, antecesor suyo, me dijo en una oportunidad que en el momento que sintió que había tomado el poder, que era ya el Presidente de México, fue en Campo Marte...

Así es...

¿Realmente es así?

Así es, efectivamente; la responsabilidad de dirigir a las fuerzas armadas es probablemente la más delicada, la más compleja y donde efectivamente se comprende a cabalidad la dimensión de esa responsabilidad.

Una última pregunta. ¿Cómo se decidió la formación del gabinete, el proceso de formación del gabinete?

Tenía yo habilitado un departamento donde habíamos puesto toda la estructura de gobierno y primero fuimos viendo candidatos por cada cargo, buscando básicamente capacidad y lealtad, ésa es la verdad, cumpliendo con algunos requisitos. Por ejemplo yo tenía el compromiso de tener el mayor número de mujeres en un gabinete, que sería un mínimo de cuatro mujeres y además en posiciones relevantes del gabinete, no en secretarías no tan relevantes. Ese yo creo que fue el criterio que más se complicó. Luego las áreas militares, defensa, todo el gabinete de seguridad que fue el más complejo de seleccionar, y luego había que buscar una combinación de lealtad. Primero, yo busqué honestamente con el PRI formar un gobierno de coalición tal como lo anuncié. Se los ofrecí. Compartamos el gobierno. Compartamos el programa y gobernemos ¿no? El PRI decidió que prefería estar como un partido de oposición y no mezclarse con el gobierno. El PRD estaba en una posición francamente insostenible, cosa que lamento por que yo estaba totalmente decidido a ese esquema, a negociar con la oposición los cargos de gabinete. Luego viene un proceso de selección, se dialoga con los posibles candidatos, se ven los perfiles, lo que han hecho y sobre todo la capacidad de armonía con el propio equipo...

Pero la lealtad parece ser que fue lo determinante. Se buscó un gabinete muy leal al Presidente.

Un gabinete que, parece tautológico pero que pudiera ser verdaderamente coordinado por el Presidente. Es decir que yo pudiera tener realmente mando y corresponsabilidad en sus propias esferas de acción ¿no?...

Porque eso determinaba un estilo de gobernar...

Porque realmente no veo cómo se pueda gobernar donde cada quien hace lo que quiere... entonces a medida que iba avanzando el tiempo era cada vez más importante este dato de la lealtad... «mira a fulana o a fulano», sí pero la verdad es que en un momento crítico no te va a hacer caso o no me va a hacer caso, eso es cierto ¿no?... o que en una decisión no va hacer caso o en un momento de peligro o de riesgo va a preferir tirarle al Presidente que defender al Presidente. Entonces eso fue un factor que fue pesando y pesando cada vez más...

¿En qué fecha estuvo decidido el gabinete?

Pues, queríamos tenerlo para la primera quincena de noviembre, pero la verdad es que incluso el cierre, fue la víspera del anuncio de cada gabinete. Es decir, el gabinete político se decidió la víspera de que se anunció, el económico fue la víspera también... y el social también la víspera. Pero faltaban una o dos piezas críticas y muchas veces había que armonizar uno con otro. Si había un externo por un lado tenía que compensar con un interno en otro y así sucesivamente. Pero el problema también fue gente del gabinete en funciones, porque había que recordar que había gente muy competente en el gabinete de Fox... quizás eso fue de lo más difícil y la parte de la Defensa, Marina, PGR, en fin... todo el gabinete de seguridad, fue el más complejo.

Paradójicamente fue el primero que empezó a funcionar, al menos con mayor eficiencia para decirlo por lo menos, mayor eficiencia pública...

Sí y el que está más embonado y trabajando muy intensamente. Me reúno frecuentemente con ellos y tienen una idea muy clara de lo que hay que hacer, lo que me da una enorme tranquilidad.

Y ahora sí una última pregunta... ¿qué se siente vivir en Los Pinos? Yo tuve la oportunidad de conocer la casa del Presidente Calderón allá en Las Águilas y creo que cabe en esta sala... ¿qué siente el Presidente Calderón, la familia, los hijos llegar a Los Pinos, a esta dimensión?

Habría que ver. Mi casa era de nueve metros de fondo ¿cabría aquí?

Juntando los dos despachos presidenciales, fácilmente...

La verdad estoy muy cómodo, mis hijos están contentos en general, pero si hay cierta soledad aquí.

¿Lo de la soledad del Presidente es verdad?

No sé si del presidente...

Bueno la soledad del poder ¿no? ¿es real?

Si hay algo así... hay algo de eso. Pero por otra parte es muy cómodo, poder trabajar en el lugar donde se vive y la parte más difícil ha sido la adaptación de mis hijos a una nueva vida y a todo lo que eso representa ¿no? pero por lo demás bastante bien, cómodo es la palabra.

Señor Presidente, muchas gracias por ésta y las anteriores pláticas...

¡Vámonos! Suerte con el libro.

Anexo 1

«Elecciones cuestionadas»

Por MICHELANGELO BOVERO publicado en *Excélsior* el 8 de septiembre del 2006

En estos inicios del siglo XXI parece como si un extraño virus hubiera agredido al mundo de las democracias reales: se va difundiendo el fenómeno de las elecciones controvertidas, cuestionadas y, en algunos casos, hasta impugnadas. El foco original de la infección se manifestó en 2000, con las elecciones presidenciales de Estados Unidos. ¿Quién no recuerda el desastre del escrutinio en Florida, la polémica y las dudas que perduraron incluso después del pronunciamiento de la Suprema Corte de aquel país? Según muchos observadores, Al Gore había obtenido probablemente más votos, pero la victoria fue asignada a Bush Jr. También en torno del resultado de las siguientes elecciones estadunidenses, las de 2004, en las que Bush aventajó a Kerry, surgieron fuertes dudas, aunque tardíamente, en particular sobre la votación del estado de Ohio. En 2005, lo que llamó nuestra atención fue el cerrado resultado, sin un claro vencedor, de las elecciones en Alemania, con la consiguiente controversia entre Gerhard Schröder y Angela Merkel, quienes reivindicaron simultáneamente el derecho a ocupar el cargo de Canciller. En 2006 estallaron los casos de Italia, primero, y de México unos meses después. Se podrían considerar también otros; pero los que he mencionado me parecen, por su variedad, los más relevantes para reflexionar en torno a un fenómeno que amenaza con desgastar a la institución básica de la política moderna y que debe interpretarse colocándolo, antes que nada, en el contexto de la evolución más reciente de los regímenes democráticos.

I. En dos de los cuatro países agredidos por el virus, Estados Unidos y México, está vigente el régimen presidencial; en los otros dos, Alemania e Italia, el parlamentario. Pero la diferencia entre el presidencialismo y el parlamentarismo se está, eso es un hecho, erosionando. Desde hace tiempo hemos presenciado la homologación tendencial de las formas de gobierno (en sentido técnico: las subespecies institucionales de la democracia) hacia un único modelo «verticalizado». Algunos estudiosos hablan de «presidencialización» de los regímenes parlamentarios: los poderes ejecutivos se fortalecen de diversas formas, por derecho o de facto, y apuntan a neutralizar su natural dependencia de los parlamentos o incluso a relegarlos a un papel subordinado. Se trata, pues, de una deformación patológica y progresiva a la que yo denomino «macrocefalia institucional»: en todas partes, una cabeza ejecutiva hipertrófica termina por aplastar a cuerpos representativos (parlamentos y asambleas locales) debilitados y con menor poder.

La difusión de esta patología favorece, y es favorecida a su vez, por el aumento y la exacerbación de otro fenómeno negativo muy notable, en gran medida ligado al advenimiento de la era de las imágenes: la personalización de la vida política. En el momento clave de las elecciones, la atención general termina por converger en pocos personajes, llamados líderes, que compiten en pos de conquistar lo que se percibe como el sitio decisivo del poder, el vértice del Ejecutivo. En estas condiciones, la confrontación dialéctica entre partidos y programas pierde importancia y las elecciones se transforman en una lucha personal por la investidura popular, a veces más bien en una especie de plebiscito en pro o en contra de éste o de aquel líder, candidato al papel de «guía supremo» del país (dicho sea de paso: ¿nadie se pregunta acaso qué tiene que ver todo esto con la democracia?).

Este lazo entre la personalización y la verticalización del poder induce a una consecuencia ulterior que también es negativa en mi opinión: la creciente simplificación del «sistema político» (como lo llaman los especialistas: el conjunto de partidos y movimientos, es decir, de los actores colectivos de la política), que tiende a asumir una forma dicotómica. En algunos casos —como en Italia, pero no sólo allí— esta tendencia se acompaña, paradójicamente, de la proliferación de partidos y de listas electorales. Sin embargo, la paradoja es aparente: de cualquier manera, la dinámica general del sistema impulsa al reagrupamiento en dos bloques contrapuestos que se disputan el poder gubernamental. La evolución de los sistemas políticos hacia el bipolarismo y, en perspectiva, hacia el bipartidismo, genera, sobre todo cuando se aproxima el día de la votación, la figura del liderazgo dual. Las campañas electorales se reducen esencialmente a una especie de duelo entre el líder de cada uno los dos partidos y/o coaliciones principales, independientemente del tipo de régimen que esté vigente y de la articulación efectiva del sistema político. La confrontación entre Merkel y Schröder en Alemania, donde la forma de gobierno es parlamentaria y las fuerzas políticas importantes cinco o seis, o el enfrentamiento entre Berlusconi y Prodi en Italia, donde el régimen también es parlamentario pero los partidos son mucho más abundantes, ha asumido un significado político que no es distinto, en la sustancia, al de la contienda entre Bush y Gore (o Kerry) en Estados Unidos, país donde rige el presidencialismo y un bipartidismo perfecto, o de la competencia entre Calderón y López Obrador en México, donde el sistema es presidencial, pero los partidos importantes son tres. Es interesante el caso de México: resulta que la serie de sondeos preelectorales sobre las intenciones de voto para los tres candidatos a la Presidencia fue percibida por muchos como una especie de juego de eliminación, del que surgiría la pareja de los «verdaderos» contendientes. De aquí la fascinación (a mi parecer, perversa) que ejerce sobre muchos mexicanos el sistema francés de la doble vuelta.

La simplificación del sistema político hacia la forma dicotómica tiene amplio reconocimiento: es concebida por casi todos los sujetos políticos importantes, y también en buena parte por los expertos, como el objetivo que toda democracia «madura» debería alcanzar. En mi opinión, por el contrario, constituye un empobrecimiento de la vida democrática. La reducción tendencial del pluralismo al dualismo hace crecer por sí misma la distancia entre el sistema político y la sociedad civil. El abstencionismo, y de manera más general la apatía política y el alejamiento de la democracia, tienen causas múltiples y complejas, pero entre éstas figura también la reducción excesiva de la gama de oportunidades para elegir. Quienes no se reconocen en ninguna de las opciones disponibles, no siempre optan por elegir el mal menor: pueden decidir no escoger a nadie (en ocasiones, esto sucede aun si hay más de dos alternativas que, sin embargo, resultan todas impresentables). En todo caso, el hecho es que la cuota de quienes se abstienen de votar se ha convertido en un factor cada vez más determinante, y como tal es percibido por los actores políticos: casi como si el resultado de una elección no fuese en manos de quienes sí votan, sino paradójicamente de quienes no votan. Por eso, las campañas electorales se orientan cada vez más, de manera predominante, a conquistar el voto de los (así llamados) «electores indecisos o indiferentes». Ir en pos de este objetivo exaspera la lógica del duelo e induce fácilmente a los protagonistas, o a algunos de ellos, a la satanización del adversario. «Si no logro convencer al elector indeciso a votar por mí, al menos, como mal menor, trataré de inducirlo a votar contra el otro, presentando a éste como el mal mayor». A veces, como el mal absoluto: con medios y argumentos que van mucho más allá de lo correcto e incluso de lo decente. Es evidente que quienes se dejan convencer de esta manera son los ciudadanos menos educados, menos provistos de cultura democrática. Y es así como la calidad de la vida política de las democracias reales corre el riesgo de volverse cada vez más decadente. En ambos lados: el de los electores y el de los elegidos.

Puede suceder que las coaliciones que se contraponen queden a final de cuentas divididas por un insignificante puñado de votos. Lo que constituye una circunstancia objetiva que favorece la impugnación del resultado electoral. Pero en realidad, el fenómeno, en sus formas más virulentas, se manifiesta no tanto porque el surco que divide a los contendientes sea muy delgado, sino más bien porque es muy profundo. Un conflicto áspero y perdurable en torno al resultado de las elecciones no es sino un grado ulterior de la exacerbación del conflicto político, interpretado como un duelo por la conquista de un poder verticalizado y personalizado.

Es verdad que la radicalización del enfrentamiento político tiene también otras causas sustanciales, cuyos orígenes radican, directa o indirectamente, en las complejas y contradictorias dinámicas producidas por la globalización. Me refiero —sin tener aquí el espacio para profundizar en este análisis— a la inclinación generalizada del eje político mundial hacia la derecha: la afirmación de los neoliberalismos; la resurrección de los nacionalismos bajo formas étnico-culturalistas; al nacimiento de partidos y movimientos racistas y xenofóbicos, más o menos (aunque no siempre) minoritarios, entre otros. Pero, sobre todo, a la difusión de ciertas formas neopopulistas y neodemagógicas de estrategia política (también electoral), que algunos estudiosos han rebautizado como «antipolítica» porque consisten en la hostilidad hacia el orden consolidado con las arquitecturas institucionales, también, en el rechazo de la confrontación equilibrada entre las diversas posiciones del debate que no esté orientado al choque, de las mediaciones en general; en la intolerancia al equilibrio de los poderes y hacia cualquier tipo de vínculos o controles; en definitiva, en la contraposición de la «voluntad del pueblo» frente a la de los órganos del poder constituido, invitando siempre a desconfiar de ellos (hasta que sean ocupados por otros). En Europa muchos movimientos y partidos de la derecha, ligados bajo diversas formas al «chovinismo del bienestar» (Habermas), han obtenido un notable éxito político con métodos «antipolíticos». Es cierto que muchos partidos de izquierda han emprendido una especie de seguimiento de las derechas en el terreno político-programático; pero, a pesar de ello, la fractura se ha profundizado y el conflicto se ha radicalizado, justamente cuando las derechas se hacían más populistas y antipolíticas.

En América Latina, en cambio, han sido más bien algunos partidos y movimientos (presunta y supuestamente) de izquierda, que se dirigen de diferentes maneras a las víctimas de la globalización, los que han asumido ropajes antipolíticos, sobre todo mediante el protagonismo de ciertos personajes carismáticos (en sentido neutro, weberiano). Es fácil ver cómo la antipolítica encuentra un terreno fértil en los fenómenos degenerativos que llevan a interpretar las elecciones como un método de designación de un vencedor supremo, o sea, del «líder del país» y, por consiguiente, a concebir la democracia como una especie de autocracia electiva. A veces, en las formas grotescas del que yo denomino «caudillismo posmoderno».

II. Cuando el resultado electoral es cuestionado, plantea —para los contendientes, los estudiosos, los observadores y los ciudadanos— dos tipos de problemas. En primer lugar: ¿cómo se puede y cómo se debe establecer con certeza quién ha sido el verdadero vencedor de las elecciones? En segundo lugar: acaso el vencedor, quien quiera que éste sea ¿triunfó realmente? Y dado que sólo representa a la mitad del país, ¿cómo puede pretender imponer su política a la otra mitad? Digamos de una vez por todas que esta última pregunta, en el plano formal, de la legitimidad jurídica y política, carece de sentido. Aquel candidato y/o coalición política que haya prevalecido, aunque sólo sea por un voto, tiene el derecho-deber de gobernar, esto es, de ejercer el poder de iniciativa y orientación política y además de asumir las competencias que las diversas constituciones atribuyen a los titulares de la máxima función ejecutiva. Lo que no equivale sin más a imponer la propia política. No obstante, la pregunta conserva sentido en el plano sustancial, cuando perduran las condiciones de un conflicto radical: por ejemplo, si uno de los dos contendientes rechaza de cualquier modo y obstinadamente el reconocimiento de la victoria del otro.

III. Así se hace más urgente y apremiante responder a la primera pregunta: ¿cómo se determina quién fue el vencedor? Errores de cálculo, imprecisiones en la transmisión de los datos, pero también controversias en torno a la asignación de numerosos votos, en particular a las boletas nulas, se verifican en cualquier procedimiento electoral. Es verdad que éstos y otros factores pueden ganar importancia cuando el margen es estrecho. No obstante, la experiencia enseña que afectan en una medida casi igual a todas las partes. Es, más bien, la radicalización del conflicto la que lleva a evocar (con razón o sin ella) el fantasma de la conspiración, de los fraudes. Pero, sobre éstos, como sobre los otros elementos cuestionables, ciertamente no es la presunta víctima la que tiene el poder de juzgar. Nemo iudex in causa sua. Cualquier ordenamiento constitucional democrático prevé normas para la solución de las controversias electorales y atribuye a un órgano institucional, con rango de magistratura, el poder de decidir sobre el mérito del asunto apoyándose en dichas normas. La legislación en la materia puede ser más o menos completa o con lagunas, más o menos adecuada o mediocre. Pero a un juez —quienquiera que sea— no se le puede y no se le debe pedir otra cosa sino aplicarla. Ciertamente, no se le debe pedir que la viole. Mucho menos que invente normas inexistentes, pues será eventualmente tarea de la nueva legislatura mejorar las leyes en vigor. Y menos admisible todavía, además de insensato, es pedirle al juez que decida a condición de que lo haga de un modo determinado, porque eso sería como decirle «me someto a tu juicio si me das la razón». Lo que equivale indudablemente, sin más, a desautorizar a dicho juez.

En el modo de enfrentar y resolver la controversia y de asumir las consecuencias normativas radican las mayores diferencias existentes entre los casos que he considerado aquí. La solución más indolora se adoptó en Alemania en 2005, incluso porque allí nadie había promovido una verdadera impugnación de los números del conteo: entonces, el cargo de Canciller fue asignado al líder del partido de mayoría relativa, aun cuando tal mayoría era reducidísima y así se formó un gobierno de «gran coalición». Solución que fue posible gracias a la mayor flexibilidad del régimen parlamentario, que a pesar de las distorsiones inducidas por la tendencia hacia la «presidencialización material», conserva todavía, en algunos casos concretos, como el alemán, diferencias importantes y ventajosas con respecto al presidencialismo formal y completo. Ciertamente es una solución excepcional pero, quiero agregar, perfectamente democrática: sólo quien es presa de una concepción distorsionada de la democracia como imposición de la voluntad de la mayoría (o, peor, de un líder) no logra ver las virtudes democráticas del compromiso. Sin embargo, una solución similar de «gran coalición», fue rechazada —por Prodi, correctamente en mi opinión— en Italia, donde sí está en vigor un régimen parlamentario, aunque mucho más deteriorado que el alemán, pero la brecha entre las coaliciones políticas es profunda y, el conflicto, irreconciliable.

En cambio, en las elecciones estadunidenses de 2000, la controversia estalló precisamente por el resultado numérico de la votación. Es probable que el candidato declarado perdedor, Al Gore, haya conservado la firme convicción de haber obtenido mayores apoyos que su adversario. Pero, frente al pronunciamiento de las autoridades competentes, se retiró de la contienda, en buena lid. Ciertamente ni siquiera acarició la idea de organizar una protesta popular. La democracia de Estados Unidos es muy imperfecta; más aún, en mi opinión, es insuficientemente democrática. Pero las instituciones son sólidas. Y fuera de las instituciones constitucionales, o peor aún, en contra de ellas, sólo puede existir una caricatura de democracia.

En Italia, hace pocos meses, en presencia de una ventaja reducidísima de votos a favor de la Coalición de centro-izquierda, el líder de la Coalición de centro-derecha, el premier saliente, Berlusconi, héroe emblemático del neopopulismo mediático, príncipe de la antipolítica posmoderna, denunció la conjura y habló de fraudes (entre paréntesis: en Italia las elecciones son organizadas y controladas por el ministro del Interior, que en esa circunstancia era un hombre de confianza del premier y que, al final del escrutinio, afirmó que todo se había desarrollado correctamente). Declaró haber sufrido «el robo de una victoria limpia», levantando la sospecha de decenas o centenas de miles de votos arrebatados fraudulentamente por la izquierda, y de innumerables boletas a su favor injustamente anuladas. Afirmó que iba a «exigir» el recuento total de los votos. Lo que, sencillamente, no está permitido por la ley. Amenazó con llenar las plazas (alternando las acusaciones y las amenazas con propuestas de «gran coalición» al estilo alemán, mas la coherencia no es una virtud de los demagogos). Pero luego, después de la sentencia de la magistratura competente que confirmaba la victoria del centro-izquierda, mientras continuaba ocasionalmente con sus amenazas, se fue adaptando más o menos al papel de jefe de la oposición, persiguiendo un objetivo bien preciso: aprovechar cada ocasión para hacer caer al gobierno de Prodi, objetivamente débil en el ámbito parlamentario.

¿Y México? Hasta donde logro recabar informaciones periodísticas, me parece que se puede decir (y corríjanme si me equivoco) que López Obrador ha realizado, al menos en parte y a su modo, lo que Berlusconi sólo había amenazado. Ha convocado a sus seguidores a llevar a cabo una protesta masiva, que ha adquirido también el significado de una presión pública sobre el tribunal electoral. Me pregunto si ésta no es una típica estrategia antipolítica: el pueblo frente al poder, la plaza frente al palacio. No se me malentienda: la protesta colectiva corresponde perfectamente a la dialéctica de la vida democrática, sólo que bajo ciertas condiciones. Y no siempre, aun cuando sea formalmente legítima, una protesta tiene motivaciones y fines aceptables desde un punto de vista democrático. A veces puede representar un peligro para la salud de la democracia.

No me permito disertar de lejos sobre una cuestión tan delicada. Pero algo debe decirse acerca de la forma en que López Obrador (hasta donde estoy enterado) ha manejado hasta ahora su relación con la masa, presentándola como un ejercicio de «democracia directa». La decisión de una multitud que responde a las preguntas del líder con un sí o con un no, o que aprueba levantando la mano, no es una decisión democrática. Es más bien equiparable a la aclamación, que constituye (según decía Bobbio) precisamente la antítesis de la democracia, porque los eventuales disidentes no cuentan para nada ni tienen una verdadera manera para expresarse y además sufren la presión, por lo menos psicológica, de quien está junto a ellos. Se puede definir democrática la decisión de una asamblea sólo si cada uno de sus miembros tiene la misma posibilidad de discutir las propuestas de los demás y de presentar y argumentar propuestas alternativas. Esto sucedía en la democracia directa ateniense y es también lo que ocurre, toda diferencia guardada, en un parlamento bien ordenado. No tengo la intención de ofender a nadie, quisiera solamente despertar de manera modesta y serena una interrogante en el ánimo de quienes estuviesen demasiado seguros de encontrar la democracia en la multitud, pasando por encima de las instituciones. Pero a quien conoce la historia del siglo XX italiano la imagen de una multitud que responde «¡Síííí!» a la pregunta del líder: «¿Estamos de acuerdo en eso?», evoca terribles recuerdos.

En el caso mexicano, en suma, tal parece que el rechazo radical al resultado de las elecciones se relaciona con una forma particularmente acentuada de liderismo: expresiones exacerbadas, ambas —el rechazo al resultado y el liderismo–, por un lado, de la interpretación conflictual de la política como duelo y, por el otro, de la concepción verticalizada y personalizada del poder. Son una exaltación extrema de las mismas patologías degenerativas a las que tiende, por su naturaleza, el régimen presidencial.

Desde hace tiempo vengo afirmando que en América Latina es necesario mover el eje del poder desde el gobierno presidencial hacia el parlamento. ¿Qué piensa el parlamento recién electo en México? ¿En particular aquellos legisladores que fueron elegidos en la misma coalición política de López Obrador? Me gustaría saberlo.

Anexo 2

¿Por qué no despierta el México Bronco?

Por JORGE FERNÁNDEZ MENÉNDEZ, publicado en *Letras Libres* de septiembre del 2006

> No odies a tu enemigo, porque si lo haces, eres de algún modo su esclavo. Tu odio nunca será mejor que tu paz.
>
> JORGE LUIS BORGES

Nos sorprendemos porque la amenaza de la violencia parece contagiarse al mundo de la política, porque como decía don Jesús Reyes Heroles, el México Bronco puede despertar y lo reafirmamos cuando comprobamos que tenemos, junto con Brasil, el tristemente célebre lugar primer lugar en ejecuciones en América Latina. En los primeros nueve meses del año ha habido unas 1 500 ejecuciones por hechos presuntamente relacionados con el narcotráfico: más de 400 en Guerrero; 302 en Sinaloa; 212 en Baja California, en Michoacán más de 350; en Tamaulipas 154; en Nuevo León 37, en el DF unas 54. Hay más muertos en México por la violencia generada por el crimen organizado que en Colombia en plena guerra antinarcóticos y antisubversiva. Prácticamente igualamos en ese sentido a las víctimas de este año en la guerra en Afganistán y superamos a las del enfrentamiento militar entre Isreal y Hezbolá en Líbano.

Al mismo tiempo, en Oaxaca, el centro de la ciudad estuvo tomado más de cien días por un grupo radical que se denomina Asamblea Popular del Pueblo de Oaxaca, que quiere imponer un gobierno autónomo, que hace justicia por propia mano e impone desde su propia legalidad hasta su propio huso horario. En la ciudad de México, el lopezobradorismo se alimenta de la relación con una serie de movimientos como el Frente Popular Francisco Villa, el de los taxistas pirata, de grupos que van desde el CGH hasta organizaciones que son presuntamente pantalla de grupos armados. En Chiapas siguen existiendo regiones del estado que están bajo control de grupos zapatistas y que imponen su propia legalidad, y en distintas partes del país grupos armados, del narcotráfico, pandillas, controlan, ignorando a las autoridades, plazas, zonas, regiones. Pareciera que el México Bronco ya está aquí, ya ha despertado.

Pero decía Maquiavelo que «son muchas las cosas que desde lejos parecen terribles, insoportables, extrañas y cuando te acercas a ellas resultan humanas, soportables, familiares; y por eso se dice que son mayores los sustos que los males». Y estamos en un momento en el que probablemente los sustos, diría el ilustre florentino, son mayores que los males. No debemos engañarnos: el riesgo de la violencia política, o de la violencia del crimen organizado buscando interferir en el rumbo político, es real, pero, al mismo tiempo, cuando se analiza con mayor profundidad la situación se puede comprobar que las «condiciones objetivas», dirían los marxistas, para que ello se transforme en un estallido social no están dadas.

Winston Churchill, una suerte de Maquiavelo británico conteporáneo, aseguraba que «el político debe ser capaz de predecir lo que va a pasar mañana, el mes próximo y el año que viene y explicar después porqué no ocurrió». Cuando analizamos las posibilidades de violencia social en México deberíamos seguir el consejo de Churchill: debemos predecir esos hechos y luego explicar porqué no sucedieron. En nuestro caso, nuestros políticos y buena parte de los medios, actúan de la forma exactamente contraria: niegan o crean una realidad alterna y después, cuando ésta les estalla en la cara, tratan de explicarnos porqué se dio ese estallido sin que ellos pudieran predecirlo. Así sucedió en el 94 en Chiapas con la guerrilla zapatista: todo mundo lo sabía, había advertencias de todos los organismos de inteligencia, comenzando por los militares, pero no se admitía públicamente su existencia o cuando era imposible negarlo ante la suma de evidencias, se decía que era un fenómeno marginal y bajo control... hasta que le estalló a la administración Salinas en la cara el mismo día de la entrada en vigor del Tratado de Libre Comercio, marcó su gestión y logró desestabilizar al país.

Ahora, una y otra vez se niega la participación de grupos armados, organizados en general en torno a lo que conocemos como el Ejército Popular Revolucionario y sus derivaciones, en diversos sucesos políticos y sociales, cuando resulta evidente su presencia. Esos grupos participan hoy en la APPO en Oaxaca, tienen intervención destacada en las movilizaciones del lopezobradorismo, mantienen presencia y lazos con grupos tanto políticos como del crimen organizado en Guerrero, buena parte de la zona oriente de la ciudad de México muestra su presencia (sin ese componente, relacionados con otras actividades del crimen organizado, no se explicarían, por ejemplo, los hechos de Tláhuac, en noviembre del 2004, cuando tres policías fueron linchados y quemados vivos, sin que la policía capitalina intentara rescatarlos, lo que en su momento le costó la secretaría de seguridad pública al próximo jefe de gobierno del DF,

Marcelo Ebrard). Están presentes en Morelos, Michoacán, Hidalgo. Y sin embargo, algunas autoridades prefieren cerrar los ojos a esa realidad. No se los puede negar, ahí están, pero lo que habría que hacer es colocarlos en su justa dimensión.

LA HISTORIA DE LA GUERRILLA MALA

La guerrilla existe en México y ha existido a lo largo de las últimas cuatro décadas. Lo ha hecho con altas y bajas, sin haber logrado una presencia sólida e incluso con etapas de deterioro casi terminal, en lo político e ideológico. Pero, casi siempre ayudadas por fuerzas políticas que buscan utilizarlos en uno u otro sentido, esas organizaciones logran resurgir de sus cenizas para volver a actuar en el plano político.

Lo que está sucediendo en estos días es una demostración casi paradigmática de esa relación. El EPR y sus derivaciones estaban prácticamente desarticuladas, luego de los golpes que habían recibido, primero en la ciudad de México por el asesinato a principios de los 90 de unos guardias de seguridad del periódico La Jornada, que llevó a prisión a sus principales dirigentes, y luego por el fracaso de sus atentados contra La Crucecita y Tlaxiaco, que ocasionaron casi su desmantelamiento en Oaxaca, incluyendo la caída de buena parte de su estructura de dirección y de sus recursos materiales y humanos.

Pero hubo dos políticos que negociaron con esos grupos para resucitarlos: en Oaxaca, el entonces gobernador José Murat, les otorgó una suerte de amnistía disfrazada a todos los miembros de esa organización detenidos, incluyendo sus principales dirigentes y éstos regresaron a su zona de influencia para consolidar sus posiciones. En el DF, Andrés Manuel López Obrador terminó de amnistiar a todos los detenidos eperristas en la capital. En unos meses, el EPR recuperó a prácticamente todos sus cuadros y lo hizo con alianzas políticas y recursos que le permitieron, en Oaxaca, reorganizarse sólo con el compromiso de no operar militarmente contra el gobierno de Murat y se concentraron entonces en penetrar organizaciones populares y reinsertarse en sus zonas de influencia. En el DF a establecer una política de masas estrechamente ligada al gobierno capitalino y a las organizaciones más duras del PRD, aquellas relacionadas con René Bejarano, con el Frente Francisco Villa y otras organizaciones clientelares, una afiliación que les permitió, además, actuar con un amplio margen de impunidad. Tienen posiciones en las delegaciones políticas, sobre todo del oriente de la ciudad, tienen posiciones en la Universidad de la Ciudad de México que creó López Obrador y en todo el ámbito del comercio informal y la piratería, lo que les permite tender, además, un puente hacia los sectores del crimen organizado en la capital.

Existe mucha confusión por la proliferación de siglas y grupos que coexisten en torno al EPR. Sin embargo, luego de sucesivas rupturas internas y reagrupamientos, de escisiones, alianzas y confrontaciones que pueden llegar hasta el punto más alto de violencia interna, no sólo las siglas, sino también los personajes involucrados terminan siendo los mismos. Hoy parecieran existir cuatro agrupamientos principales: el EPR que continúa manejando la mayor parte de los recursos materiales y los principales cuadros de la organización, con mayor presencia en Oaxaca y el DF; el Ejército Revolucionario del Pueblo Insurgente (ERPI) formado por militantes con mucha menor formación ideológica, que rompieron con el EPR después de las detenciones en Oaxaca, basado sobre todo en Guerrero y que estuvo encabezado por el llamado comandante Antonio (Jacobo Silva Nogales, actualmente detenido, y que estableció una ambiciosa estrategia de infiltración en el perredismo estatal que luego ha seguido el propio EPR en otros ámbitos), hoy muy debilitado; el llamado Ejército Villista Revolucionario del Pueblo (EVRP), que estuvo encabezado por uno de los primeros comandantes del EZLN, apodado Francisco y también en proceso de desaparición. Finalmente están las Fuerzas Armadas Revolucionarias del Pueblo, que tendría ligas con el EVRP y que es el grupo que relaciones más estrechas ha establecido con el Consejo General de Huelga (CGH) de la UNAM y con el Frente Popular Francisco Villa y los distintos agrupamientos que se desprenden de éste. En los hechos, parece haberse dado un reagrupamiento de la mayoría de estos grupos, particularmente las FARP, en torno al EPR, luego del deterioro sufrido por el ERPI, tanto por sus disputas internas, como por la detención de sus dirigentes (muchos de los cuales, a diferencia de los eperristas, no fueron amnistiados), y por su relación con personajes del crimen organizado.

El EPR ha vuelto a ser hegemónico porque se recuperó de la derrota sufrida en 1996-1999, luego de la desarticulación de prácticamente toda su estructura en Oaxaca. La amnistía no sólo les regresó sus dirigentes, sino que les permitió modificar sus tácticas siguiendo el mismo patrón estratégico de la Guerra Popular Prolongada (GPP) en la que basan su accionar.

La GPP está basada en tres frentes: el partidario, que corresponde, en este caso, al llamado Partido Democrático Popular Revolucionario, el ala militar conformada por el ejército, el EPR; y el frente amplio, que denominan Frente Popular Revolucionario y que se representaría con bastante precisión en lo que hoy es la Alianza Popular por el Pueblo de Oaxaca (APPO). En el 96, cometieron el grave error de culminar la primera fase de la operación, consolidando una estructura que pensaron era relativamente confiable y con muchos recursos provenientes de distintos secuestros (como los Joaquín Vargas, Alfredo Harp y Angel Losada), pero lanzaron ataques militares que demostraron su debilidad en ese sentido, los aislaron de la población, les hizo perder el control sobre algunos municipios que gobernaban y sobre la sección 22 del SNTE, donde también tenían fuerte presencia y dejaron al descubierto a muchos de sus operadores. Casi todos terminaron detenidos. Pero al salir de la cárcel, se concentraron en el llamado frente de masas: en volver a penetrar la sección 22 y en la relación con diversos grupos radicales en otras partes del país como el CGH en la UNAM, las organizaciones como el Frente Popular Francisco Villa y sus derivados, que crecieron al cobijo del gobierno de López Obrador en el DF, particularmente por los lazos que tejieron con ellos los miembros de la corriente que sigue encabezando René Bejarano y que se ha fortalecido con la presidencia local del partido en manos de Martí Batres.

No es una estrategia nueva: es la misma, sin el componente de extrema violencia que tuvo éste, que llevó a cabo el que podría ser considerado como el hermano mayor del EPR, Sendero Luminoso, el grupo peruano que dirigía Abimael Guzmán, quien estudió en China entre 1965 y 69 con uno de los fundadores de lo que ahora es el EPR, Florencio *El Güero* Medrano, un joven michoacano que organizó grupos armados en Oaxaca, Michoacán, Querétaro y Morelos. Desde aquellos años se mantuvieron relaciones entre Sendero y los distintos grupos que terminaron dando origen al EPR, utilizando éste último métodos de movilización de masas muy similares a sus hermanos peruanos, comenzando por crear una base social propia penetrando en el gremio magisterial.

La estrategia fue exitosa en Oaxaca, porque había condiciones objetivas para ello: cuadros con mayor formación e inserción social, penetración real en el magisterio, una sociedad cansada y enojada por muchos agravios, un gobierno autoritario que, además, desatendió el conflicto magisterial en sus inicios y cuando quiso retomar el control ya había perdido la posibilidad de hacerlo. Y luego del fallido desalojo de junio, la cosas se pusieron sencillas para un EPR que ya había penetrado en la APPO: allí se congregó buena parte de la disconformidad social acumulada, incluyendo numerosos sectores y personalidades que nada tienen que ver con el espíritu y la ideología de ese grupo armado pero que quieren, legítimamente, cambios en el estado.

Pero debemos observar con mayor profundidad las cosas. En Oaxaca, o en el Distrito Federal con el lopezobradorismo, se ha abierto un espacio para el accionar de estos grupos que, paradójicamente, la propia dinámica política puede cerrar. En Oaxaca existen condiciones para establecer acuerdos políticos que obliguen a la administración de Ulises Ruiz a realizar los cambios de fondo que buena parte de la sociedad reclama, sin que ello pase necesariamente por la desaparición de poderes en el estado. Si se avanzara en ese sentido, se terminaría aislando a los sectores eperristas que han penetrado la APPO y la sección 22 del sindicato, si éstos se mantienen en sus demandas más radicales. Se aislaría también a los sectores más duros del gobierno estatal, nucleados en torno al ex gobernador Murat y el ex secretario de gobierno, Jorge Franco, que son los que le abrieron al puerta a estas organizaciones con su intolerancia y autoritarismo. La enorme mayoría de la sociedad oaxaqueña no apoya esa forma de ejercer y entender el poder, pero tampoco está apoyando la toma del centro histórico de la ciudad por estos grupos, la justicia por propia mano y el evidente deterioro social, político y económico que genera la APPO.

En el Distrito Federal, el quebranto del llamado movimiento de resistencia cívica es evidente. La encuesta divulgada por la empresa

Ulises Beltrán y asociados, el 11 de septiembre pasado no deja lugar a dudas y exhibe datos demoledores en este sentido: sólo el 7 por ciento de los encuestados apoyan la llamada resistencia civil, mientras que apenas un 5 por ciento apoya los plantones en el Centro Histórico y Reforma. El 86 por ciento estuvo en desacuerdo con la toma de la tribuna en San Lázaro. La imagen de López Obrador hoy es la que concentra más negativos en el escenario político nacional: 59 por ciento tiene una mala opinión del tabasqueño (en julio las opiniones negativas eran de apenas 33 por ciento), mientras que el 66 por ciento tiene una buena o muy buena opinión de Felipe Calderón. Mientras que el dos de julio votó por López Obrador casi el 35 por ciento, hoy sólo votaría por él un 18 por ciento. El 61 por ciento opina que debe aceptar y aprovechar el diálogo que le ofrece Calderón. El 54 por ciento de los encuestados lo percibe «débil», el 71 por ciento «fuera de sí», el 74 por ciento «sin disposición a dialogar», el 76 por ciento «desesperado», el 74 por ciento «intransigente». Pocas veces se ha visto un derrumbe político tan espectacular en apenas dos meses. Es obvio que la sociedad mexicana no ha acompañado la aventura de López Obrador y menos aún respalda las acciones de los grupos radicales amparados en su causa.

En el principio estaba Atenco

Eso se demostró, antes de las elecciones, con la desarticulación y la falta de respaldo popular a otro ambicioso proyecto de estas organizaciones: establecer en Atenco una suerte de *Aguascalientes* capitalino, que sirviera como base de operación de un renovado movimiento alternativo. La Otra Campaña de Marcos tuvo ese objetivo. Luego de doce años recluido en Chiapas, con muchas de las comunidades zapatistas fuera de control, Marcos decidió buscar articular un movimiento nacional, aprovechando la coyuntura electoral. La intención fue realizar una gira nacional que le permitiera sumar en un mismo proyecto a las decenas de organizaciones populares radicales del país que simpatizan con formas «extraparlamentarias» (como se les decía en los años 80) de lucha, que tienen simpatía por la guerrilla pero no forman parte de ella. Marcos debió afrontar tres grandes fracasos con la llamada Otra Campaña: primero, en su gira por los estados fue ignorado por la mayoría de esas organizaciones «hermanas» pero que no le reconocieron un liderazgo automático, ni se sumaron a su proyecto: doce años es mucho tiempo. Segundo, decidió, en esa contexto, quedarse en la ciudad de México y perdió toda visibilidad política. Tercero, intentó recuperarla estableciendo una base de operaciones, un *Aguascalientes*, en Atenco, de la mano con el dirigente Ignacio del Valle, que le hubiera servido, además, para restablecer la relación con varios de los grupos de superficie del eperrismo. Los errores políticos cometidos por los dirigentes atenquenses, su apuesta a acciones violentas antes de las elecciones, pensando que no habría reacción de las autoridades, les hicieron perder todo: no sólo el movimiento fue reprimido, desarticulado y sus principales dirigentes detenidos, sino que además esa acción tuvo un amplio respaldo social. Atenco como movimiento social desapareció y Marcos deambula hoy por la ciudad de México y otros lugares del país, olvidado por los medios.

Y los movimientos de la APPO en Oaxaca y de la resistencia civil lopezobradorista, parecen estar siguiendo, paso a paso, el mismo camino del zapatismo antes y después de Atenco.

El EPR no tiene quien le escriba

¿Qué sucede entonces con el EPR? ¿Se ha logrado consolidar como una opción no sólo para suplantar en el imaginario insurgente al zapatismo sino también como una alternativa que pueda influir en los movimientos sociales radicales en ciernes?. Lo más probable es que no pueda ser así.

El EPR no tiene una capacidad militar capaz de desestabilizar el país, incluso de actuar con consistencia como una guerrilla rural o urbana: en la actualidad cuenta con unos 200 milicianos relativamente bien armados (una cifra similar a la que tiene hoy el EZLN en Chiapas, milicianos, por cierto, que ya no parecen obedecer órdenes del grupo de Marcos) pero que si comenzaran a actuar militarmente, como ocurrió en el 94 con el EZLN y en el 96 con el EPR, podrían ser desarticulados con facilidad por las fuerzas de seguridad.

Por esa razón, luego de las amnistías que recibieron los eperristas, han decidido concentrarse en sus frentes de masas. Allí están trabajando con éxito, como vimos, en distintos ámbitos, sobre todo en Oaxaca y la capital, pero en la misma medida en que intentan llevar los respectivos movimientos hacia su radicalización, éstos pierden base social y sus dirigentes se exponen a aislarse y poder ser reprimidos con facilidad. El ejemplo más claro al respecto se dio con Ignacio del Valle y los otros dirigentes de Atenco: cuando dieron un paso en falso y apostaron a la violencia, terminaron detenidos y desarticulados. En el caso del EPR existen también otros elementos importantes para tomar la decisión de concentrarse en lo que ellos denominan la política frentista: han sufrido algunos golpes duros y el principal de ellos fue la detención de los hermanos Cerezo Contreras (en realidad su apellido es Cruz Canseco y son hijos de los fundadores y principales dirigentes del EPR), que expuso su organización, demostró que las autoridades federales conocían mucho más de su estructura de la que ellos pensaban y los llevó a alejarse, incluso, de la exitosa estrategia de secuestros de alto impacto que habían llevado en el pasado. Por lo tanto, hoy no cuentan con recursos tan importantes como los que tenían hasta las grandes detenciones que sufrieron en el 96-99. Sí sigue realizando secuestros, sobre todo en el ámbito local, en Guerrero y en menor medida en Morelos, el llamado ERPI, pero este grupo ha degenerado ideológicamente, como en el pasado otras organizaciones armadas surgidas en Guerrero (recordemos que la mayoría de los integrantes del ERPI provienen del viejo Partido de los Pobres), entremezclados con grupos delincuenciales y del crimen organizado.

Por lo tanto, estos grupos hoy tienen un terreno social que explotar pero no pueden hacerlo avanzar hacia sus objetivos. No cuentan con liderazgos nacionales (Marcos ya no lo es, el EPR no lo tiene, y a pesar de su desapego con la realidad y misticismo López Obrador no les sirve para ello); el resultado electoral, una vez más les fue adverso; las condiciones sociales y económicas tampoco lo permiten e incluso existen válvulas de escape, como la migración y los programas sociales, desde el añejo Solidaridad hasta el actual Oportunidades, que han permitido canalizar y amortiguar la presión social.

Este escenario es el que impide que muchas de las acciones desestabilizadoras que se perciben en el país, que la violencia que genera el crimen organizado, que el descontrol que siguen teniendo las autoridades en distintos ámbitos o incluso la impunidad callejera que se extiende en muchas de las grandes ciudades, se termine convirtiendo en estallidos sociales, en una violencia políticamente articulada, en un movimiento social que haga tambalear o caer las instituciones democráticas pese a la vulnerabilidad que éstas exhiben y la endeble cultura democrática que sigue mostrando nuestra clase política. Si ha eso le sumamos el rechazo social a la violencia, se comprobaremos que, pese a lo que vemos cotidianamente, en algunos puntos del país, el estallido del México Bronco parece estar lejano, a pesar, hay que insistir en ello, de las insuficiencias gubernamentales, de la inhibición en el uso de la fuerza pública, de las deficiencias y deformaciones de nuestra clase política y de la debilidad de algunas instituciones. Pese, también, a una guerrilla que existe pero que no puede trascender.

Índice onomástico

Flores Torruco, José Martín: 102
Fondo Monetario Internacional
  (FMI): 284
Fox Quesada, Vicente: 12, 13, 15, 21,
  25, 43, 49, 52, 56, 76, 77, 83, 84,
  93, 95, 113, 120, 127, 136, 143,
  159, 164, 165, 168, 175-177, 184,
  189, 191, 192, 196, 201, 211, 215,
  217, 233, 235-240, 243-248, 250,
  252, 255, 256, 262, 263, 265, 279-
  281, 285, 294, 295, 296, 299, 303,
  316, 318, 320, 321, 323
Franchute, Miguel: 210
Franco, Jorge: 344
Frankfurt, Harry: 63, 64, 105
Fuentes Cerda: Eloy, 257
Fuentes, Carlos: 315

G
Galván Galván, Guillermo (general):
  298, 302
Galván Rivera, Flavio: 257
Gamboa Patrón, Emilio: 170
García Luna, Genaro: 296, 297, 303
García, Amalia: 86, 96, 219, 265
Gauss: 45
GEA-ISA: 45, 46, 65, 306
Ghandi: 166
Gil Díaz, Francisco: 284
Gómez Maza, Gilberto: 178
Gómez Morín, Manuel: 178
González Garrido, Patrocinio: 172
González Garza, Javier: 168, 169, 265,
  300
González Márquez, Emilio: 58
González Pedrero, Enrique: 137,
  161
González Schmall, Jesús: 159

González Torres, Víctor (Dr. Simi):
  116, 197, 198, 259
González, Felipe: 314
González, Teresa: 230
Gordillo, Elba Esther: 13, 77, 78, 80, 113-
  116, 139, 178, 236, 259, 278, 305
Gordito Bailarín del Uno de Tres
  (Xiuh Tenorio): 116
Gore, Al: 325, 328, 333
Granados Chapa, Miguel Ángel: 110
Granier, Andrés: 242
Guardia, Maribel: 104
Guevara, Ernesto (El Che): 152
Guízar Valencia, Antonio: 101, 102
Gutiérrez Barrios, Fernando: 212
Guzmán, Abimael: 343

H
Habermas, Jürgen: 330
Harp, Alfredo: 343
Heisenberg, Werner: 232
Hernández Cid, Rubén: 27
Hernández Flores, Eugenio: 77-80
Hernández Galicia, Joaquín (La
  Quina): 153
Hernández, Roberto: 47, 48
Herrejón, Laura Elena: 115
Herrera Ramírez, Walter: 101, 102
Hildebrando: 15
Hitler, Adolfo: 167
Huerta, Victoriano: 209, 252

I
Ibarra de Piedra, Rosario: 152, 155,
  158, 217
Ímaz, Carlos: 148
Instituto Mexicano del Seguro Social
  (IMSS): 49-51, 134, 170, 198

Calderón presidente
de Jorge Fernández Menéndez
se terminó de imprimir en **Marzo** 2007 en
Comercializadora y Maquiladora Tucef, S.A. de C.V.
Venado Nº 104, Col. Los Olivos
C.P. 13210, México, D. F.